近代中国保险思想研究

朱华雄 阳甜 著

武汉大学出版社

图书在版编目(CIP)数据

近代中国保险思想研究/朱华雄,阳甜著.—武汉:武汉大学出版社,2021.4
ISBN 978-7-307-21994-6

Ⅰ.近… Ⅱ.①朱… ②阳… Ⅲ.保险业—经济史—研究—中国—近代 Ⅳ.F842.9

中国版本图书馆 CIP 数据核字(2020)第 239552 号

责任编辑:韩秋婷　　责任校对:李孟潇　　版式设计:马　佳

出版发行:武汉大学出版社　　(430072　武昌　珞珈山)
（电子邮箱:cbs22@whu.edu.cn　网址:www.wdp.com.cn）
印刷:武汉中科兴业印务有限公司
开本:720×1000　1/16　印张:20　字数:297 千字　插页:1
版次:2021 年 4 月第 1 版　　2021 年 4 月第 1 次印刷
ISBN 978-7-307-21994-6　　定价:66.00 元

版权所有,不得翻印;凡购我社的图书,如有质量问题,请与当地图书销售部门联系调换。

序　言

俗话说"天有不测风云，人有旦夕祸福"，自然灾害与意外事故，在任何社会形态下都有可能发生。在中国古代，为了弥补和减少自然灾害与意外事故造成的各种损失，保持生产活动的连续性，一些思想家相继提出了后备防灾、守望相助等保险主张，并通过政府主导的荒政措施、仓储制度和一些民间防损组织，如镖局和各种合会组织加以实施。这可以说是中国保险组织和保险思想的渊源。

但是，中国现代意义上的保险制度是西方直接入侵的结果。在商品经济和海运贸易刺激下，自18世纪起，西方近代保险业逐渐完善起来，并不断向外扩张。1805年外商在广州建立第一家保险机构——谏当保险行（Canton Insurance Society），此后，外商独占中国保险市场近60年。1865年5月25日，我国第一家自办的保险机构——上海义和公司保险行成立，标志着近代民族保险业正式诞生。

从清末到民国，近代中国保险业的发展趋势是不断壮大，基于实践基础上的保险思想也得到协同发展。近代中国的学者，在传承与推广西方先进的保险知识，并结合国情，与洋商争利，保护劳工，为民众谋福利与幸福，提出了很多珍贵的保险思想。这些保险思想经历了从"舶来"到"发展"，再到"创新"的"西学东渐"的过程，是具有近代中国时代性的保险理论。

自2006年以来，我将研究视角着眼于民国时期的保险思想，在搜集整理史料的过程中，与我的研究生们（刘念念、饶丹雪、孔捷、朱静等）一起系统梳理了民国时期的保险业实践和保险思想的发展线索，并于2013年、2014年有了初步的成果：《民国时期保险思想研究》（朱华雄，武汉大学出版社2013年版）、《民国时期社会保险思想研究》（朱华雄、朱静，武汉大学出版社2014年版）。但因为时间比较仓促，这两本著作内容略显单薄，有待进一步深入挖掘。

随着史料的丰富，我发现，以往的学者大多视魏源为引入西方保险思想的第一人，但根据现有资料，传教士郭士立才是目前有史可考的引入西方保险知识的第一人。基于此，我将研究时期向前延展至晚清时期，在史料整理中发现，中国社会各阶层人物结合中国国情，从西方保险理论中折射出了很多有特色的保险主张，通过解读他们的保险观点，可以厘清晚清时期中国传统保险文明衰落的缘由，以及西方保险思想早期在中国的传播轨迹，从而拓展中国近代保险思想史。基于此，2017年春，我指导我的研究生李翔完成了其硕士论文《晚清时期的保险思想研究》，该文约3万字，主要梳理了晚清时期传教士郭士力引入的西方保险知识，魏源等人对其西方保险思想的传承与推广，以及中国知识精英层（如郑观应）、政府决策层（如李鸿章）、经营管理层（如徐润）在对西方保险理论的"消化"基础上，纷纷为民族保险业的发展提出相应的理论基础观点和经营思想。该论文是对近代中国保险思想的进一步丰富。此外，在搜集资料的过程中，我得到了近代中国第一个保险学博士——邓贤的英文博士毕业论文，这是中国的海外留学生在近代中国保险思想领域的拓荒性研究成果，遂以此为中心，指导我的硕士研究生周文蕾完成了其硕士学位论文《近代中国第一个保险学博士：邓贤的人寿保险思想》，以期梳理20世纪中期中国民族保险业的发展面貌。

与此同时，我指导我的硕士、博士研究生阳甜尝试探究近代中国西方保险思想"东渐"的路径，以及民国时期的保险刊物概况（详见本书附录），并要求她对上述两本书稿中可能存在的错误进行甄别，对缺失的内容进行补充，对重复的部分进行剔除，最终完成了本书的整理与编撰工作。

总体而言，近代中国民族保险业是在外商保险业占绝对优势的情形下萌生与发展的，再加上晚清政府的自顾不暇，北洋政府时期的军阀混战，国民政府时期的抗日战争等，民族保险业的发展可谓困难重重，而与之相伴兴起、发展并创新的保险思想，也随着民族保险业的发展状况、中国的经济状况、国民的需求等经历了一个"中国化"的过程。这些保险思想不仅对民族保险业的发展起到了积极作用，也深化了国民的保险观念，推动了保险教育的发展，构建了现代保险法规的雏形，认真分析近代中国保险制度及其思想内容，有利于指导当今中国保险业的健康发展，更好地为社会主义现代化建设服务。

朱华雄
2020 年 9 月 25 日

目 录

第一章 中国传统保险思想的萌芽与发展 ······················· 1
 第一节 中国传统保险思想 ···································· 1
  一、大同思想 ··· 1
  二、养老尊老思想 ·· 2
  三、后备防灾思想 ·· 3
  四、社会互助思想 ·· 4
 第二节 中国传统保险形态 ···································· 4
  一、政府主导的互济制度 ····································· 4
  二、民间经济互助组织 ······································· 6

第二章 晚清时期的保险思想（1840—1911） ················ 8
 第一节 传教士的西方保险思想之"东渐" ··················· 8
  一、传教士郭士立的西方保险思想 ·························· 8
  二、《遐迩贯珍》所体现的生命周期理论 ··················· 12
  三、西方保险思想的承接与推广 ···························· 14
 第二节 发展民族保险业的思想 ······························ 21
  一、中国知识精英层的保险思想 ···························· 22
  二、中国政府决策层的保险思想 ···························· 30
  三、中国经营管理层的保险思想 ···························· 41
 第三节 保险立法思想的萌芽 ································· 46

  一、《保险业章程草案》所体现的保险思想 …………………… 47
  二、《大清商律草案》的立法思想 …………………………… 48
 第四节 晚清时期保险思想评述 ………………………………… 50
  一、中国现代意义上的保险思想发轫于西方保险思想的导入 …… 50
  二、西方保险思想的传播催生了民族保险业的发展 …………… 51
  三、中国保险法规尚处于空白 ……………………………… 52

第三章 北洋政府时期的保险思想（1912—1927）………… 53
 第一节 北洋政府时期的人寿保险思想 ………………………… 55
  一、关于国外人寿保险业发展状况的研究 ………………… 56
  二、关于人寿保险基本原理的研究 ………………………… 58
  三、关于人寿保险业的运营思想 …………………………… 69
 第二节 北洋政府时期的财产保险思想 ………………………… 72
  一、关于国外财产保险发展状况的研究 …………………… 73
  二、王效文《保险学》中的水上运输保险思想 …………… 75
  三、王效文《保险学》中的火灾保险思想 ………………… 81
 第三节 北洋政府时期的社会保险思想 ………………………… 83
  一、关于国外社会保险制度的介绍 ………………………… 85
  二、关于劳动保险基本原理的研究 ………………………… 90
  三、关于社会保险运营方面的研究 ………………………… 92
 第四节 北洋政府时期的保险立法思想 ………………………… 97
  一、商业保险立法思想 ……………………………………… 97
  二、劳动保险立法思想 ……………………………………… 100
 第五节 北洋政府时期的保险思想评述 ………………………… 106
  一、保险思想基本是对西方保险思想的移植 ……………… 106
  二、保险理论对保险实践的指导作用有限 ………………… 107
  三、保险类别发展逐渐丰富 ………………………………… 107
  四、保险立法思想显现 ……………………………………… 108

第四章 国民政府前期的保险思想（1928—1936） 109
第一节 国民政府前期的人寿保险思想 111
一、关于人寿保险的效用分析 112
二、关于人寿保险种类设置的研究 120
三、关于人寿保险的金融思想 126
四、关于简易人寿保险的思想探索 132
五、关于人寿保险公司运营的研究 140
第二节 国民政府前期的财产保险思想 157
一、关于水险思想的进一步发展 158
二、火险经营管理思想 165
三、关于发展信用保险的思想 168
第三节 国民政府前期的社会保险思想 170
一、普办劳工保险的必要性 171
二、关于社会保险基本原理的研究 173
三、关于社会保险运营方式的研究 177
第四节 国民政府前期的保险立法思想 179
一、保险立法因素考量 181
二、对保险法规的评价 187
三、保险业监管思想 190
四、劳动保险立法思想 193
第五节 国民政府前期的保险思想特点 206
一、新兴保险理论增多 206
二、保险立法进入实质阶段 207
三、保险思想已逐渐"本土化" 208

第五章 国民政府中后期的保险思想（1937—1949） 209
第一节 国民政府中后期的人寿保险思想 211
一、关于人寿保险的进一步分析 212
二、人寿保险业经营思想 218
三、人寿保险的宣导思想 225

第二节　国民政府中后期的财产保险思想 ………………… 225
　一、关于火灾保险思想的进一步发展 …………………… 227
　二、水火险的再保险思想 ………………………………… 230
　三、发展农业保险的思想 ………………………………… 235
　四、发展战时兵险的思想 ………………………………… 243
第三节　国民政府中后期的社会保险思想 ………………… 245
　一、社会保险的基本特征 ………………………………… 246
　二、关于社会保险运营方式的研究 ……………………… 250
第四节　国民政府中后期的保险立法思想 ………………… 253
　一、关于《保险法》(1937) ……………………………… 253
　二、保险法规监督思想 …………………………………… 255
　三、社会保险立法思想 …………………………………… 257
第五节　国民政府中后期的保险思想特点 ………………… 264
　一、保险理论紧密联系时势 ……………………………… 264
　二、注重对保险业务开展的分析 ………………………… 265
　三、凸显保险的爱国情怀 ………………………………… 265
　四、保险制度日渐完善 …………………………………… 265

结语 ………………………………………………………… 267
　一、近代中国人寿保险思想述评 ………………………… 267
　二、近代中国财产保险思想述评 ………………………… 268
　三、近代中国保险立法思想述评 ………………………… 269
　四、近代中国社会保险思想述评 ………………………… 271

参考文献 …………………………………………………… 274

附录一 ……………………………………………………… 283

附录二 ……………………………………………………… 300

第一章　中国传统保险思想的萌芽与发展

保险作为一种补偿和分摊意外损失的经济手段，不断衍生出融资等新功能，对健全现代金融体系发挥着重要作用。"保险"一词虽是由经济思想家们翻译外国名词而来，但其思想萌芽或雏形在中国远古时代就已出现。在生产技术落后的古代社会，为抵御灾荒、自然灾害等给人民带来的经济损失，保持生产、生活的连续性，一些思想家们相继提出了各种有关防灾、互助的保险主张，建立了一套相对成熟、完备的荒政与仓储制度，期望能够利用价值规律来降低风险的危害程度，从而达到保障的目的。与此同时，民间也自发形成了一些具有互助性质的保险思想，其表现形式以镖局、麻乡约①和各种合会组织为主。

第一节　中国传统保险思想

孔涤庵曾说过："吾国农国也，国家大患，莫于饥馑。"②因此，中国古代的保险思想大多体现于荒政、仓储、互济思想方面。

一、大同思想

春秋战国时期，孔子继承尧舜时代"天下为公"的精髓，提出了大同社

---

① "麻乡约"是一种民间运输组织，兴起于清后期四川、云南等地区，主要以轿子经营客运。其业务后来发展至经营货运和邮件兑等。

② 孔涤庵. 论中国之保险业[J]. 银行周报，1928(42)：6.

会的理想:"大道之行也,天下为公,选贤与能,讲信修睦。故人不独亲其亲,不独子其子,使老有所终,壮有所用,幼有所长,鳏寡孤独废疾者,皆有所养。男有分,女有归。货恶其弃于地也;不必藏于己;力恶其不出于身也,不必为己。是故谋闭而不兴,盗窃乱贼而不作,故外户而不闭,是谓大同。"①主要描述了孔子理想中的臣贤君明、人民安居乐业的和谐社会场景,更体现了朴素的社会保障思想,老人、未成年人、孤寡之人、残疾人以及患病的人都能得到社会供养,从而实现社会安定和团结,即使外出不锁门,也不会有人盗窃。这也正是现代社会保障的基本理念,社会应承担保障弱势群体的责任和义务,也是杜绝和减少社会犯罪的有效手段。

二、养老尊老思想

《周礼》中的《王制》篇载:"五十不从力政,六十不与服戎,七十不与宾客之事,八十齐丧之事弗及也。"这句话的意思是,人到了50岁可以不用服徭役,60岁不用服兵役,70岁不用参加宾客应酬,80岁对于丧祭之事也不用参与。此外,其还载有:"八十者,一子不从政,九十者,其家不从政,……父母之丧,三年不从政。"这些都说明古代社会对老人的养护责任是极其重视的,与现代的养老保险理论不谋而合,古代的养老思想是以家庭为本,赡养老人是家庭的责任,与社会无关,而现代社会的养老保险则上升到社会和家庭共同养老的高度,这既是对中国传统尊老养老思想的继承,也是对古代养老思想的发展。

此外,为了确保致仕官员老有所养,历朝历代规定了较为完备的致仕制度,即退休制度。如,汉朝对于官员致仕的规定是,给予一次性的重赏,并且每年给付其做官时俸禄的1/3,直至其辞世。唐朝对于致仕的官员的赏赐更为丰厚一些,明确规定:除了额外赏赐外,五品以上的致仕官员,退休后每年给予原俸一半的退休金,直到其辞世;对于有突出贡献的官员,可得全部俸禄的退休金;对于六品以下的京官,五品以下的外官,退休

---

① 陈绍闻. 中国古代经济文选[M]. 上海:上海人民出版社,1980:56.

时给付一份承业田以养老。到了宋朝，国家除对致仕官员给予原俸退休金外，还要给退休官员加衔晋级，对其子女也有一些优待。明朝以后，致仕官员的退休金水平得到提高。这些均表明古代的退休养老制度，主要是国家的责任，个人不用承担相应的费用，充分体现了国家对个人的福利。

三、后备防灾思想

后备防灾思想在中国历史上由来已久，其意思就是将平时多余的粮食储备起来以备灾荒所需。

《夏箴》有云："小人无兼年之食，遇天饥，妻子非其有也；大夫无兼年之食，遇天饥，臣妾舆马非其有也；国无兼年之食，遇天饥，百姓非其有也。"① 也就是说，不论是普通百姓、政府官员，还是整个国家，都要树立后备防灾的保险意识。否则，一旦遭遇自然灾害，就会出现家破人亡、国之不国的悲惨境况。

《逸周书·文传》指出："天有四殃，水旱饥荒，其志无时，非务积聚，何以备之？"② 显然当时人们已经意识到自然灾害的降临具有不可预知性，需要提前"备之"。因此，荀子主张"节用裕民，而善藏其余"，"岁虽凶败水旱，使百姓无冻馁之患。"③ 即要把社会的剩余产品积蓄起来，若遭遇灾荒年景，可使百姓不受饥寒。汉代名臣贾谊在上书汉文帝时提道："管子曰：仓廪实而知礼节，民不足而可治者，自古及今，未之尝闻……夫积贮者，天下之大命也。苟粟多而财有余，何为而不成？"④ 宋代大臣也指出："天下无常丰之岁，倘有缓急，不可无备。"⑤ 明代汪文义也说过："能积于不涸之仓，藏于不竭之府者，可御水旱之来，当患而为之备，即灾而为之捍者，可免流离之苦"。⑥

---

① 陈绍闻. 中国古代经济文选[M]. 上海：上海人民出版社，1989：3.
② 胡寄窗. 中国经济思想史[M]. 上海：上海人民出版社，1962：15.
③ 北京大学《荀子》注释组. 荀子新注[M]. 北京：中华书局，1979：14-15.
④ 黄绍筠. 汉书食货志[M]. 北京：中国经济出版社，1891：18.
⑤ 邓云特. 中国救荒史[M]. 北京：商务印书馆，2017：207.
⑥ （东汉）班固. 汉书[M]. 北京：中华书局，1962：1125.

另外，李悝"尽地力之教"的防灾保险思想也极为重要。《汉书·食货志》中详细记载了李悝的"平籴"主张，李悝用数量的概念处理"熟"与"饥"、"籴"与"粜"的关系，通过"熟敛饥发"达到赈济的目的，即"虽遇饥馑水旱，籴不贵而民不散，取有余以补不足也"。① 李悝的"平籴"思想与现代按不同危险频率确定不同保险费率有相似之处。

四、社会互助思想

中国古代社会由于生产力水平低下，生产技术落后，单凭个人力量不足以自卫和谋生，必须相互合作、依靠集体的力量才能抵御当时的自然灾害和外来侵袭。古代思想家不仅早已意识到这一点，而且在各种文献典籍中多次提及该思想的重要性。如《墨子·兼爱》中提出，"为贤之道将奈何？曰：有力者疾以助人，有财者勉以分人，有道者劝以教人。若此，则饥者得食，寒者得衣，乱者得治"，即主张依靠社会的力量，鼓励有余力、余财的人帮助贫困的人避免贫穷和灾难，体现了互济互助、共同防御灾害和贫困的经济保障思想。《孟子·滕文公》也主张"出入相友，守望相助，疾病相扶持，则百姓亲睦"，反映了中国传统儒家的社会互助思想。

社会互助思想体现了风险共担的保险性质，其直接体现形式是互助救济。因为在遇到严重自然灾害或灾荒时，为尽快度过生存危机，在受到国家的救济外，更常见的是邻、乡互助救济。其组织形式主要有乡约、同业互助、同乡互济等。

第二节　中国传统保险形态

一、政府主导的互济制度

商周时期，中国统治阶层奉行"禳弭"论，在天灾人祸之后，天子往往

---

① （东汉）班固. 汉书[M]. 北京：中华书局，1962：1125.

要进行"禳弭"活动，反省自责，把平时运用国家力量"委积"而来的粮食发放给受灾的百姓，这成为中国古代荒政体系的开端。春秋战国时期，百家争鸣，部分学派从"民本论"出发，将仓储制度付诸实践，逐步建立了一整套完备的仓储制度。如魏有"御廪"，韩设"敖仓"。秦汉之后，荒政体系发展日益成熟，统治阶层既会在生产前实施"赈贷赈粜"之法，也会在生产丰收后重视储蓄，通过强制或者民众自愿缴纳粮食，建立起国家的仓储体系，如汉代有"常平仓"，隋唐建有"义仓"，宋朝设有"广惠仓"，等等，以备灾年，稳定市场，保障人民基本生活。

(一)"委积"制度

"委积"就是积蓄的意思，少量为委，大量为积。"委积"制度出现于春秋战国时期，据《周礼》记载："遗人掌邦之委积，以待施惠；乡里之委积，以恤民之艰厄；门关之委积以养老孤；……县都之委积，以待凶荒。""委积"的职能就是"施惠""恤民之艰厄""养老孤""待凶荒"。这是一种社会补偿制度，体现了社会保险的性质。

(二)"常平仓"制度

"常平仓"制度是官办仓储制度，起源于李悝的"平籴"与桑弘羊的"平准"思想。据《汉书·食货志》记载："耿寿昌……令边郡皆筑仓，以谷贱时增其价而籴，以利农；谷贵时减价而粜。名曰常平仓，民便之。"①"常平仓"的功能是利用价值规律调节风险的危害程度，保障社会安定。从汉朝到清朝近2000千年的时间里，"常平仓"一直是由国家主持的最主要的保障形式，历代统治者都有类似设置。如北宋的"惠民仓"，明初江南苏州各县设置的"济农仓"等。

(三)"义仓"制度

"义仓"制度属于官督民办的仓储后备制度，主要由百姓缴纳义租，或

---

① 邓云特. 中国救荒史[M]. 北京：三联书店，1961：326.

由民间自愿捐输。"义仓"制度始于北齐，盛行于隋唐。贞观年间，唐太宗曾诏天下州县，并置义仓，规定"亩纳二升，其粟麦粳稻之属，各依土地，贮之州县，以备凶年"。① 唐贞观年间，水旱灾害频繁，各地义仓的储粮，对凶荒年岁的救灾起了很大的作用。但是，由于官府的侵吞，"义仓"制度以失败告终。

上述这些赈济制度都是实物形式的救济后备制度，主要由政府统筹，有强制性色彩，这是中国古代保险发展的重要特征。除此之外，宋明时期还出现了民间的"社仓"制度，它属于民间相互保险的形式；宋朝还建立了以赡养老幼贫病、不能自我生存者为职能的"广惠仓"。可以说，这些均是中国古代传统的保障形态。

二、民间经济互助组织

（一）民间的经济防损组织——镖局

15世纪初期，随着社会生产的发展，商品经济的流通领域也逐渐扩大。一些富商巨贾为避免货物在运输途中遭受匪盗抢劫，便雇用一些武艺高强的人沿途护送，以保障货物的安全，于是镖局这一特殊的原始保险组织便应运而生。

镖局一般由武林中人经营，其主要业务就是"走镖"，即负责押运货物。货主交运的货物称为"镖码"，镖局根据货物的贵贱确定"镖力"以收取费用并签发"镖单"。镖局在运货的每辆车上都插有"镖旗"，并派人护送。货物到达目的地后，收货人按"镖单"验收无误，"镖单"签字盖章后交护送人带回。镖局对"走镖"过程中的"镖码"负全责，如有损失，镖局需按市价赔偿给货主。

在交通不发达、社会秩序不安定的年代，镖局对促进物资交流、推动生产发展曾起到一定的保障作用，是特定历史条件下形成的中国特有的原

---

① 邓云特.中国救荒史[M].北京：三联书店，1961：330.

始保险形式。

(二)民间的人身互保组织——合会

合会主要是指流行于民间的各种原始保险组织,其名称、运作方法随各地各行而不同,有船会、孝子会、长寿会、宗亲福利会、父母轩等。古代中国自然灾害频发,且疫病往往随之发生,政府很难照顾到所有贫民的生老病死,于是产生了社会互保组织——合会。其资金由会员自筹,或用宗族祠堂部分公产,当会友或族人死亡时,支付寿金,给予死者殡葬和遗族抚恤等物质上的帮助。合会是古代社会人们互帮互助、共同抵御自然灾害的一种重要形式,在中国古代保险发展史中占有重要地位。

可见,中国古代已经形成了以后备防灾为目的的保障思想,同时具有商业保险的萌芽,体现了现代保险的"互助共济"精神。这种在特定历史条件下形成的中国特有的原始保险形式,对促进物资交流、推动生产发展起到了一定的积极作用。但是,这种传统的保障制度是以政府为主导,根植于农耕文化和自给自足的经济基础之上的,不仅保障范围狭小,而且缺乏现代保险产生和发展的客观条件:工商业文明、市场经济运行机制及其契约制度。例如,随着社会的发展,汽车、铁路等现代交通方式革新,货物运输日渐发达,人们对镖局、"麻乡约"等中国传统的客运物流组织市场需求不断缩小。至18世纪末19世纪初,中国原始的保险思想和措施逐渐衰落,取而代之的是西方保险文明的引入、传承与发展。

第二章 晚清时期的保险思想(1840—1911)

第一节 传教士的西方保险思想之"东渐"

18世纪起,在商品经济发展和海运贸易日益兴旺的带动下,西方近代保险业逐渐成熟完善起来。18世纪中叶后,随着工业革命席卷欧洲,为适应海外贸易扩张的需求,西方基督教纷纷派遣传教士来华传教,试图打开中国大门。而此时,清王朝统治下的中国,因商品经济的发展和对外贸易的需要,开始实行部分的开禁政策,并在广州设立粤海关,供清政府所特许的商人经营进出口贸易。为确保来往于印度与中国之间的海上贸易安全,以及降低鸦片走私风险,1805年,英属东印度公司鸦片部经理达卫森(W. S. Davidson)在广州发起成立了中国内地第一家保险商——谏当保险行。自此,西方保险业与西方保险思想开始进入中国。

由于当时中国实行禁教政策,传教士只能在东南沿海地区进行地下活动,或在东南亚华侨社群展开渗透。在此期间,西方传教士们主要以创办杂志、报纸,开设翻译机构等方式进行传教,同时也向中国介绍西方的自然科学与人文社会科学知识,其中包含西方保险学在内的西方经济学的传播与介绍逐渐成为主要内容之一。

一、传教士郭士立的西方保险思想

据现有的资料考证,德国传教士郭士立是目前有史可考的引入西方保险思想的第一人。① 郭士立②精通多种语言,曾用德文、英文、日文、中文等写下70余本著作,③ 他对西方保险的介绍主要体现在《东西洋考每月统记传》和《贸易通志》中。

(一)《东西洋考每月统记传》中的保险内容

1833年,郭士立在广州创办了《东西洋考每月统记传》,④ 该刊是中国境内最早创刊和发行的中文近代刊物,为月刊,1837年迁往新加坡,次年停刊,共38期。郭士立出版该刊物,是"鉴于中国人仍然妄自尊大,故步自封,视异族为'蛮夷'",期望通过展示西方文明,让"中国人认识到洋人不是'蛮夷',并且知有不足,愿向西方学习",其目的则是维护洋人的利益。⑤ 因此,这本杂志将重点放在介绍西方文化上,以期改变中国人对西方的看法。⑥ 其内容涉及宗教、地理、历史、农业、贸易等领域,客观上促进了东西方的文化交流。该刊一共有两处对西方保险制度进行了介绍。

第一处是在1837年(道光丁酉年)3月刊登的一则新闻中。这则新闻报道了英吉利京都六月大火事件:烈火起于栈房,又蔓延至邻房,使得广大仓库尽焚,损失数百万洋银。进而介绍了在西方各国有"保货船屋之会"。该"保货船屋之会"按照"每百银货价抽银数分,每年还会保主"的方式运

---

① 关于引入西方保险思想的第一人,许多资料误认为是魏源。今根据所查资料,确定郭士立是目前有史可考的引入西方保险思想的第一人。
② 郭士立(1803—1851),又译为郭实腊、郭实猎等,笔名爱汉者、善德者、善德。他出生于普鲁士,于1831—1833年对中国沿海各地进行了3次考察,表示要为"摧毁横隔在中外人民之间的城墙"而工作。
③ 熊月之.郭实腊《贸易通志》简论[J].史林,2009(3):62.
④ 《东西洋考每月统记传》的编纂者按两个时段来分:1833年6月到1835年6月,由郭士立编纂;1837年1月到1938年9月,由中国益智会编纂,在新加坡出版。该刊物在中国报刊史、新闻史和出版史上占有重要地位,其提供的资料价值不同程度地影响了魏源的《海国图志》、梁廷枏的《海国四说》、徐继畲的《瀛寰志略》。
⑤ 爱汉者,等.东西洋考每月统记传[M].北京:中华书局,1997:12.
⑥ 蔡武先生认为:"这份刊物的发行目的虽在传教,但方法上是由传播西方知识入手。"参见:蔡武.谈谈《东西洋考每月统记传》[J]."国立中央"图书馆馆刊,1969,2(4).

作，若遇"灾祸，或船沉、屋烧、货坏"，"保会主补其所损也"。① 因此，在该事件中，因有投保，所以"财主难损失祸财，亦免得倒行"。此处，主要借助火灾新闻简短介绍了西方的保险组织，阐明了保险的含义与意义，初步介绍了现代意义上财产保险中的水险与火险。

第二处是在1838年（道光戊戌年）8月刊登的《贸易》一文中。该处先用"人之所行，民之所始，完结不定矣。故俗语曰，凡事不可著力处，便是命也。寿算短长大数所定，这也未稽之妄言。乃上帝治世，祸福由上帝而起矣，既不先知之，莫不必预防范，致逃凶也。况事务关系甚重，莫不必力勉弥灾患焉"②一段话，道出了保险的本质：保险源于风险，因为风险无处不在，寿算长短、祸福均存在不确定性，所以要用保险来防范逃避凶灾。后通过曾相公与洋商的对话，道出了曾相公对外洋舟船来往运输，动辄万里远，万一受灾则得不偿失的担心，引出并介绍了西洋用来避免损失而成立的"保举会"。③ 郭士立借洋商之口详细介绍了西方的保险制度，先以船货保险为例概述了保举会的运作流程：外国商人以船货为保险标的物向保举会投保，保险标的价值5万银，每百元交付几元保险费，而保举会一般为10人左右的小股份公司。保举会根据保险"大数法则"平摊风险，若发生风险，则进行赔付和经济补偿；若船货安全，则保险费算作保险公司的盈利。此外，在保险过程中要出票以立凭据，即我们今天所说的保险单，同时是为了防止"光棍诡谲乘机担保船，故意打烂，后讨保举之银"的保险欺诈行为。郭士立还介绍了西方保险的三种类型，即"保举命之会""保举年之会"和"保举火之会"，也就是现代意义上的人寿保险、储蓄型保险，以及财产保险中的火险。并通过曾相公之口表明保险的功能：保险"有益无害，商又无本失，保又发财"，还可为各港口的船商提供信用保

---

① 此处，"保货船屋之会"是类似于现代保险公司的保险组织；保险费率按每百银抽分的比例计算。
② 爱汉者，等. 东西洋考每月统记传[M]. 北京：中华书局，1997：216-217.
③ 此处，郭士立将保险（insurance）译作担保，将保险公司译作保举会。

证，达到富民富国的高度。① 可见，郭士立已认识到保险对海上贸易安全的保障作用，意识到保险与航运业密不可分。

(二)《贸易通志》中的保险思想

1840年，郭士立在办报、周游列国的经验基础上，与他人合作，写成《贸易通志》一书，该书约3万字，共5卷，是近代早期较为详细地向中国介绍西方商业制度、贸易情况的著作。② 其中第4卷中的"担保会"专文详细介绍了西方的保险制度。

郭士立先说明了成立担保会即保险公司的初衷：因"世事变迁，与日俱更"，一些商贾难免会遭遇"船沉、物没、尽丧血本"等，故设立担保会以补其所失。后将担保会按保险标的的不同而分为海担保会、火担保会和命担保会，并进行了详细介绍:③

(1)海担保会。主要保障海上贸易，按照"每百银月月俾汝二三银钱，致担保货与船"，若船货没有受损，则就当每月保银丢失了；若船沉货溺，则可凭保险契约获得担保会的相当于保险标的价值的赔偿。在与担保会的契约中，也可定下只要"折桅、船身烂、货溃"便要赔付的情形。

(2)火担保会。因人们"有屋业、恐火焚烧、不时尽失"，所以和火担保会签下契约，按年缴纳约保险标的物价值百分之一的保险费，火担保会和投保人要按契约来履行双方责任。

(3)命担保会。因人的生命有不确定性，其死后，将使家人无生活之计，家事萧条，所以，其在生前可每年付给命担保会50元，死后家里人将得到保险公司一定年限的还款。

郭士立表示，担保会这种公司，"资人得利，收其银钱者又得利也"，

---

① 爱汉者，等. 东西洋考每月统记传[M]. 北京：中华书局，1997：407.
② 爱汉者，等. 东西洋考每月统记传[M]. 北京：中华书局，1997：12.
③ 郭实腊. 贸易通志[M]. 新加坡坚夏书院，1840年(注：该书出版时间为熊月之先生根据郭实腊的生平活动推测而出).

是一种双赢的模式,重要的是担保会保证了生产生活的稳当,足以取得人们的信任,而且时间越久,其中的益处就越大。他还描述了英国担保会的分布和运行方式,指出担保会这种公司"西国遍处立也,省城亦有二十一会",并且,该"担保会本钱一般七八万左右,可以众商合立,也可招商贾每人出一股,年底查定数目,大家均分其利与失",而"其利者过其失乃寻常之事。"

值得一提的是,在《贸易通志》卷五"保护"中,郭士立提到了保险的除外责任。他谈到,倘若两国在海上交战,那么行驶于海上的本国商船容易遭到敌国攻击强取,所以西国通过立法规定"战之际不容商船任意出口,如果擅自行作,不幸遭危,其担保会不补其失也"。这就成为担保会保险契约中的责任免除条款,是基于战争附加险在当时还未普及的情形下推出的。

郭士立作为传教士,在其传教过程中,试图为英国商业资本家打开中国大门而向中国传播西学。《东西洋考每月统记传》介绍了西方保险的三种类型、西方海上保险的投保流程和保险单的制作等;《贸易通志》不仅更为详细地介绍了三类保险,说明了办理保险的益处,而且提及了保险契约中的免责条款。

二、《遐迩贯珍》所体现的生命周期理论

1842年以后,除广州外,香港、厦门、福州、宁波、上海也相继开埠,通商口岸的传教活动合法化,原本以中国澳门、南洋为基地办报的传教士纷纷转移至中国香港和中国内地发展。例如传教士办的《遐迩贯珍》《六合丛谈》《万国公报》和《中西闻见录》等在经济学的"西学东渐"方面颇具成效。其中,《遐迩贯珍》是由英华书院和马礼逊教育会于1853年8月在香港创办的(月刊),于1856年5月停刊,共33号,先后由英国传教士麦都思(W. H. Medhurst)、奚礼尔(C. B. Hillier)、理雅各(James Legge)担任主编,是鸦片战争以后在中国境内出版的第一份具有影响力的中文期刊,也是香港地区的第一份中文期刊。

《遐迩贯珍》的内容以时事新闻为主，附带反映当时事件的新闻报道和评论，且大量刊登了介绍西方经济制度的文章，其中就包括西方保险制度。该刊于1854年第一号刊登的《补灾救患普行良法》，就详细地介绍了英、美国家的人寿保险、火灾保险和海上保险制度。①

关于风险，该文指出"纵观天下，见患祸之树，恒隐伏于人间"，并表示，宇宙人类经常遇到的灾祸主要有三种："一则回禄之惨，举目器物楼房，顷刻尽归烈焰；一则商船失事，或遭覆没，或遇盗劫；一则贫穷家属，一旦丧其所倚，眷口遂无以为生"。于是，该文介绍了英、美等国的"善法"——"建一保固之方"，能减轻这些灾患。②

文章首先介绍了该"善法"分摊风险的原则。若干家保者每年缴付若干银于保主，倘若某家受灾，保主即如数赔偿，但"灾祸之临，非一人所肩，实众人共任而分当之也"，同时，保主也能获得一定的报酬，"是为两资裨利"。文中表示"中土曾无此法"，并详细阐述了该保险原理。该文指出，"凡世上变故之来"，"若综百年而会计之，皆若有一定之程式，可按籍而稽也"，英国按此方法，凡庶类生者、死者，或疾病告终，皆登诸籍，即可推算出次年的死亡率，保主以此为依据计算各保者的保险费率、遇灾害时的赔付率。③

此外，文章还提到，英国、美国均习惯于对所保船只，在其出海前，根据船只已使用年限、危险系数等进行估值，并要求对各种灾祸（回禄、沉没、盗劫等）采取稳妥措施，"如有失事，则还其原价也"。并表示此方法在英国取得了良好的效果，灾害事件逐日减少。同时，使用以上方法，"能令阅者寓于目而紧于心，思维及此，而保固之良规，将流市于中土，与泰西诸国同习惯而行之"④，将让人受益无穷。

《遐迩贯珍》中有关西方保险制度的介绍，如保险起源、种类，在《东

---

① 遐迩贯珍[J]. 香港中环英华书院，1854(1)：1-5.
② 遐迩贯珍[J]. 香港中环英华书院，1854(1)：1-5.
③ 遐迩贯珍[J]. 香港中环英华书院，1854(1)：1-5.
④ 遐迩贯珍[J]. 香港中环英华书院，1854(1)：1-5.

第二章 晚清时期的保险思想(1840—1911)

西洋考每月统记传》和《贸易通志》中也均有介绍,但《补灾救患普行良法》一文的介绍更加具体、深入,且提到对保险标的物采取防范措施,能减少危害的发生。同时,该文在介绍英国人寿保险制度时,详细推算了当时英国保险费率与英国生命周期的关系,这是人寿保险中的生命周期理论第一次被介绍到中国。

三、西方保险思想的承接与推广

传教士以报纸、杂志为载体,一方面,它们成为西方传教士传教布道的阵地,另一方面,它们为当时中国知识分子开辟了一条接触西方保险思想的途径,让近代中国早期的有识之士(如魏源、梁廷枏等)认识并了解到保险在保障人身财产安全乃至国家商业贸易中的作用,乃"西学东渐"之先声,从而间接促进了中国保险事业的发展。

(一)魏源对西方保险思想的认知

魏源①是近代中国第一批"睁眼看世界"的知识分子之一。他提出"师夷长技以制夷",而西方保险思想也是魏源向中国民众传播的"长技"之一,标志着中国人的保险思想从传统走向近代。

魏源对保险的认识体现在其所著的《海国图志》一书中,该书是以林则徐的《四洲志》为蓝本,通过搜集《广州杂录》《广州新闻录》,以及征引鸦片战争前后传教士在中国创办的报纸杂志及译著等西方各国情报资料,②结合中西方实情,于1842年编成五十卷本《海国图志》,1847年增补为六十卷本,1852年再次汇集整理补到一百卷本。魏源的《海国图志》共引用了

---

① 魏源(1794—1857年),字汉士、默深,湖南邵阳人。魏源从未出过国门,也不通外文,他所搜集、利用的资料,只能是通过前人、同时代人的著作与访谈获取。从魏源征引的这些资料可以看出,传教士已译成中文或直接用中文撰写的著作,对其产生了影响。参见:王立新. 美国传教士与晚清中国现代化:近代基督新教传教士在华社会、文化与教育活动研究[M]. 天津:天津人民出版社,2008:157-178.
② 白瑞华. 中国近代报刊史[M]. 苏世军,译. 北京:中央编译出版社,2013:49-51.

100种中外著述，其中引用《东西洋考每月统纪传》的文字共28处，引用《贸易通志》的文字共14处。①

《海国图志》中对保险的论述共有两处。其一在卷五十一《海国图志·英吉利国广述上》②中，在介绍英国贸易制度时，表示有"火轮船航河驶海，不待风水"，但路途遥远，出于"虞船货之存失不定"，故"约人担保之"，说明了保险产生的根源，即人们考虑到未来风险的不确定性而对船和货物进行投保。同时，对保险费的缴纳和赔付方法进行了说明："设使其船平安抵岸，每银百两给保价三四元，即如担保一船两万银，则预出银八百元，船不幸沉沦，则保人给偿船主银二万两"。③即为保证船货安全到达，按3%~4%的保费率缴纳保险费，若船不幸沉没，则保人对所保船货价值进行全额赔偿。

在这里，魏源只提到了英国在贸易中的"海上保船货"这一保险种类，说明他仅认识到英国存在一种担保制度，可担保船在不幸沉没后得到赔偿。

其二在增补的卷八十三《夷情备采·贸易通志》一章中。该部分内容与郭士立的《贸易通志》较为相近，有传承郭士立西方保险思想的印迹。④

魏源指出："中国以农立国，西洋以商立国"，西国"所立规制以利上下者，一曰银票，二曰银馆，三曰挽银票，四曰担保会"。他表示，前三者中国皆有，"惟担保会，则中国无之"，故详细介绍了西洋的保险公司。⑤

---

① 魏源．海国图志[M]．李巨澜，评注．郑州：中州古籍出版社，1999：24、29．
② 这篇文章是魏源引自新加坡人所撰写的《英国论略》（参见：魏源．海国图志[M]．陈华，等，点校．长沙：岳麓书社，1998：1408）．
③ 魏源．海国图志[M]．陈华，等，点校．长沙：岳麓书社，1998：1408．
④ 《贸易通志》于1840年出版后，国内学者对此关注不多，魏源在《海国图志》（一百卷本）中引用《贸易通志》14处，从而增补了很多西方国家的商业和贸易，说明魏源大约在1850—1851年间才读得此书．
⑤ 魏源．海国图志[M]．李巨澜，评注．郑州：中州古籍出版社，1992：449．

关于西方保险公司的论述，魏源的《海国图志》则与郭士立的《贸易通志》有相似之处：

(1) 关于水险。《贸易通志》表示："一曰海担保会。……但遭难，或船沉、货溺，汝宜还余五万员，即其本钱也。"《海国图志》记载："一曰船担保，……如或全船沉溺，则会中即偿其半。"内容大体相近，但存在细微差别。例如，在保险公司的称呼上，《贸易通志》将水险公司译为"海担保会"，而《海国图志》将其译为"船担保"；在保险公司的赔付方面，《贸易通志》指出，船货一旦发生损害，水险公司将全额赔偿其所保资产，而《海国图志》则指出，若发生损害，保险公司仅赔付其所保资产价值的一半。①

(2) 关于火险。《贸易通志》表示："二曰火担保会"，"本屋之价二千银，汝担保之"，"不幸焚烧，汝将千员补失业之损"。《海国图志》记载："二曰宅担保"，"假如本屋价银二千，……不幸被灾，则会中亦代偿其半"。不难看出，两者内容几乎全部相同，赔付率均为50%，唯一的差别在于《贸易通志》将火险公司译为"火担保会"，而《海国图志》将其译为"宅担保"。

(3) 关于人寿保险。《贸易通志》表示："三曰命担保会。……余每年要俾汝五十员，而死后汝还我之家眷，每年一千员"。《海国图志》记载："三曰命担保。……每年于会中入五十员，死后如后嗣成立，无需赒恤则已；如贫不能自存，则会中赒其家，每年一千员。"可以说，两者内容完全相同。

(4) 关于保险契约中的免除责任。《贸易通志》表示："西国逐一立此例，交战之际不容商船任意出口。倘若擅自行作，不幸遭危险，其担保之会不补其失也"。《海国图志》记载："凡交战之际，商船皆不得出港，倘擅动蹈危，则担保会中不偿其所失。"内容也大体相同。

在论述船担保时，魏源还详细介绍了英国船担保会的资本规模、盈亏

---

① 说明：关于水险的赔付率，是《贸易通志》记载有误，还是《海国图志》记载有误，目前尚不得而知。

分摊等,他表示,英国一共有21个这样的担保会,这种担保会通常"本银或八万,或五六万,或三四万元不等",这些公司根据"同休戚,共利害,岁终会计"的规章运行,按"有利均分,有害分受"的原则分摊风险,以"利多害少"的保险原理进行获利。

此外,在魏源的叙述中,我们还看到了现代意义上的几个重要保险原则。一是损失补偿原则,文中说"如仅桅折货湿,会中按数偿补,如或全船沉溺,则会中即偿其半",意思是,当保险标的发生保险责任范围内的损失时,保险保障的是让投保人恢复到受灾前的经济原状,而不是使其额外受益。二是最大诚信原则,在投保之前双方当事人"必实报实验,众力恤灾,从无推(却)(卸)"。

虽然,魏源在《海国图志》中关于西方保险思想的内容,与郭士立的《贸易通志》有相同之处,都提及海上保险、火险和寿险,以及保险契约中的免责条款。但是,魏源并不是照抄原文,而是结合中国国情,在保持原文意义的基础上,对相关内容进行了评说,他希望通过《海国图志》中对保险的介绍,使国内民众正确、重新认识保险,向西洋学习重商之法,达到"师夷长技以制夷"的目的。他的保险思想无疑在国内的影响范围更广,更易为大众所接受。王韬赞其书"博采旁搜","略古而详今","成一家之言";张之洞称其为"知西政之开始"。① 同时,《海国图志》于1851年初传入日本,1854年轰动日本思想界,强烈地激起了日本对世界先进经济、政治文明等的学习热情,日译本版本达20余种,对西方保险思想在日本的传播产生了很大影响。② 可以说,魏源是承接与传播西方保险思想的第一位中国人,间接推动了鸦片战争后西方保险思想在中国的进一步传播。

---

① 魏源. 海国图志[M]. 李巨澜,评注. 郑州:中州古籍出版社,1999:63.
② 日本保险界大多认可日本的保险知识由荷兰直接输入或由中国间接输入,即通过魏源的《海国图志》等书(颜鹏飞,李名炀,等. 保险史志[M]. 上海:上海社会科学院出版社,1989:18-20)。

(二)梁廷枏对西方保险思想的发展

梁廷枏①是一位民间普通知识分子,由于一直居住在商业较发达的广东地区,较早地接触了西方知识。鸦片战争的失败,强烈的爱国热情、民族责任感,驱使他关注西方文化,他从1844年(道光二十四年)开始,利用编纂《海防汇览》时收集的资料和当时美国传教士裨治文编纂的《美理哥合省国志略》等,于1846年著成《海国四说》。《海国四说》涉及西方地理、历史、宗教文化、经济制度等内容,其中也包括西方保险思想。

在《兰仑偶说·卷三》②中,梁廷枏表示:"西海各国,咸以市易为正

---

① 梁廷枏(1796—1861),广东顺德人,是鸦片战争时期主张"睁眼看世界"、积极学习西方资本主义文明的爱国者、知识分子之一。据不完全统计,他著述共30余种,其中尤以《海国四说》《夷氛闻记》最具代表性。《海国四说》由《耶稣教难入中国说》《合省国说》《兰仑偶说》《粤道贡国说》四部分组成,主要通过从西方传入的资料和各种著述等整理而成。其中《合省国说》主要取材于美国传教士裨治文的《美理哥合省国志略》;《兰仑偶说》主要取材于当时翻译的西人著作;《粤道贡国说》则主要依据当年粤海关所存历年中外通商、交涉档案等。《海国四说》主要阐述了英、法、荷、葡、意等各国西方资本主义国家相继东来,试图用商品打开中国大门的过程及其咄咄逼人的气势,陈述了抵制西方侵略的主张和要求,并以较为赞赏的态度,描述了英、美的议会制度和民主政治,以及西方国家先进的生产技术等。在当时闭关锁国的中国,《海国四说》与同时代刊印的《海国图志》,内容新颖,眼光敏锐,无疑具有划时代的意义。但是,因《海国四说》以较为开放、宽容的态度,赞赏西方国家先进的政治经济制度,导致"是论出,人颇讳之"。

② 《兰仑偶说》是梁廷枏专门介绍英国地理、历史、各种制度的论著。据熊月之先生考证,《兰仑偶说》是在其《英吉利国记》(1845年)的基础上扩充而成,其中增加了许多关于英国社会制度的具体资料。《英吉利国记》的内容来源大致有两种,一是取材于鸦片战争前西人编译的各种书刊,如郭士立的《东西洋考每月统记传》等;二是林则徐组织编译的《四洲志》中有关英国的记述(参见:李栋.鸦片战争前后英美法知识在中国的输入与影响[M].北京:中国政法大学出版社,2013:184)。此外,在当时闭关锁国的国情下,梁廷枏从未走出国门,不可能亲身游历海外,对西方国家知识的了解,只能通过访谈和阅览当时洋人出版的中文或翻译成中文的著作和报纸以获取最新世界知识,而提供该途径的只能是在广州等通商口岸活动的传教士(参见:王立新.美国传教士与晚清中国现代化:近代基督新教传教士在华社会、文化与教育活动研究[M].天津:天津人民出版社,2008:157-159)。

务"，其中英国因商而立法者有四：曰银票，曰银馆，曰挽银，曰担保会，① 并详细介绍了其中的担保会：

"曰担保会，航海涉险者，自计舟之所值，月纳银于会百金约纳二钱。为公费，舟损则会偿之，货全失则半偿之。又居宅自议其值岁纳于会者，百之一，灾则会偿其半。或富者逆虑死后妻子无依，亦岁纳五十员，他日由会岁给千员。赡其妻孥，有生计则否。"②

梁廷枏的这段话，介绍了海上保险、火险和寿险。投保海上保险的程序是先对保险标的物进行估值，后按月以约2%的保险费率缴纳保险费，如遇损害，担保会根据船、货的损害情况给予补偿；投保火险，则确定财产价值，按1%的保险费率每年缴纳保险费，遇火灾则赔付率为50%；投保寿险，为富者担心自己死后，其妻子、儿女的生计问题，故与担保会订立契约，每年缴纳"会费"，死后由担保会每年给予其妻子、儿女一定的补偿金，避免其生活困顿。

此外，梁廷枏也提到了保险契约中的一项免除责任。他表示："市周所至，必有兵船护货。无论贸易、税课，其货悉令载运。遇盗则商船先驶入港，以兵外拒之，非是，则会不偿所失。"③意思是，投保人即使已对船货投保，遇到危险时，也要采取保护措施，以避免更大范围的损失，否则，保险公司将对其损失不予赔偿。这类似于现代保险契约中的免责条款之一：投保人、被保险人未按照约定履行其对保险标的的安全应尽的责任，保险人有权不予赔偿。

---

① 郭士立的《贸易通志》讲述了"银票""银馆""挽银票"和"担保会"；魏源的《海国图志》引用《贸易通志》时，也提到了这四点内容。此处，梁廷枏的《海国四说》同样提及这四点，说明梁廷枏在引用西方著作时，极大可能借鉴了郭士立的《贸易通志》中的内容。
② 梁廷枏. 海国四说[M]. 北京：中华书局，1993：140.
③ 梁廷枏. 海国四说[M]. 北京：中华书局，1993：140.

第二章　晚清时期的保险思想(1840—1911)

鸦片战争失败后,梁廷枬带着"知夷制夷"的目的和决心,为探索救国之策而开始研究和介绍西方国家的政治经济文化制度。梁廷枬在引用西方著述时,并不是照搬,而是加一下按语,申述自己的观点。在当时封建、"重农抑末"的中国,他直面现实,以较为开放、宽容的态度,赞赏西方国家在生产技术、贸易为本的制度等领域优越于当时的旧中国。梁廷枬对西方保险的介绍,虽仍局限于海上保险、火险和寿险,与《海国图志》中的保险思想相似,但是,他更深入地认识到贸易的重要性,也意识到海上保险给商人、火险给财产、寿险给生活等带来的保障作用,且对投保流程有着更深刻的理解,提出了在危险发生时,投保人有保护保险标的物义务的条款,从而更具有时代性与进步性。

(三)洪仁玕自立民族保险业思想

《遐迩贯珍》对西学的传播影响了中国知识界和思想界,洪仁玕的《资政新编》受其影响较大。[1]

洪仁玕在早年的经历中认识到资本主义是世界大势所趋,并"对欧洲各大强国所以富强之故,能知其秘钥所在"。[2] 他于1859年回到太平天国首都天京(南京)后,向洪秀全提出《资政新篇》,决心建立资本主义制度,推行基督教,大力提倡学习西方各国先进的科学技术和制度等,以西方国

---

[1] 洪仁玕由于早期的特殊经历,广泛吸收了西方文化。这主要受到西方传教士的影响,与他接触较多的传教士有英国传教士理雅各、麦都思、艾约瑟、湛约翰、杨格非,美国传教士罗孝全、裨治文,瑞典传教士韩山文等20余人,其中对洪仁玕影响较大的有七八人,前期以韩山文为主,后期以理雅各为主。1854年,洪仁玕在上海滞留期间,住在麦都思的墨海书馆;冬季回到香港后,他在理雅各的推荐下,担任香港伦敦会传道会的布道师。在此期间,他利用一切机会学习西方文化,包括神学、西方科学、政治学和经济学。麦都思和理雅各主编了《遐迩贯珍》,该期刊内容涉及面广泛,包括某些地理知识、货物价目广告,以及有关太平天国战争的消息(据记载,《遐迩贯珍》所载有关太平天国史料共6件)等,该报刊中的国际知识给了洪仁玕莫大的启迪。当然,社会环境对他也有一定的影响,他耳闻目睹、亲身感受到香港经济和社会发展的变化,推动着他了解并学习西方知识(参见:姜秉正.中国早期现代化的蓝图[M].西安:西北大学出版社,1993:32-34)。

[2] 容闳.西学东渐记[M].北京:商务印书馆,1934:66-67.

家富强之道振兴太平天国大业，其中包括西方保险制度。

洪仁玕的保险思想体现在《资政新篇·法法类》中，他介绍了"外国有兴保人物之例，凡屋宇、人命、货物、船只等有防于水火者，先与保人议定，每年纳银若干，有失则保人赔其所值，无失则赢其所奉。若失命，则父母妻子有赖，失物，则己不致尽亏"。[1] 该段话描述了保险的整个流程——议定、纳银到赔付，相当于现代意义的投保理赔流程——约谈、缴纳保费、理赔；按保险功能介绍了两类保险，即父母妻子有赖的人寿保险和失物不致尽亏的财产保险。同时，阐明了保险公司的赔付方式和盈利模式：若有损失，则保险公司按值赔偿；若无失，则所缴费用为保险公司盈利。

此处，洪仁玕将兴办保险业与兴银行、造轮船、新闻改革等并行，作为太平天国社会经济改革中的一项必要政策，表明洪仁玕已经从社会保障和经济改革层面上认识到保险业的重要性。但因太平天国时期多有战争，以及在外国侵略者的封锁下，其主张、建议没有得到实施。

可以说，《资政新编》之所以能够学习西方，提出自办保险业、银行业等现代化的经济改革主张，与洪仁玕受到传教士及其创办的报纸杂志的影响是分不开的。他是近代第一位提倡试办保险业的中国人，他的保险观点在近代中国保险思想史上占有重要地位。自此，中国人对于西方保险思想，由保险理论转为对保险实践的探讨。

第二节　发展民族保险业的思想

在西方列强利用坚船利炮打开中国国门的过程中，西方保险成为其掠夺中国经济资源、进行政治经济侵略的手段之一，企图垄断中国保险市场，从中攫取巨额保险经营利润。在与外商的贸易交往中，一些先进的中国知识精英人物通过走出国门或为洋行工作，在西方资本主义国家探索

---

[1] 太平天国印书（下）[M]. 南京：江苏人民出版社，1979：689.

"富国强兵"之策中"很快认识到保险的便利和价值"。① 王韬、郑观应、陈炽、薛福成等知识精英层,在吸取中国古代原始保险思想养料和西方保险思想理论基础上,纷纷著书立说,阐述自己的保险观点。

一、中国知识精英层的保险思想

(一) 王韬的"设保险以广招徕"思想

王韬②在中西文化碰撞过程中,形成了自己的变法思想。其中,保险思想是他变法思想的重要组成部分,具体体现于《弢园文录外编》中。

《弢园文录外编》卷十撰有《代上广州府冯太守书》一文。该文表明,王韬向冯太守阐述了他的强盛中国的五点思路,即"广贸易以重财货、开煤铁以足税赋、设保险以广招徕、改招工以杜弊病、杜异端以卫正学"。③ 可以发现,保险被王韬视为变革方法之一,足见其对保险的重视。王韬的"设保险以广招徕"思想主要体现在以下几个方面:

首先,说明了提倡设立保险业的目的,即要广招徕,广泛地招揽生意,招来财源。西方国家设计保险制度是因为"顾风海之险,有时不可预料",所以有保险公司从中调剂,按保险费率收取保费,未发生事故时则公司"得权微利",发生损失时则商人"有所藉手",不至于大损。

其次,王韬又从国内和国外两个角度阐明了民族保险公司的发展方式。在国内,鉴于晚清时期的航运业是保险主要利润来源,因此,他认为可以借鉴轮船招商局的成立方式,让"招商、保险二者相辅以并行",以招商的方式来成立保险公司,"可二三年间创行"。这样一来,一则让

---

① [美]郝延平. 十九世纪的中国买办:东西间桥梁[M]. 李荣昌,等译. 上海:上海社会科学院出版社,1988:180.

② 王韬(1828—1897),原名利宾,江苏苏州人,清朝末期著名的学贯中西的学者,资本主义改良派的代表人物之一。主要著有《弢园尺牍》八卷本(后增订四卷)、《普法战纪》。1883年,王韬又将一些报刊政论合编为《弢园文录外编》。

③ 王韬. 弢园文录外编[M]. 近代文献丛刊,2002:247.

第二节　发展民族保险业的思想

轮船招商局在运粮之外"载客附货"时，用保险给予乘客和货物安全保障，让乘客放心，取信于货客，才可以让轮船招商局行之久远；二则可以与西洋轮运保险业竞争，改变西洋"西人为船主，保险乃可行"的垄断局面，预防将来在内河航运上被西人"多所挟制"；三则与洋人争利，用中国人的保险公司来保中国的货物，"其利乃得尽归于我"。在国外，轮船招商局拓展海外业务时，保险公司可以与轮船公司相辅设立，保"中国之货物远行于外洋，外洋之土特产销流于中国"。即保险为航运事业乃至民族工商业的安全保驾护航，以及提供资金支持，而航运业的发展也为保险业务的拓展提供渠道，二者共同作为向内收回中国保险利权、向外发展中国贸易的利器。如王韬所表示的："保险之利开，则商贾之航海者无所大损，且华人之利仍流通于华人中，而不至让西人独据利薮。"①

王韬在肯定保险作用的同时，极力主张中国自办保险公司，以维护民族经济利益。王韬倡导在海外设立保险分公司时，可以"宜于其地简华人之名望素者，洽于舆评者司评其事"，"保华人往来之货，有失立偿，用示之信"，把保险公司作为清朝设在国外的联络点，选择当地有名望的华人进行公司管理，有损失就赔偿，树立保险公司的信誉。使得"中外消息从此无隔阂，虽万里之外犹同衽席"，将来在保险公司基础上，联系在外华侨，再设立领事馆，方便中华货物运输。王韬还希望中国变通英美之法而行之，以轮船、保险二事为左膀右臂，设立类似于东印度贸易公司的机构，开辟海外市场。当然，对于晚清的国情来说，这仅存在于美好展望之中。

王韬结合西方保险思想理念，主张以中国"财力之富、人民之智"走中国自己的保险之路。无论在保险思想的广度还是深度上，王韬都是先驱者，既传承了魏源等人对保险的一般认识，又启迪了知识精英的保险观。据《弢园文录外编》卷四的《西人渐忌华商》一文，保险招商局开设之前，英

---

① 赵靖，易梦虹. 中国近代经济思想资料选辑[M]. 北京：中华书局，1982：28.

国人来华经商，因"轮运之费、保险之值，已至不赀"，华商几乎不能与英商抗衡，且大多要"藉手于西商"，为西商增利。而"自从轮船招商局启江海运载"，逐渐与西商抗衡，"又自设保险公司，使利不至于外溢"。① 可见，当时民族保险业已经稍微扭转中外贸易之势。

(二)郑观应的招商仿办保险理念

在工商业实践中，郑观应②曾亲身感受到西方保险制度分担风险和经济补偿的巨大作用，他的保险思想也随着他的洋务实业发展而不断变化。他所著的《易言》③《盛世危言》等书，均有阐述其对西方保险制度的独特见解。其中，最主要的是他提出的招商仿办保险理论。

首先，他认识与了解到西方保险公司险种繁多。《易言》中的《商务》一文提出："西人保险公司有数种：有保屋险，有保船险，有保货险，有保货水渍之险，有保人生死之险"。④

1894年，他的集大成之作《盛世危言》写就，并增订《保险》一文，这成为近代中国第一篇专门论述保险的文章。文中首先点明了保险的原理与益处："盖所谓保险者，不过以一人一身之祸派及众人。譬如一人房屋或行船遇险，由公司赔偿，而公司之利仍取之于人。如保房屋一千座，其中一座失险，则以九百九十九座之利银偿还遇险之一座，在公司不过代为收付，稍沾经费而已。人险亦然。大抵人生之寿通算以四十岁为限，若至四十岁尚未命终，则以前所收之保银一概给还。且其人业经保险，若未至所

---

① 王韬. 弢园文录外编[M]. 近代文献丛刊，2002：75.

② 郑观应(1842—1922)，本名官应，字正翔，号陶斋，广东香山(中山)县人，是近代中国最早具有完整维新思维体系的理论家，揭开民主与科学帷幕的启蒙思想家。曾在宝顺洋行、太古轮船公司任职，有着工商从业经验。

③ 《易言》于1875年成书，交由王韬主办的中华印务总局付印，书中的主要思想是郑观应反对西方资本主义侵略，主张与外国商战，但要先学习西方以达自强。《易言》先后有三十六篇本和二十篇本，其中有《论公法》《论船政》《论商务》等篇，详细论述了资本主义经济制度以及在国内实行的具体办法。

④ 夏东元. 郑观应集·救时揭要(上)[M]. 北京：中华书局，2013：201.

保之期无故而死，则可得巨款，除丧葬外尚有盈余，此等便宜之事亦何乐而不为乎？"①但是在该处，他仅明白了保险在分担风险上的作用。其次，他介绍了保险的类别与承保范围："保险有三等：一水险，二火险，三人险。水险保船载货，火险保房屋货栈，人险保性命、疾病。"②他还认识到，保险费率应随风险程度的高低而有所不同："货物保险，非独寻常之时，即遇战争、盗劫，凡意外之灾，皆可以保，惟价分数等：在兵祸中保险其价最昂，较寻常须加数倍；其盗劫等事次之，然亦与寻常保险不同，缘此等事非意料所可及也。"③同时，郑观应还谈到了保险中常见的道德风险问题："每有奸商故将货物之价多报，以冀物失船沉，得以安稳获利。"④

此外，郑观应在社会保险方面也提出了诸多建议，以期能够仿办德国、美国等国的保险制度。在《盛世危言·善举》中，他以美国、德国为例，来说明西方国家的社会保障体系。如美国有保险公司，凡水火、盗贼、房屋、宝物无不可保，人之死、生、寿、夭，亦可出资保之；德国有专保百工之险者，分养老、工伤、疾病等种类。由"凡七日抽工银数厘，厂主各助数厘，国家贴官帑若干，积成巨款"，然后可以对有需要的工人进行拨赔赡养。因此，郑观应赞叹此类保险"利己利人，莫善于此"。⑤

郑观应凭借其长达65年的社会实业活动，以及与欧美诸国打交道的经验，形成了丰厚的保险思想：初则学商战于外人，继则与洋人商战，利用保险为工商业分担风险、保驾护航，作为与外国商战的武器，让"中国行

---

① 夏东元. 郑观应集(上册)[M]. 上海：上海人民出版社，1982：647.
② 夏东元. 郑观应集(上册)[M]. 上海：上海人民出版社，1982：647.
③ 夏东元. 郑观应集(上册)[M]. 上海：上海人民出版社，1982：647.
④ 夏东元. 郑观应集(上册)[M]. 上海：上海人民出版社，1982：647.
⑤ 夏东元. 郑观应集·盛世危言(上)[M]. 北京：中华书局，2013：302.

将独擅亚洲之利权，而徐及于天下"。① 可以说，郑观应以招商仿办保险实业为主的保险思想，兼采各国之长，亦最贴近现实，他是晚清保险思想领域的集大成者。

（三）陈炽的保险集资说

陈炽②主张学习西方，但又明确反对外国资本主义的侵略，其以思想的深刻和独特闻名于晚清官场。陈炽认为，中国如要摆脱丧权辱国之状况，必须在多个生产领域求富，发展工业商贸，在政治上学习西方议院制度。从《庸书》与《续富国策》中皆可见陈炽的经济思想和除弊兴利之决心，以及其对保险的重视。

在《庸书·西法》中，陈炽谈到"今之洋务，莫要于通商，而隐与商务相维系者，有数事焉"。③ 数事中的第二项就为"开保险之业"，而保险有三种，有"海天万里，巨舶飞行，防止其间遭沉没，一蹶之余，多难复振的保水险者"；有"通商大埠，筑室鱼鳞，防止千门万户，一炬而空的保火险者"；还有贫富不齐的商民死后，避免其素无蓄积的妻子遭受饥荒的保人寿险者。在陈炽看来，这些保险"积年累月，所费无多，偶有不测之灾，即可赔偿巨款"，保险就像一个中间人，将"万姓之有无多寡"拿来"抚恤被难之穷民"，"仁心仁术，惠而不费"。从这里可以看出，陈炽对保险略知一二，仅了解保险的分类和对民众社会救济的好处。但是，陈炽认为"惟中国知保险之利，不立保险之行"，显然对民族保险业的发展状况不了解。④ 尽管如此，但仍可以看出，陈炽已意识到不能坐井观天，若保险业可以专用华人，则中国之富强犹如反掌。

---

① 夏东元. 郑观应集[M]. 广州：广东人民出版社，2009：125.
② 陈炽（1855—1900），字次亮，江西瑞金人。清末维新派，20岁便被钦点为七品京官，历任户部郎中、刑部郎中和军机处章京等职，与康有为等人发起强学会并担任会长。
③ 赵树贵，曾丽雅. 陈炽集[M]. 北京：中华书局，1997：101.
④ 陈炽写此书时，中国亦有自办的保险招商局和仁济和保险公司。

第二节 发展民族保险业的思想

对保险有简单的了解后,陈炽的保险思想得到了进一步的发展,他在《续富国策》的《商书·保险集资说》阐述了他的保险理论。首先,他说明了保险产生的前提,即"水则有覆溺风涛之险也,陆则有车翻马逸、盗贼劫掠之险也",以及"巨贾富商遇险则资本千万金全归乌有"的各种风险。[①]面对风险,若"一商受亏",则"群商失色,于本国商务大有所妨"。可见,从微观到宏观,国民经济的各个部门都是相互联系、相互影响的,一商受损,可能对本国商务发展都有妨碍。针对此类妨碍,陈炽认为,保险可以起到补偿经济和分担风险的作用,从而保国商务。

关于发展民族保险业,陈炽指出,可以效仿西方智者,纠集巨资创立保险行,并列举西方智者集资办理保险的例子。他先以"保轮船轮车之险"为例,指出保险费率"按五厘"计算,即千分之五的比例来收取保费。那么,投保后,"无事商人则徒损失几百金,有事的话则可获赔万金",从而分散了商人的风险。同时保险的大数定理又决定了"遇险者一,偿者一,不偿者千百",保险公司"固仍坐收非常之大利也"。接着,陈炽列举了他身边的保险品种,有"附舟附车之货物保险,载客之轮舟轮车亦保险,市肆之殷商工厂保险,到最后凡私心爱赏欲购而不易得者,皆估价而保险"。但他认为,部分工商业部门的保险由外商所揽,例如,仁济和保险公司在水路运输保险方面获利,而纺纱、缫丝等局的保险悉被外商垄断,每年数百万金让西人独专其利;且国内官商、商商有隔膜,以致"自相携贰,不顾大局"。面对此种局面,陈炽提出了保险集资说,[②] 他认为,要先由"官设立商政局,选举公正绅董,纠资集股,自立保险公司,只收华人保险之费,每岁亦数千百万金,开诚布公,通力合作,保众人之物业,收各埠之利权",若"保险一端,而华商之大势成,中国之全局振矣"。显然,陈炽希望官府出面,先设立商政局,总领商务,再由商政局带头发起成立保险公司,主持选举董事等,负责"纠资集股",即以政府权威来号召股东出

---

① 赵树贵,曾丽雅. 陈炽集[M]. 北京:中华书局,1997:255.
② 赵树贵,曾丽雅. 陈炽集[M]. 北京:中华书局,1997:257.

资,成立属于中国自己的保险公司,来保障所有华商企业。可以说,陈炽认为,民族保险业的发展起着核心作用,只要民族保险业办好了,则华商可成大势,中国全局也得以带动发展。不仅如此,针对国内保险业发展过程中出现的资金不足、灾难多、损失大等问题,陈炽还提出了"再保险"这一观念,即效仿外国多设分行,可以五家分行保之,这样便可以再次分散风险,提高保险赔付能力,也更有利于华商保险公司的业务开展。除此之外,他还认为,保险公司须重视防患于未然原则,应积极主动地向工厂、客户宣传防火防盗思想,且也要与当地水会,即消防队联系,以避免因火灾等受损过多。

关于人寿保险,陈炽赞赏其"恤老济贫、衷此茕独"的意义。为规避投保中的道德风险问题,他提到了人寿保险中的体检问题,即要求被保险人在投保之前须经医生诊视身体状况,三年之内可保无虞方能投保。该保险观念是前人所未及的。

相较于郑观应等人,陈炽对保险的论述范围已有所扩大,除了涉及保险的前提、种类,还提到了再保险,以及人寿保险的体检要求,同时表示,保险具有保障工商业发展,甚至带动中国全局发展的重大意义。可见,他的保险思想具有鲜明的整体性和创新性。然而,他的保险集资说,仍将希望寄托于当时的清政府身上,希望晚清官府可以主导保险大局。

(四)薛福成的邮政保险思想

薛福成[1]于出国期间耳闻目见西方文明,更加坚定了要学习西方,以商务为本,不可闭关独治的想法。他在从事繁忙公务的同时,还写了大量公文与其他类别的著作,如《出使四国日记》六卷、《庸庵笔记》等。

他在进入曾国藩、李鸿章幕府后,处理涉及如购买军火等物品时,常有保险与水脚银共同结算。这表明,当时保险已经在中外运输贸易中较为

---

[1] 薛福成(1838—1894),字叔耘,号庸庵,江苏无锡宾雁里人,出生于书香门第、官宦之家。近代散文家、外交家,洋务运动的主要领导者之一。

普遍。同时,他身为招商局外之人,仍积极关注招商局的保险事项,并撰文进行了详细记载。比如,1881年5月12日(光绪七年四月十五日),薛福成提到,"和众船本记九万两,由本局自保船险,其余货物,值洋五万八千余元,由各洋行保险",可以看出,华商保险公司的承保能力已经得到提升,但货物依旧由各洋行保险。① 1881年10月1日(光绪七年八月初九),著作中记载招商局报告:"前由保险公积项内拨银廿二万余两,由英订造致远、普济两船,约计年内可以竣工。本届结账,盈余银九万两,现以六万余两购英国新造轮船一号,取名拱北。"②这是招商局对于保险资金的运用。1882年10月22日(光绪八年九月十一日),薛福成记载:"前届一百十万有奇,今年保险局加本及各户长存甚多,所以添船无须另为筹款","前届保险公积四万四千余两,今届竟有二十五万六千余两",③ 从账上显示招商局的保险业务发展甚好。而保险公积等也为机器织布局和漠河矿务局提供了初期资本支持。

与他人不同的是,薛福成在保险记载中介绍了邮政保险。1890年(光绪十六年),薛福成担任出使英、法、意、比四国大臣,开始了他的外交官生涯。在国外期间,他集中考察了欧洲社会,开阔了视野。在接触欧洲邮政时,他学习了邮政保险的相关知识。1892年3月25日(光绪十八年二月二十七日),他在日记中谈道:"泰西专设邮政大臣……""如有重价要件、汇单银票,当向邮局挂号,多出挂号之费,取回收到执照,谓之保险;但保险之价,不得逾百镑之数"。④ 在寄送重要的物件或者汇款单银票等高价值物件时,应当向邮局进行挂号寄送,以获得邮局的丢失赔偿承

---

① 薛福成. 薛福成日记·上[M]. 蔡少卿整理. 长春:吉林文史出版社,2004:354.
② 薛福成. 薛福成日记·上[M]. 蔡少卿整理. 长春:吉林文史出版社,2004:369.
③ 薛福成. 薛福成日记·上[M]. 蔡少卿整理. 长春:吉林文史出版社,2004:397.
④ 薛福成. 薛福成日记·下[M]. 蔡少卿整理. 长春:吉林文史出版社,2004:705.

第二章　晚清时期的保险思想(1840—1911)

诺。此外，高出挂号费的部分费用，便作为保险费，为寄送物品设立由保险公司进行赔付的双重保障。但是保险的金额有上限，不得超过百镑之数。1892年4月3日(光绪十八年三月初七日)，薛福成进一步详细描述了"英国邮政之大略"，并明确指出了邮政保险的定价规格："凡寄英国三岛及沿海各小岛……每信或每包，寻常保险费二本士；格外保险费三本士，须用英二寸零四分之一信封，除保险费外，再照各信轻重量贴信票"。[①] 保险费还分为一般保险和额外保险两种，保险费与邮费分开核算；包装重量有一定限制，保险和赔偿费用也不得超过十英镑，"惟其包或长或圆，必不得过英六尺，重不得过十一镑，保险及赔偿费亦不得过英金十镑"，防止索赔无度。

薛福成在考察英国邮政时，对于邮政保险也进行了关注，这种小额简易保险，购买渠道便捷，随着邮政的发展，数量也在逐渐增加。薛福成对于邮政保险的关注，表明西方保险思想在中国的传播已经深入士大夫阶层，在国内得到普遍宣传，而且中国人在走出国门之后也在不断探索西方保险在各行业的发展面貌。

二、中国政府决策层的保险思想

李鸿章、张之洞、盛宣怀等人感到民族保险业能够快速积累资金，以钱生息，因此愈加重视西方保险思想在中国的应用与传播，更直接从决策层面上支持发展民族保险业。

(一)李鸿章的民族保险主张

李鸿章[②]以"外须和戎，内须变法"的洋务观点，在近30年的洋务运动中自强求富，支持创办了近代中国首家航运公司——轮船招商局，以及

[①] 薛福成. 薛福成日记·下[M]. 蔡少卿整理. 长春：吉林文史出版社，2004：707.

[②] 李鸿章(1823—1901)，本名章铜，字渐甫或子黻，号少荃(泉)，安徽省庐州合肥县人。其一生可谓"少年科第，壮年戎马，中年封疆，晚年洋务，一路扶摇"。

第二节　发展民族保险业的思想

对洋务运动起着关键作用的保险招商局。他对西方保险的态度在洋务运动的不同阶段有所变化，在创办保险招商局之际，李鸿章还是以"自强"之意来看待保险，为求在航运保险上免受外国人欺凌。保险招商局发展壮大后，保险的融资功能让李鸿章看到了其"求富"的一面，继而使用保险公积金或保险利润为其他洋务企业提供资金支持。他的保险言论多见于奏议、函电稿、日记等之中。

通过研究李鸿章的奏议、函电稿、日记等可以发现，民族保险业的发展始终与航运业紧密联系，具体表现在以下三个方面：

首先，从保险招商局发起的原因上看，中国民族保险业的初期发展离不开航运业。随着中国轮船招商局的成立，无论是在官方漕粮还是民间货物运输过程中，大家的保险意识越来越强，由于洋商的倾轧，自主设立保险公司也就逐渐提上议程。随后设立的保险招商局不但在组织上曾隶属于轮船招商局，而且主营业务也多来自于轮船招商局。1872年(同治十一年)，李鸿章上奏《筹议制造轮船未可裁撤折》，折中说："各口岸轮船生意，已被洋商占尽。华商领官船另树一帜，洋人势必狭重赀以倾奇，则须华商自立公司，自建行栈，自筹保险。"①可见在轮船招商局筹划阶段，自办保险便被李鸿章纳入筹办计划。同年11月23日，李鸿章在致总署的《论试办轮船招商》信中说道："各帮商人，纷纷入股。现已购集坚捷轮船三只，所有津沪应需栈房、码头及保险股份事宜，海运米数等项，均办有头绪"，② 这时的李鸿章已经召集熟悉海运商情的朱其昂③商议试办事项。1873年1月，轮船招商局正式成立，然而轮船招商局初期的航运轮船仍然是向洋人保险商投保，且洋人保险商百般为难中国船只，恶意编造轮船上有洋人船长，规定对悬挂大清龙旗或双鱼旗不予保险等，发生事故后的保险赔付也不积极，拖沓放任责任人逃逸。由于洋人的刁难和轮船招商局所属轮船事故增发，为减少损失、挽回利权，1875年11月，李鸿章批准唐

---

① 顾廷龙，戴逸. 李鸿章全集·奏议五[M]. 合肥：安徽教育出版社，2008：109.
② 顾廷龙，戴逸. 李鸿章全集·信函二[M]. 合肥：安徽教育出版社，2008：484.
③ 朱其昂，晚清人物，淞沪巨商，参与创办轮船招商局。

景星、徐润等人发起成立保险招商局,并在《申报》上连续刊载《保险招商局公启》达半个月,原定保险招商筹股资金15万两,后因华商踊跃投股,募得资金20万两,同年12月28日,保险招商局正式成立。

其次,保险招商局的经营业务大多围绕轮运展开。从李鸿章的奏折、函稿,如《请山西铁斤请归海运折》以及绝大多数的订购机器军火奏折、运输漕粮奏折等中可看出,李鸿章总是将保险费与运费一起提出,称为运保费或险脚,纳入运输货物成本核算;在《海防经费报销折》中,将购买"那登费"钢炮子弹等军火和电报机器的运保费也都计算进海防经费;《机器局报销折》中,在计算天津机器局制造军火器的成本时,李鸿章将购办器料、续建工程及险脚等银两单独列为第二册,显示保险的"兹事体大"及在其心目中的重要地位。1878年济和水火险公司开设,其前身为济和船栈保险公司,依然是依托于航运业起步。

最后,在保险公司的资金管理上,李鸿章也是站在轮船招商局整体资金运转的角度,命令保险招商局、仁济和水火险公司的保险资产一律上交到招商总局集中管理。由于之前上海股灾导致的金融风波,加上轮船招商局本身轮船闲置、管理混乱等原因,导致轮船招商局收益甚少,甚至亏损,出现资金短缺。于是,1877年12月29日(光绪三年十一月二十五日),李鸿章上奏《整顿招商局事宜折》,在奏折中提出了收紧招商局银根的方法,包括将各省拨存轮船招商局的官帑银缓息三年,还有就是将"所有保险局存本,及新收局船保险银两,应并归招商局统领,无须作为浮存照市付息,亦毋庸提九五局用,别立一局,以免盈绌殊盛"。① 1878年1月1日(光绪三年十一月二十八日),李鸿章又函饬招商局:"现在该局本既未充,应自设法维持,捭不足后可以获利。其保险银两,拟归该局统算,无须浮存利息,不必另提局用,亦极有见第。"②

---

① 顾廷龙,戴逸. 李鸿章全集·奏议七[M]. 合肥:安徽教育出版社,2008:498.

② 陈旭麓,顾廷龙,汪熙. 盛宣怀档案资料·第8卷·轮船招商局[M]. 上海:上海人民出版社,2016:59.

第二节　发展民族保险业的思想

为兑现三年前的承诺，李鸿章于 1880 年 5 月 5 日（光绪六年三月二十七日）上奏《商局官帑分年抵还折》，从这份奏折中可以看出保险招商局几年中的资金规模："光绪三年结账，保险商股为 37.4 万两；光绪四年结账，保险商股 41.8 万两，船险公积 9.6 万两；光绪五年结账，保险商股 58.2 万两，船险公积 11.9 万两"。① 民族保险的投入资金逐年增多，也从侧面反映出民族保险业的蒸蒸日上之势。"厚生""江长"两艘轮船招商局的轮船在江海失事，均归保险局偿还，李鸿章也认为这样一来于轮船招商局本尚无亏损。②

同时，李鸿章要求降低造船成本，以减少保资。一方面，可以使得损有所赔，减轻入股商人的负担；另一方面，更容易发挥保险保障商业发展的作用。李鸿章与晚清著名的船政大臣沈幼丹多次通信，表明希望福建造船厂出产的国产船降低成本，以便保险，他在信中不无苦心地指出："轮船原无一失，而例须保险，作价少则保资亦较少，庶易招徕"。③ 后来他又致信上海轮船招商局，信中依然强调说："盖中国自造轮船成本过重，商局租用须向洋行保险，洋人照泰西船价核估必不及原造之数"。④

除此之外，由于其地位的特殊性，李鸿章还十分关注战争期间的兵险。1883 年中法开战之初，他便收到"沪漕局员电称，各洋行商轮概停装载，米粮保险拟请停兑等语"的消息，1885 年 2 月 24 日（光绪十一年正月初十日）酉刻，李鸿章在给译署的电报中回应道："去腊，英领事谈及怡和等运漕保兵险之说，系指途次，若未装船而有兵事，便不肯装，断非沪道等所能为力"，⑤ 即英国等国怕牵涉进中法战事，所以不予保险，这不是上

---

① 顾廷龙，戴逸. 李鸿章全集·奏议九[M]. 合肥：安徽教育出版社，2008：47.
② 顾廷龙，戴逸. 李鸿章全集·奏议九[M]. 合肥：安徽教育出版社，2008：310.
③ 顾廷龙，戴逸. 李鸿章全集·信函二[M]. 合肥：安徽教育出版社，2008：547.
④ 张明林. 李鸿章全集·第三卷[M]. 北京：西苑出版社，2011：1123.
⑤ 顾廷龙，戴逸. 李鸿章全集·电报一[M]. 合肥：安徽教育出版社，2008：450.

海地方官员所能改变的。如果改运内河，一方面河道淤塞难以通行，另一方面法国也会径往瓜洲口劫夺。所以李鸿章听闻"俄使愿出面调停，可否由署迎机善导"。1885年2月26日（光绪十一年正月十二日），李鸿章又因米粮被法国搜阻而急电告译署，电文称："顷沪漕苏局电称，去秋，英使为怡和向总署揽运漕米，苏、浙又与怡和、太古、旗昌立有保兵险据，今听法搜阻，殊与前言不符。旗昌谓美律非禁物，已电请扬使转电该国，与法理论。闻怡和、太古亦议禀公使与生意有碍，求专请总署与英美各使商办，并令曾、郑与英、美外部力争，以助洋商等语，无论各国已否密允，似不能不争，祈速核办"。①

李鸿章希望借助国内官员在洋商中的势力对已保兵险的货物据理力争。因为南漕北运、军粮供给关系大局甚重，所以李鸿章还是希望能保以兵险，使漕粮安全到达目的地。后来从李鸿章发往伦敦的电报中可看出这件事的解决有了一丝转机："英咨法不准搜米，乞商外部电知沪领事，免借词阻。"②

此时正值中法战争之际，日本方面又蠢蠢欲动，晚清政府要向德国购买枪支弹药等，因此，李鸿章对兵险的提及便又围绕着武器购买与运输。他在与驻德大使林、李二人的电报中，认为如何利用保兵险以保障武器的及时供给是关键所在。1885年2月13日（光绪十年十二月二十九日），李鸿章电告驻德大使，③ 要大使通知德国的保险公司进行处理，电文提出："前闽洋沈失鱼雷，经美商捞运香港修配拍卖，望嘱保险行追查酌办。"而且自从1885年2月（光绪十一年正月）起，德国运回的枪械已经在新加坡被截留过，李鸿章着手考虑改变航线，转运到上海是否更有把握。1885年3月8日（光绪十一年正月二十二日）戌刻，李鸿章复电："坡上栈船家之

---

① 顾廷龙，戴逸. 李鸿章全集·电报一[M]. 合肥：安徽教育出版社，2008：452.

② 顾廷龙，戴逸. 李鸿章全集·电报一[M]. 合肥：安徽教育出版社，2008：458.

③ 顾廷龙，戴逸. 李鸿章全集·电报一[M]. 合肥：安徽教育出版社，2008：424.

第二节 发展民族保险业的思想

误,非英令,不明写华购,法不得夺。今既保兵险,又拟购船,又虑被劫失船价,似为商所骗,请另妥议"。① 有了中法战争期间投保兵险的前车之鉴,在1894年中日甲午战争开始前,李鸿章于1894年10月21日(光绪二十年九月二十三日)上奏《筹办采运难拘成例片》:"必须先与订明,设遇意外之险,船则照价偿银,人则优加抚恤,始肯踊跃用命。……况当有事之时,各国皆守局外之例,……迨起运来华,虑倭阻截,又应酌加运脚兵险之费。……此筹办采买运保各款之难也。"②希望可以增加兵险费用的支出,以保证战争物资与将士们的安全。

尽管部分有关民族保险业发展的建议是来自于他的幕僚,但李鸿章都一一接受,将这些建议与自己的变法主张结合,整理成自己的保险思想,把保险作为晚清洋务运动中重要的一环。李鸿章在晚清保险思想史上,有着以下贡献:第一,在官方文件中多次提到保险,从国家政府层面上承认了保险于国之大用;第二,用保险去保障轮船、军火、机器采购等一系列工商业的运行,把保险当作一个进则可以保证国家经济平稳运行,退则可以凭保险资金以融通各行各业的稳定器,解晚清洋务资金缺乏之困;第三,在与西人的交流过程中,提出了兵险一说,并利用兵险尽量降低战争给这个多灾多难的晚清中国所带来的损失,以一己之力为国争利权。

(二)张之洞、左宗棠对西方保险的认识

张之洞③在兴办洋务时,对保险亦多有见地。由于其在准备成立工厂的时候,要采购铁、煤炭等原料和机器,张之洞在计算采购成本时,便会加上"水脚、运脚和保险"费用。如,1890年5月29日(光绪十六年四月十一日),他在与王藩司的电文中说:"第局中进款大减,出项日多……布机

---

① 顾廷龙,戴逸.李鸿章全集·电报一[M].合肥:安徽教育出版社,2008:424.
② 张明林.李鸿章全集·第二卷[M].北京:西苑出版社,2011:734.
③ 张之洞(1837—1909),字孝达,号香涛,晚清名臣、清代洋务派代表人物,出生于贵州兴义府,祖籍直隶南皮。他又是总督,称"帅",故时人皆称"张香帅"。

后半价及保险费,亦须预先筹措,以免临时掣肘。"①1894 年 10 月 31 日(光绪二十年十月初三),张之洞上奏:"造铜板、造铅条、装药人弹、修理器具俱全,共价德银八十三万六千八百六十马克五十分,连装箱费在内,三马克约合银一两,共合银二十七万八千九百余两,运脚、保险费约银三万余两。"②所以,当时从德国采买军火,27 万多两银要缴纳运费保险约 3 万余两银。诸如此类,在每次提到采买航运时,张之洞必附带办理相应保险。1894 年(光绪二十年),中日战争期间,张之洞还电问上海刘道台:"订购洋枪一万五千支,保险是否在内?查冬电言,如有一切险及无货交,皆退价,即是保险在内。"③这不但是当时中国保险市场发展的必然,也是因为张之洞本人对保险有足够认识与重视。

张之洞也曾关注跨国保险赔付,1892 年(光绪十八年),中国向德国购买枪炮,由怡和洋行运送,但中途碰坏船头,于是,怡和洋行向中国索赔,张之洞便在 5 月 20 日和柏林许钦差的电文中,就英方轮船公司索赔一事做出回应,说:"查向章此项修费,船行取诸货客,货客取诸保险行。此批机件经尊处共保十七万余马。该保险行在沪经理者为新鲁麟洋行,本应在沪照付,乃推令向德国原保行清理。析向原行索取,能令在沪赔给,尤为直捷。"④张之洞提出对货物投保以后,船只损坏,船行向顾客索赔,中国应先赔付,然后再取诸保险行。这批货物在德国保行承保,其在上海有代理洋行,如果由上海代理洋行直接赔付,便能方便快捷。

张之洞感慨于当时西方保险洋行在战争期间坐地起价,他说道:"即使委婉向商,设法购运,不特价值昂贵,且运费、保险种种刁难,较平时

---

① 苑书义,孙华峰,李秉新. 张之洞全集·第七册[M]. 石家庄:河北人民出版社,1998:5497.
② 苑书义,孙华峰,李秉新. 张之洞全集·第二册[M]. 石家庄:河北人民出版社,1998:939.
③ 苑书义,孙华峰,李秉新. 张之洞全集·第七册[M]. 石家庄:河北人民出版社,1998:5836.
④ 苑书义,孙华峰,李秉新. 张之洞全集·第七册[M]. 石家庄:河北人民出版社,1998:5571.

增至数倍。况敌船不时邀截，涉险运送，实极艰虞。"①所以这也激发了张之洞想要自办工业、支持民族保险业的热情。到了1896年，张之洞任湖广总督，在他的一份信札中可看到，当时湖北省缺钱，朝廷商议由广东制钱局代制并由中国保险招商局承保，运至武汉，保险费和运费由湖北付给上海招商总局，并给予七五折。②

甲午战争时期，张之洞对兵险也很重视，每一次购买武器时，都要投保兵险。如1894年9月5日（光绪二十年八月初六），张之洞获悉外洋有质量上乘的枪支弹药一批，便电告台湾唐藩台："七日内现有便船，即可搭船密运，限两个月到沪，可省水脚价。系一定先付现银，不提兵险。"③后来再次办理对外购买军火时，他在1894年12月（光绪二十年十一月）与上海刘道台的来电中提道："信义十九日申刻送来合同，内各价皆论英镑及德马克，共约银三十六万余两，不保兵险。职道拟与商价议银，一切保险包价内，似属明白。"④

左宗棠⑤年轻时便以才能闻名乡里，之后却沉寂了20年。20年中，他钻研农、兵之书，后因此终成大器。

左宗棠为官时，在办理轮船制造时，与保险多有接触。1866年（同治五年），在其奏稿中就已经有了对于保险的记载："保险、包扎及募雇洋匠盘费需银二万九千五百十二两"。⑥ 同年十一月，左宗棠上奏办理船政事宜时说道："各项器具、物件由外洋运载来问，非按洋法包扎，恐多损坏；

---

① 苑书义，孙华峰，李秉新. 张之洞全集·第二册[M]. 石家庄：河北人民出版社，1998：986.

② 苑书义，孙华峰，李秉新. 张之洞全集·第五册[M]. 石家庄：河北人民出版社，1998：3330.

③ 苑书义，孙华峰，李秉新. 张之洞全集·第七册[M]. 石家庄：河北人民出版社，1998：5794.

④ 苑书义，孙华峰，李秉新. 张之洞全集·第八册[M]. 石家庄：河北人民出版社，1998：5919.

⑤ 左宗棠(1812—1885)，汉族，湖南湘阴人，字季高，一字朴存，号湘上农人。晚清重臣，军事家、政治家，湘军著名将领，洋务派首领。

⑥ 刘泱泱，等. 左宗棠全集·奏稿三[M]. 长沙：岳麓书社，2014：176.

非交洋行保险，难免疏皮。此项包扎、保险银两，已一并议给。即这些机器物件从外洋购买，如果不一起保洋行保险，恐洋行不予方便"。①

后来左宗棠更加认识到保险对于商业、对于国家实力外扩的重要性。他在1875年(光绪元年)关于海防与塞防的争议的奏折中写道："惟其志在征商也，故设兵轮船、议保险以护之，遇有占埠头、争海口之举，必由公司召商集议，公任兵费，而后举事。"左宗棠认为西方国家只想取得商业利润，而这种商业模式即以兵船实力、保险制度二项护之以行。②

(三)盛宣怀的保险经营理念

盛宣怀③于1870年入李鸿章幕府，此后通过施展自己才能，亦官亦商，一度成为当时中国首富，官运亨通，创造了多个"中国第一"，如第一家银行——中国通商银行，第一所近代大学——北洋大学堂(天津大学)等。他在企业运作和洋务实践中留下了丰富的企业管理思想。盛宣怀对于西方保险经营等也有自己的看法。

鸦片战争以来，洋商保险不仅掠夺了中国的巨额利润，还阻碍了中国航运业的发展。1873年，30岁的盛宣怀受李鸿章之命赴福建考察船厂运行，在回沪后给李鸿章的调查报告中，提出要自立民族保险，从而不受制于洋人。他先说明了中国轮船用华人与用洋人的现状，继而谈到如果由招商局雇佣洋人，则必须向洋行进行投保，而洋行保险往往低估中国轮船造价，从而导致得不到全面保障；如果不向洋行进行投保，洋行则会"威逼我客商"。针对这一问题，盛宣怀提出"局中必须自立招商保险局，以示无求于人"，这样船货都可自行保险。并且当时盛宣怀与唐廷枢、徐润等人都商议过这个问题。此外，盛宣怀也提出了备选方案，如果坚持用洋人驾驶轮船，向洋行投保，则只有"保险必请减价，

---

① 刘泱泱，等.左宗棠全集·奏稿三[M].长沙：岳麓书社，2014：300.
② 刘泱泱，等.左宗棠全集·奏稿六[M].长沙：岳麓书社，2014：177.
③ 盛宣怀(1844—1916)，汉族，字杏荪，又字幼勖、荇生、杏生、号次沂，又号补楼，晚年自号止叟。祖籍江苏江阴，出生于江苏常州，死后归葬于江阴。

方可支持"。①

保险招商局成立之前，针对保险局未来的用人问题，盛宣怀具有强烈的民族意识，即华人能够胜任的，便不用洋人。1874年（同治十三年），在保险招商局成立之前，怡和买办向盛宣怀推荐由英国人来担任招商局保险行掌管，实则是想趁机窃取中国新生保险业内部重大信息。盛宣怀在得知后，亲笔回示："招商局总管拟用华人，保险局事，须俟秋中，方有就绪。届时再当奉闻"。②

在轮船招商局并购美国旗昌洋行之后，盛宣怀向李鸿章上书，提出《整顿轮船招商局八条》，其中两条是关于保险的，一是"轮船自行保险也"，二是"船旧应将保险利息摊折也"。因为即使1875年中国成立了自己的保险招商局，但"本局尚因船少，每船仅留一二万作为本局保险"，所以多向"洋行燕梳"分保，而"保险之利尚为洋商所占居多"。现今轮船招商局"归并旗昌"之后，船增至28只，"船愈多利愈重而愈稳，自应遵照奏案，保险可归本局，是又开一利源"。具体实行办法，其拟提出如下建议：

> 将本局轮船按照成本概归本局自保，另立本局保险账目，仍照外局保险章程，应收者收，应支者支，亦援照运漕揽载办法提五厘，以备办公经费外，余利息专备摊折船旧，不准私分，并不准挪移抱注。其漕粮客货仍听保险招商局以及仁和公司洋商公司承保，与本局无涉。

盛宣怀建议在轮船招商局内自立保险，即一艘船的保险先由本局自保，剩余再由保险招商局、仁和保险公司或者洋商保险承保。一方面可以使得船险公积金留在轮船招商局内，扩充利源，使轮船招商局的发展得到稳定的资金支撑；另一方面也是官督商办企业走向规范的现代化的需要。

---

① 夏东元. 盛宣怀年谱长编·上[M]. 上海：上海交通大学出版社，2004：17-20.

② 夏东元. 盛宣怀年谱长编·上[M]. 上海：上海交通大学出版社，2004：23.

盛宣怀督办轮船招商局后，在局内设置了"保险股(仁和、济和所保各商货物，均附各分局代办，每月汇齐开折呈报)"①董事帮办，专门处理局内自保和其他保险对接业务。

在轮船招商局自保之后所产生的保险金利息，盛宣怀于1877年向李鸿章提议"船旧应将保险利息摊折也"，即"将轮船保险金之利息用作摊折船旧，逐年递折，逐年估价，以固本原"。为此，盛宣怀简单计算了一笔折旧的账："现拟将本局自保轮船所得保险利息，专备摊折船旧。查本局旧有轮船十二号，置本一百三十四万余两，归并轮船十六号，置本一百三十六万两，合计成本二百七十万，倘有保险利一分，每年便可折去船旧二十七万。倘统扯仅有数厘，亦可折去船旧十余万"。这样可以充分利用保险资金利息，"通计船价如果不足，则尽数摊折，及折至适如时值，则将此款另存，作为公余，公同会商添置新船，并准以利作本，按照入股之先后，核计分余之成数，掣发股票，以昭公允"。②将船产按年折旧，才能及时了解企业盈亏，不断更新设备。同年，盛宣怀致函徐润，信中也提到由于"现既以局船保险之利，充入总账，则船只愈久愈耗，以船旧为虑者，其疑滋甚矣"。因此"自今为始，以局船保险之利提开，专折船旧，而以揽载运漕所得之利除去□□。每年尽数均分，无拘一分官利之虚名，则船旧之虑可释矣"。③盛宣怀这种以保险之利摊折船旧思想，一方面是固定资产折旧思想在中国发展的一大进步，另一方面加强了轮船招商局对保险招商局的资金依赖，为后期保险招商局因资金短缺而导致破产埋下了隐患。

1885年7月28日，盛宣怀与汇丰银行订立借款30万镑合同，主要作为向旗昌买回招商局船产之用。④合同中汇丰银行从保险方面牢牢控制住轮船招商局。合同中约定"与汇丰银行订立借款合同十二，于借款本利未

---

① 夏东元. 盛宣怀年谱长编·上[M]. 上海：上海交通大学出版社，2004：235-236.

② 夏东元. 盛宣怀年谱长编·上[M]. 上海：上海交通大学出版社，2004：68.

③ 夏东元. 盛宣怀年谱长编·上[M]. 上海：上海交通大学出版社，2004：69.

④ 夏东元. 盛宣怀年谱长编·上[M]. 上海：上海交通大学出版社，2004：233.

清以前，招商局必须将各船只并各等可保险之物产，以汇丰银行出名保险，保足三十万镑。并利银或所剩未还借款，在招商局保险公司买保险。如在招商局保险公司买保险，必须与汇丰商妥，并须将保险银二十万两存于汇丰，每年照五厘付还利银。如中外适有战事，必须在外国保险公司保兵险，惟保险公司须由汇丰信允"。合同所附条件苛刻，但为了从旗昌洋行买回船产，别无他法。这激发了盛宣怀创办银行的决心，在创立电报局时，盛宣怀曾向李鸿章呈上说帖，说要"在电报局内附设电报汇银局，如保险局之附于招商局也"。① 后来更提出要用保险资金去创立银行，"届时如果立足牢稳，即可提出保险存款及各省存款一百数十万，附以华商股份，做一小小银行，不必仰鼻息于户部"。②

盛宣怀作为近代中国史上第一代实业家，对于民族保险公司的创立和保险资金的应用，有其独特的见解。他对于民族保险的建议不仅在晚清时期对于洋务企业的创办大有裨益，而且对现代来说也有很大的借鉴作用。

三、中国经营管理层的保险思想

（一）唐廷枢的保险公司经营观

唐廷枢③凭借其洋行经历，学习到近代西方公司运营、贸易往来和保险运营等知识，为其日后经营民族保险公司奠定了理论基础。

在买办生涯中，唐廷枢曾参与华南两个最老的外国保险公司——谏当保险行和香港火烛保险公司。1867年，在唐廷枢进入怡和洋行的第五年，就开始附股于洋行经营的谏当保险行。④ 不仅如此，他还为外国保险公司吸收了大量的买办和其他商人的资本，当怡和洋行继谏当保险行之后设立香港火烛保险公司时，他给中国人安排股份之外，还希望推销全部股份的

---

① 夏东元. 盛宣怀年谱长编·上[M]. 上海：上海交通大学出版社，2004：168.
② 夏东元. 盛宣怀年谱长编·上[M]. 上海：上海交通大学出版社，2004：255.
③ 唐廷枢（1832—1892），晚清时期著名的实业家，洋务运动的领军人物之一。
④ 汪敬虞. 唐廷枢年谱[M]. 北京：中国社会科学出版社，1983：163.

五分之三。而在原来的谏当保险行中，他总是"尽他最大的努力来拉拢中国的生意"。①

所以在轮船招商局初期经营困难之际，唐廷枢毅然接手轮船招商局总办职务，充分发挥"官督"与"商办"的优势，在短时间内进行募股、改制等行动，让轮船招商局转危为安。在入主轮船招商局后，船舶与货物的保险问题一直困扰着唐廷枢，因为外国保险公司的承保条件非常苛刻，不仅可保标的额低，而且保费高。在《轮船招商公局规条》中，唐廷枢等人已经规划了未来轮船招商局的保险事宜，即"本局招商畅旺，轮船愈多，保险银两愈重。拟由本局自行保险，俟银两积有成数，再行设立公局，广为保险。如有盈余，仍归本局股份"。② 所以，唐廷枢依照规条，在经李鸿章特批后，决定仿照招商局模式，集股招商，与徐润等人一起组建保险招商局。于是在1875年11月，《保险招商局公启》先后在《益报》《申报》上进行刊登，标志着中国第一家正式的民族保险公司创立。

从这份《保险招商局公启》（后简称《公启》）中，可以看出唐廷枢等人是如何在中国经营西方保险的，也就是他经营民族保险业的规划与方式。《公启》在内容上对西方保险的益处、保险公司的经营范围以及成立募股方式等作了介绍，类似于今天的招股说明书。首先因为起自泰西的保险，"不论船货房屋等项，均可按价立限具保，早有成规。在物主所出不及一分之费，即能化险为夷"，而如此便利的保障工具，"惟中国于保险一事，向未专办"，且当前"轮船招商局之船货，均归洋行保险，其获利既速且多"，所以要共同集股，设立保险招商局，改变中国保险受制于外的现状。以上是设立保险招商局的原因。其次，他比照当时洋行的保险公司，阐明了保险招商局的经营范围与预期盈利方式，以便于向商贾宣传，募集资金。在承保范围上，将要成立的中国保险招商局"仿照各保险行章程办理，不特商局轮船货物可以酌量保险，即洋商船货投局请保者，均可照章承

---

① 汪敬虞. 唐廷枢年谱[M]. 北京：中国社会科学出版社，1983：5.
② 聂宝璋. 中国近代航运史资料·第1辑（下）[M]. 上海：上海人民出版社，1983：776.

保,以广招徕",即主要经营中外的船舶保险和货物运输保险两类。成立后先试营业一年,"每号轮船只保船本一万两,货本三万两为度,如投报之数,逾此定额,余向洋商保险行代为转保",这一规定是为了避免过度承担责任,导致资金不足,所以采取共同保险方法;在预期风险盈利上,洋商保险行所保货船路途遥远,风险大,对于中国夹板船给予区别对待。而保险招商局成立后,所保船货"口岸少而途路近,时日浅而风险轻。资本随时生息,用度竭力撙节,如此平稳试办,较之洋商利益之多"。在募股过程中,保险洋行一般本银多则 30 万两,少则 10 万两。保险招商局议酌中办法:"集股千万百分,每股规元一百两,共成保险本银十五万两"。设定募股截止日期,募集后资金交由"钱庄等处生息,均有券据存局为凭",如有盈余,则"集众公议,照股均派";在保险招商局组织设置上,上海总局由唐廷枢与徐润共同负责,下面设镇江、九江、汉口、宁波等分局,想要投资入股的可以到各分局报名,各分局账目,总归上海保险招商局周年汇算总结。除此之外,《公启》说明中国台湾和日本等地分局也会陆续逐步推广,次第照章举办。

在唐廷枢、徐润等人的经营下,保险招商局渐有起色。1877 年,保险招商局在报纸上刊登了分红公告,称"诸公鸿运尚称顺手,所得余利银两,谨定于二月初十日按照每股照派,凡有股,特来支取"。① 随着投保船只日益增多,保险标的金额增大,本金有限而导致承保能力不足的弱点逐渐显露。如当时每艘船舶的价值一般为 10 余万两,但保险招商局只能承保船舶价值 1 万两和货物 3 万两,之后又增为船舶 2 万两和货物 4 万两。溢额须向外商保险公司转保,而外商保险公司只限保 6 成(6 万两),② 余下的风险责任仍归轮船招商局承担。于是唐廷枢、徐润等人决定改组保险招商局,在保险招商局的基础上再次融资募股 25 万两,组建仁和水险公司,③

---

① 保险招商总局告白[N]. 申报,1877-03-24.
② 刘志强,赵凤莲. 徐润年谱长编[M]. 北京:北京师范大学出版社,2011:88.
③ 1876 年 7 月 3 日(光绪二年闰五月十二日)《申报》刊登《仁和水险公司公启》,于 1876 年 8 月 19 日(光绪二年七月初一)开张。

专营水险(船舶险和运输险)。仁和水险公司与保险招商局一样,把全部股款存入轮船招商局,并委托其代为管理一切业务。招商局码头、栈房和货物等仍然要向外商投保,考虑到这一点,唐廷枢等人招股50万两成立济和船栈保险局。①,专保仁和保险公司的溢额保险和招商局的货栈等物

1886年,两家公司合并称为仁济和保险有限公司。至此,在唐廷枢等人的努力之下,民族保险业的竞争与经营能力大大提升,使得外国同行不得不重视并且采取降低保费等措施,增强了轮船招商局同外商竞争的实力。

(二)徐润保险实业经验概要

徐润②与唐廷枢一起开创了中国民族保险业的先河,但因经商经历的不同,他的保险思想与唐廷枢略有不同。1873年,徐润被李鸿章委任为上海轮船招商局会办,与唐廷枢等人一起总办轮船招商局。在他和唐廷枢的努力下,轮船招商局规模日渐扩大,成为洋务运动中标杆性的近代企业。但在1883年中法战争之际,在内部权力斗争、外部列强倾轧之中,徐润被排挤出局,③ 并被追究挪用款项之责。

在开展轮船招商局的同时,徐润和唐廷枢开始创立中国第一家民族保险企业——保险招商局。随着业务市场的推广,又成立仁和水险公司、济和保险公司等民族保险公司,在民族保险实业的道路上披荆斩棘。在保险实业过程中,结合原来在洋行中学习到的西方保险思想,徐润逐渐形成了自己的保险营业观念。

在花甲之年,徐润奉李鸿章谕示,陈述过去会办招商局时的各项事略。④

---

① 1878年4月17日(光绪四年三月十五日)成立。
② 徐润(1838—1911),又名以璋,字润立,号雨之,别号愚斋。香山县北岭乡人(今广东珠海市北岭村),曾长期在宝顺洋行工作。
③ 刘志强,赵凤莲.徐润年谱长编[M].北京:北京师范大学出版社,2011:239.
④ 徐润撰,梁文生校注.徐愚斋自叙年谱[M].南昌:江西人民出版社,2012:105-109.

于是，他陈述了在主持招商局11年间"不可谓无功"的八件事，其中第四件就是保险。在信中，徐润说出了创立仁和、济和保险公司的初衷："缘商局用华人为船主，① 洋商嫉忌，初时洋行每船保险限银6万两，未能足数。职道细思每年每船保险费万余两，局中之船日多，保费因之亦多，意外之虞，究非时有，此项利益为数不资"，因此，要在原来保险招商局的基础上自议保险，一则可以减少洋人掣肘，二则也是开辟利源之举。徐润也说明了仁和、济和保险公司的保险模式发展途径。在初期经费不足的情况下，"每船先有保2万两至4万两，后再洋商与仁和、济和分保，以轻仔肩"，等到"保险船项下获有公积银20余万两，遂全行自保船险，仁和、济和专保客货"。即前期仁和、济和保险公司发挥再保险、与洋行分保的作用，在资本初具规模后，向专业化的财产险方面发展，专保客货。1877年，招商局便公议，自认江海轮船保险，每艘2万~4万两，徐润称其为"自保船险之基础"。最终事实也证明了徐润的保险战略选择的正确性，例如，1884年（光绪十年），实存保险公积银45万两，截至徐润写信之日，保险公积金已达三四百万两之巨（徐润自语）。最后，徐润在信中总结道"商局事事顺手由此而起"，也就是说，商局诸事顺利，均因这两家保险公司的成功创办，这也表明，他更加肯定了保险事业能为其他业务提供风险分担、资金支持等作用。

除此之外，在仁和、济和保险公司保障国内市场的局面下，徐润鼓励推动中国保险公司走出国门，"推及于中国各埠暨外洋星加坡、吕宋等埠，凡21处"。在保险公司成立时的集资基础上，徐润自己投入15万两白银，与唐廷枢、陈菱南、李积善堂共创其始，集本25万两白银。在仁和保险公司试办一年后，得利颇厚，续添招25万两白银，共计50万两白银，大大增加了承保能力。又于1878年（光绪四年），集股50万两，共100万两，续创济和水火险公司，"为自保之计"，"自是而后，洋商遂无异言，如旧

---

① 指唐景星推举长江江孚轮船用粤人张慎之为船主，而以往船主均为外国人担任，故洋商嫉妒，不准保险一事。

照保矣"。① 可以看出,仁和保险公司在徐润等人的带领下,从起步到增发股票、开设专业险种分公司,最后合并成为较为完整的险种业务保险公司,这一系列的操作,既是当时商业背景下的市场需求,也是徐润本人在保险领域才能的发挥。

在轮船招商局无自有保险之际,徐润就十分重视保险的保障作用。1874年,清政府令轮船招商局用轮船运兵去台湾守卫,招商局便请国家代其投保,给予保单,保证其若被敌人所占据,则可照单赔偿,但未经获准。②

第三节 保险立法思想的萌芽

1805年谏当保险行的成立,拉开了外商保险业攫取中国大量财富的序幕。严峻的现实激励着中国人民维护民族权益、自办保险的民族意识。在王韬等知识精英层、李鸿章等政府决策层、唐廷枢等经营管理层的努力下,民族保险业逐渐落地生根。1865年5月25日,第一家华商保险机构——上海义和公司保险行成立,正式打破了外商保险公司长久垄断中国保险市场的不利局面,标志着近代民族保险业的正式诞生。在保护工商业发展和民族利益的激发下,越来越多的华商保险公司在中国遍地开花,如上海保险招商局(1875年)、上海仁和保险公司(1876年)、香港安泰保险公司(1877年)等。起初这些保险公司主要集中在上海、广州、香港等沿海城市,大多是水、火险保险机构。至19世纪末,随着水、火险市场的饱和,保险业务向人寿保险扩张,同时逐渐向内陆发展。据估计,1865—1912年,约有35家华商保险公司成立,其中28家水火险公司,8家人寿保险公司。③

随着民族保险业务的发展,保险行业间的恶性竞争、恶意欺诈,以及

---

① 徐润撰,梁文生校注. 徐愚斋自叙年谱[M]. 南昌:江西人民出版社,2012:36.
② 招商局请求运兵船给以保险[N]. 申报,1874-08-26.
③ 中国保险学会. 中国保险史[M]. 北京:中国金融出版社,1998:70.

外商与华商保险业的纠纷等问题逐渐暴露出来。在与外商保险业发生纠纷时，因缺乏相应"本土"法律法规的保护，华商保险公司的利益遭到损害。许多华商保险公司在遇到重大事故时，不得不选择附股于外商保险公司，使得民族保险业的发展受到阻碍。为了扭转这种劣势局面，以及更好地管理和规范民族保险业，思想家与实业家逐渐认识到应建立属于自己的保险规章制度。

实际上，早在1875年，郑观应就已认识到保险公司章程的重要性。他在《商务》中提到，西方保险公司"章程甚详，获利均厚"，① 他认为，中国可以学习西方保险的章程，"亦宜招商仿办"，达到与外国争利的目的。他还意识到，保险事业若要顺利发展，必须制定健全的保险法规。他还将外国水险、火险和人险的章程详细列出，呼吁中国要"定商务通则，航海章程"。并建议，在章程中规定可能出现的保险欺诈情形，以便在理赔时，依章程行事；若违反章程，则不予赔偿。此外，清政府也进行了保险立法的尝试，其思想主要体现于《保险业章程草案》《大清商律草案》。

一、《保险业章程草案》所体现的保险思想

《保险业章程草案》又称《保险规则草案》，1907年由清末实业家徐锐草拟，并由修订法律馆拟具，于1910年5月前完成。该草案共7章105条，从保险内容上看，主要涉及保险契约和保险业管理。②

第一章"总则"，第1条界定了保险的含义："凡筹集资本，设立公司或公会，分保物产损失及生命而担负其赔偿者，是为保险事业。"即保险的功能与作用是分散风险，以弥补损失。第3条又补充"凡非股份保险公司或相互保险公会，不准经营保险事业"，对保险业的经营主体进行了限制。

第二章"股份公司"，第14条规定了股份保险公司必须是"凡七人或七人以上集资创办保险营业者"；第15条要求股份保险公司申请备案时，要

---

① 夏东元. 郑观应集·救时揭要（上）[M]. 北京：中华书局，2013：201.
② 周华孚，颜鹏飞，等. 中国保险法规暨章程大全 1865—1953[M]. 上海：上海人民出版社，1992：37-47.

声明"保险公司拟集资本若干及合股章程并股单式样";第 20 条规定保险公司"资本至少须在二十万元以上"。

第三章"相互公会",第 28 条定义,"凡联合同志集资设会互保危险者,名为相互保险公会",即说明了相互保险公会组织的职能;第 29 条同样要求相互保险公会创立后,申请立案时应声明"资本总数、会员额数及集资方法";第 32 条要求相互保险公会"至少须十万元以上且不准以物产抵作资本"。

第四章"物产保险",规定"即凡投保者指定所有物件向保险者订立契约,缴纳保费,遇有不测之损害,由保险者负其赔偿银数,是谓物产保险",说明了财产保险的定义与所保范畴。

第五章"生命保险",规定"即凡为本人或他人之生命起见,向保险者订立契约,缴纳保费,声明于保险期间内保险者担负保险银数之责任,是谓生命保险"。即现代意义上的人寿保险。

第六章"罚则",规定若保险公司与保险同业公会违反条例规则,则应给予相应的处罚。该处罚原则与制度,有助于进一步规范保险市场。

第七章"附则",强调"凡遵守本章程之保险公司及公会……其所有各项章程及凭单等类,须用中国文字,如有翻译附载东西各国文字者,仍以中国文字为准"。之所以作这一条规定,是中国政府向外国表明中国的独立主权以及自主意识的坚定思想。针对过去成立的保险公司和公会中的"未经呈报注册者","从本章程施行后,限三个月内悉应遵章呈报","所定之章程及凭单等类者,若违背本章程或未臻完备之处,须于本章程施行后限三个月内遵章更改补行呈报",等等。

《保险业章程草案》对保险的定义、范围、处罚条例等内容进行了较为全面的规定,是近代中国保险史上的第一部保险单行法案。但是最终因种种原因,而未能得到实施。

二、《大清商律草案》的立法思想

1908 年,清政府开始积极学习、借鉴西方的法律制度,多次派遣政府官员去西方各国考察和搜集外国法律制度和章程内容,并聘请国外有经验的立法专家,期望尽早立法。此外,清政府还专门设立了法律修订馆,派沈家本、英瑞、伍廷芳等人专职办理此事,他们积极参考国外的保险法律制度,认为中国要制定保险法律,需学习、借鉴国外比较优秀的保险思想和法律制度,但更要考察中国的实际国情,制定适合国人自己的保险法律法规。通过考察,从风俗文化以及体例内容等方面来看,日本的保险法与中国国情较为匹配,且地理位置相邻,取法容易,故一致主张,以日本的保险法典为学习模板,并决定聘请日本的法学博士帮助我国起草保险法案。

1908年12月,在日本法学博士、日本保险界和法学界权威人士——志田钾太郎的帮助下,清政府命人开始起草《大清商律草案》,其初稿于1909年完成,随后于1911年被交于各大商会讨论。

《大清商律草案》共5编,内容包括总则、商行为、公司法、海船法、票据法,总计1008条。其中,第二编"商行为"(共8章236条),有2章(第七、八章)内容是关于保险的规章,如第七章为"损害保险营业"(共50条),分为"总则""火灾保险营业"和"运送保险营业"三节;第八章为"生命保险营业"(共11条)。① 但是,这些有关保险立法的规定,基本上是对日本立法体例的仿照,与当时中国的实际情况并不相称。

于是,清政府又参照各国有关立法,结合中国实际情况和习俗,编成了《商法调查案》,由于清王朝在辛亥革命的浪潮中灭亡,这部法律也未能得以实施。

除上述三部法律之外,清政府还曾于1909年和1910年分别制定了《海船法草案》和《航律纲目草案》,这两部草案内容均是对海上保险做出规定,但均未得到颁行。

晚清时期政府组织草拟的这些保险法规,是对近代中国保险立法的较

---

① 周华孚,颜鹏飞,等. 中国保险法规暨章程大全 1865—1953[M]. 上海:上海人民出版社,1992:47-53.

早尝试。虽然因与国情不符，以及清政府的无暇顾及而未能予以实施，正如陈顾远所言："清末年间，虽于商法草案商行为编中，设有损害保险及人寿保险两章，并于损害保险章列举火灾保险及运送保险两种，但因完全仿照日本商法成规而制，与我国实际所需要者诸多不合，且因商行为编未能公布，关于保险之规定自亦随同搁置。至于海上保险，则亦仿照各国成例，置于海船法草案中，亦未能颁布施行"，[1] 但是，其内容较为全面，对民族保险业的兴起与发展起了一定的促进作用，并给北洋政府时期保险法规的制定提供了基础和借鉴依据。

第四节 晚清时期保险思想评述

一、中国现代意义上的保险思想发轫于西方保险思想的导入

近代中国保险思想是以西方舶来品的角色立足于中国的，西方列强利用坚船利炮打开中国国门后，西方保险就被其作为掠夺中国经济资源、进行政治经济侵略的手段强行移植到中国，西方保险思想也随之而入。在接触西方报刊、走出国门、在洋行工作，以及与西方人进行贸易交往等经历中，一批先进人士"很快认识到保险的便利和价值"，[2] 开始接受西方保险的这种"外来"思维模式，并提出保险是"师夷长技"之一等主张。与此同时，在资本主义生产方式的冲击下，中国本土的传统社会保障思想因难以适应经济结构与生活方式的发展变化，而逐渐趋于消亡。

然而，外商保险公司在中国的成立，对中国经济造成侵略，垄断中国保险市场，攫取了巨额保险经营利润。谏当、于仁、保家行、扬子、巴勒等外商保险公司，每年都攫取了巨额利润，致使中国的大量白银外流。[3]

---

[1] 陈顾远. 保险法概论[M]. 南京：正中书局，1946：21.
[2] [美]郝延平. 十九世纪的中国买办：东西间桥梁[M]. 李荣昌，等译. 上海：上海社会科学院出版社，1988：180.
[3] 中国保险学会. 中国保险史[M]. 北京：中国金融出版社，1998：39.

例如，1882年11月2日，《申报》刊登谏当保险行的消息："9个月所获利润534814元，溢出该公司资本，预分红由1/3改为2/3。"①一方面，中国民族工商业、航运业、金融业的发展，为自办民族保险提供了经济条件。另一方面，出于维护中国的经济政治权益、保护中国保险资源的需要，于是便有华商"自立公司，自建行栈，自筹保险"，②"自设保险公司，使利不至于外溢"等，并开始转西方保险制度为己用，由此深入探讨保险领域中较为新兴的险种、保险公司的运作模式、保险的外延作用等。

可以说，"我国商业保险不是在一种完全的商品经济的土壤上滋生的，而是一种非经济的……在欲推不能、欲迎也不能的情况下把商业保险的胚胎移植进来的"。③

二、西方保险思想的传播催生了民族保险业的发展

保险思想源于保险实践，而保险实践的发展不断推动着保险思想理论的创新。晚清时期的保险思想首先是因为西方保险业在中国的垄断发展，从而产生了导入西方保险思想的现实需要。中国一批有识之士在对西方保险思想的学习、传播与延展中，直接或间接地推动了民族保险业的产生和发展。

魏源等人目睹中国"夷烟漫宇内，货币漏海外"④的屈辱现状，提出要"师夷长技以制夷"，盛宣怀、郑观应等人学习西方保险公司章程、保险资金利息折旧方式等。洪仁玕在保险理论的基础上，提出"自立保险业"的实践想法；郑观应、陈炽等人著述文章，从理论上论证中国保险业发展的可能性与可行性。其中面对民族保险业起步资金不足等问题，郑观应的"招商仿办"与陈炽的"保险集资，官督商办"理论为民族保险业提供了很好的

---

① 中国保险学会. 中国保险史[M]. 北京：中国金融出版社，1998：62.
② 交通铁道部交通史编纂委员会. 交通史航政编(第1册)[M]. 铁道部交通史编纂委员会，1931：139.
③ 陈朝先. 中国古代与近代保险思想史论纲[M]. 内部发行，2000：79.
④ 魏源. 湖湘文库(甲编)：魏源全集·13[M]. 长沙：岳麓书社，2011：177.

创新政策建议。这些保险思想的提出不仅扩大了西方保险思想在中国社会中的影响，也为民族保险业的起步与发展创造了理论基础，间接地影响了保险招商局等民族保险公司的成立。李鸿章、盛宣怀等人对于西方保险思想的认可与宣传，直接从晚清政府官方层面上支持成立民族保险公司；唐廷枢、徐润更是投入资金与时间，在经营、发展民族保险业的过程中，通过对保险理赔的处理与保险资金的运用，形成了自己的保险观点。到了1897年，清末状元张謇在创办实业中明确提出要在公司营收中提取保险公积金，这也是公司自我发展保险业的渠道之一。

总而言之，这些先进人士对西方保险思想的中国化解读，都是在对西方保险理论和外商保险业发展的认知、理解基础之上，进而在民族保险实业中，根据近代中国保险市场需求等具体情况，对民族保险业发展的理论基础进行创新，从而再次推进民族保险业的发展"更上一层楼"。

三、中国保险法规尚处于空白

随着华商保险公司队伍的壮大，其在与外商保险公司的竞争中，逐渐感受到自身利益未能得到很好的保护；或在业务扩张中，保险欺诈行为泛滥，迫切需要有相关的法律法规予以规范。虽然郑观应早已意识到保险公司规章制度的重要性，也承认西方保险制度的先进性，及其可供借鉴之处。清政府在该方面也作了一定努力，派遣学者出国考察，邀请国外知名学者来华辅助，但是，因没有结合中国国情，一味地照搬外国保险法律条例，致使最终起草的保险法规被打上了深深的西方烙印。同时，因为清王朝自身难保，这些法规被束之高阁。近代中国的保险立法仍是一片空白。

第三章 北洋政府时期的保险思想
（1912—1927）

北洋政府时期是中国历史上政治动荡、战事频发的时期。然而，由于许多有利于民族工商企业发展的条件，以及民族主义情绪高涨等，加速了西方保险思想在国内的传播，扩大了民族保险业的社会影响，促进了中国民族保险业的发展。

首先，辛亥革命以后，民族资本主义获得了迅速发展。1912—1927年的16年间，中国历年所设创办资本额在1万元以上的工矿企业总数约达1984家，创办资本总额约为458955千元。① 又1912—1920年间中国各主要行业的工业发展速度年平均增长率分别为：卷烟36.7%、面粉22.8%、棉纺织业17.4%、火柴12.3%、电力11.9%、水泥8.0%、矿冶9.0%、缫丝3.5%。② 另外，国内商业和市场也不断扩展，据估计，1913年国内生产品流通量为9.3亿元，1920年为14.9亿元，1925年则达21.6亿元，13年间增加了1.3倍。③ 这些都为我国民族保险业的发展提供了重要的物质条件。其中，民族保险业最突出的变化就是保险公司的数量有了明显增

---

① 杜恂诚.民族资本主义与旧中国政府(1840—1937)[M].上海：上海社会科学院出版社，1991：106.
② 吴承明.中国资本主义与国内市场[M].北京：中国社会科学院出版社，1985：125.
③ 黄溢平，虞宝棠.北洋政府时期经济[M].上海：上海社会科学院出版社，1995：172.

长，自1912—1927年，仅批准注册的华商保险公司就达31家，① 若加上未注册的，则数目更多。另外，民族保险公司的机构设立也不再局限于沿海通商大埠，而是把触角伸展到内陆各地，使得原先"风气未开"的内陆也出现了民族保险公司的足迹。华商保险公司的增多，使得保险业务经营收入也渐增，据北洋政府农商部统计，1915年华商保险公司有59家，保险费收入为656万银元，资本总额为959.6万银元。②

其次，中国民族主义情绪日益高涨，反帝爱国民主运动不断兴起，其主要诉求便是反对帝国主义的经济侵略，提倡国货、抵制外货。规模较大的抵制外货运动有：1915年因反对日本帝国主义灭亡中国的"二十一条"所掀起的抵制日货运动；1919年"五四"运动时期的抵制日货运动；1925年"五卅"运动时期的抵制英货、日货运动等。这种民族主义情绪的宣泄，扩大了民族保险业的社会影响，一些有识之士有感于"通海以来，我国的财产保险与生命保险均为外商所垄断，金钱外溢与年俱增。不独有损利权，漏厄难塞，其影响我国民族工商业的发展尤为严重"，③ 因此，积极自办保险以挽回利权。同时，人们也纷纷投保本国保险，以打击外国保险公司。

最后，恰逢此时，"一战"爆发，西方资本主义列强纷纷卷入战争旋涡，无暇东顾，暂时放松了对中国的经济压迫。"现在欧战方酣，外货来源稀少，又益以天然人工输运之种种优点，正中国发展实业之良好时机。"④此局势，为民族资本主义，包括民族保险业的迅速发展，提供了一个极为有利的外部环境。与此同时，20世纪20年代左右，工业文明的发展改变了人们的生产与生活方式，催生了一大批产业工人群体。但是，中国工业化的发展，非但没有为中国劳工阶层的经济生活带来福祉，反而进一步恶化了他们的工作环境，劳资关系也不断恶化，工人们的反抗日益强烈，多次进行了有组织的大罢工。据统计，1918—1926年，劳工阶层罢工

---

① 吴申元，郑韫瑜. 中国保险史话[M]. 北京：经济管理出版社，1993：71.
② 吴申元，郑韫瑜. 中国保险史话[M]. 北京：经济管理出版社，1993：71.
③ 沈春雷. 中国保险年鉴[M]. 上海：中华人寿保险协进社，1935：2.
④ 中国发展实业之时机[N]. 农商公报，1915-10-15.

达 1233 次，其中要求改善待遇（经济压迫和虐待）而罢工的占比 60.12%。如 1922 年 1 月 12 日，在英国资本家拒绝了增加工资的要求后，香港海员在中华海员工会联合总会苏征兆、林伟民等的领导下，开始进行大罢工；1923 年 2 月 4 日，京汉铁路工人在"争自由，争人权"的口号下举行全铁路大罢工；2 月 7 日，武汉工会代表和江岸工人举行盛大集会和游行，京汉铁路大罢工是中国工人运动高潮中最大的一次斗争，等等。随着社会对劳工阶层的广泛关注，有关的社会保险问题也逐渐得到重视。同时，国际劳工组织的推动和国外社会保险实践的影响，进一步加快了我国社会保险事业的发展步伐。例如，1923 年政府颁布的《暂行工厂条例》，就是在国内"二七大罢工"和国际劳工组织的压力下进行的。

第一节　北洋政府时期的人寿保险思想

现代形式的人寿保险，是随西方入侵而传入中国的，最早进入中国人寿保险市场的是 1846 年英国在上海开设的永福人寿保险公司和大东方人寿保险公司。保险业作为一个舶来产业，因国人对其缺乏相应的认知，致使其在相当长的一段时期内都处于受外商垄断的状态，且极少对华人开放投保，业务范围大大受限。直至 1899 年，我国才设立第一家由华商创办的民族人寿保险公司——永年人寿保险公司。① 辛亥革命以后，华商自办人寿保险公司才逐渐兴起。据初步统计，1912—1925 年陆续建立的华商保险公司有 39 家，其中，经营寿险的有 19 家。②

1912 年 6 月，为建立中国人自己的寿险公司，向社会大力宣传人寿保险的作用和好处，吕岳泉开始创办华安合群保寿股份有限公司，并逐渐发展成为近代中国实力最强的专业寿险公司。1913 年 7 月和 1914 年 4 月，爱众联保寿险公司、金星人寿保险公司分别在上海成立。此后，受第一次

---

① 有言 1894 年成立的福安水火人寿保险公司为第一家华商自办的人寿保险公司。

② 中国保险学会. 中国保险史［M］. 北京：中国金融出版社，1998：71.

世界大战影响,中国的民族工商业发展呈现一片欣欣向荣的景象,民族人寿保险业也蒸蒸日上。中华人寿保险公司、江苏中华商立寿险公司、众益联保寿险等多家人寿保险公司相继成立。然而,除了华安合群保寿股份有限公司以外,大多数小规模的民族人寿保险公司仅是昙花一现,未能长久经营下去。因此,北洋政府时期的民族人寿保险业未能真正地繁荣下去,尚处于初创阶段。

尽管如此,在建立与发展这些民族人寿保险公司过程中,保险业界已认识到国人对相关理论的缺乏,以及管理经验的欠缺。同时,反观作为当时欧美国家保险业发展主流和趋势之一的人寿保险业,社会各界开始学习和探索西方国家先进的保险理论,以及研究和探讨人寿保险的基本原理。

一、关于国外人寿保险业发展状况的研究

第一次鸦片战争后,上海开埠通商,中国的对外贸易中心开始由广州迁移至上海。外资保险公司开始在上海设立保险公司。其中,占据主导地位的是英商和美商保险公司。关于国外人寿保险业发展状况的介绍,学者们主要关注了新式人寿保险事业的创立及发展情况等方面内容。

关于新式人寿保险事业的创立,王效文在《保险学》一书中指出:"寿险事业,滥觞何时,言人人殊,而其视为重要者,则不过近百年事。初起于英国而后波及于世界,英当一六九九年即有孤寡保险会之组织,而一七零六年又有协和保险局之创立,据美儒霍立康白之调查,英国自一六九九年至一七二零年间创设之寿险公司,不下五十种,惟其时关于保险之方法及计算,均不完备,较之现制不啻有天壤之别耳。"①在王效文看来,真正意义上的近代人寿保险的发展时期是从17世纪下半叶开始的100多年时间,并且人寿保险事业最早起源于英国。

关于世界上最早的人寿保险公司,不同的学者持有不同的观点。邓贤在《人寿保险与中国》中指出:"外人在中国设立最早的公司,是联保人寿

---

① 王效文. 保险学[M]. 北京:商务印书馆,1925:32-33.

保险公司(China Mutual life Ins. Co.),在 1899 年,由英国商人韦德(J. A. Wattie)组织的;后来上海人寿保险公司,亦继之而起。"①现代学者考证后多认为英商永福人寿保险公司与大东方人寿保险公司是最早在华经营人寿保险的公司。② 黄其刘认为:"至最早之人寿保险公司组织,则在于英国,此公司之名为至善保险公司时间为一七零六年。"③而对于近代人寿保险制度真正形成的标志,王效文认为:"一七六二年伦敦公平保险社乃近代人寿保险事业之嚆矢,良有以也。"④可见,对于最早的人寿保险组织的探索,仍莫衷一是,有待进一步考究。

那么,现代意义的人寿保险是何时传入中国的?王效文认为,近代人寿保险事业真正的发展源自美国的推动,"美国人寿保险公司之制度,实始于南北战争时代,惟其发展之速,远非英国可比"。⑤ 对这一问题,邓贤也进行了分析。他提出"中国永福人寿保险公司记录的 1846—1900 年期间的死亡经验表为大量著者引用",⑥ 据此,他推测"人寿保险业在十九世纪

---

① 邓贤:人寿保险与中国[J].留美学生季报,1927,20(3):157.
② 一种说法是,英商永福人寿保险公司和大东方人寿保险公司在 1846 年(道光二十六年),进入中国保险市场,是最早在华经营人寿保险的两家公司。另一种说法是,据《各国在华保险业调查》称,永福人寿乃生命保险公司之最早来华者,1826 年(道光六年)即向香港以及中国各地之英人发行保险证券。对时间上的考证虽有差别,但这两家公司是最早来华者这点已被大多学者认可(参见:秦贤次,吴瑞松.中国现代保险史纲 1805—1950[M].台北:台湾财团法人保险事业发展中心,2007:60)。
③ 黄其刘.人寿保险与中国[J].商业杂志,1926,1(1):2.
④ 王效文.保险学[M].北京:商务印书馆,1925:33.
⑤ 随后,王效文在书中描述了当时最为发达的美国人寿保险业的发展情况(参见王效文.保险学[M].北京:商务印书馆,1925:33)。此外,在近代中国人寿保险事业起源上,学者斐锡颐也持相同观点,他提出:"我国人寿保险事业,始于十九世纪中叶外商在华设立之保寿公司,当时规模狭小,资本不大,所投保之人多为旅居我国之外侨,厥后至十九世纪末叶,始有华人向该等外商保寿公司保险,复至二十世纪之初,外人在华之保险事业,日益发达,当时如英人创立之永年人寿保险公司、华洋人寿保险公司,美人设立之友邦公司、旗昌保险公司等,皆积极提倡人寿保险,对于华人竭力招徕。"〔参见:斐锡颐.发展我国人寿保险事业刍议[J].钱业月报,1932,12(12):23〕
⑥ 关于永福人寿保险公司记录的死亡经验时间段说法不一。邓贤认为记录的是 1846—1900 年的死亡经验。还有一种说法源自《中国保险史》,其第 175 页记载:1888 年至 1900 年,永福公司制成华人死亡经验表,于是开始承保国人寿险。

中叶一定已经被引入中国",此后的1884—1900年,公平人寿保险公司、联保寿险公司、上海人寿保险公司、加拿大人寿保险公司、华洋人寿保险等外国公司相继进入我国。邓贤的推断也在中国保险协会出版的《中国保险史》中得到了印证,书中提道:"1850年8月3日,《北华捷报》(North China Herald)在上海创刊,首次登载上海外商保险公司代理行名表,其中英商公易洋行代理 The Colonial Life Assurance Co.,直译即殖民领地人寿保险公司。这是有关外商在华人寿保险的最早的记录,由此可见,1850年,外商已经在中国开展人寿保险业务"。①

二、关于人寿保险基本原理的研究

甲午战争以后,为改良社会制度,学习西方社会制度和治国理念,以达到救亡图存的目的,国内兴起了翻译西方社会科学著作的高潮。包括经济学在内的大量社科类书籍被翻译成中文,特别是"五四"新文化运动以后,我国学者翻译和著述了大量西方经济学著作。其中就包含了对保险知识的介绍。

保险界的有识之士,意识到保险理论的重要性,开始提倡研究保险学术理论,在参考欧美人寿保险思想的基础上,纷纷著书立说。北洋政府时期,对人寿保险学基本原理的介绍,以王效文为代表的学者们作出了卓越的贡献。

(一)人寿保险的内涵

对于人寿保险的内涵,王效文给出了明确的定义:"寿险者,以人为保险之标的,对于吾人生命上所生之不测事故,支付一定金额之保险契约也。"②并引用美国保险学家汉伯纳(Huebner)的话予以详解:"由社会全体而言,人寿保险者,乃一种社会之政策,集合资金以防早死时所受之损

---

① 天津市地方志编修委员会. 天津通志·保险志[M]. 天津:天津社会科学院出版社,1999:15、62.
② 王效文. 保险学[M]. 北京:商务印书馆,1925:29.

失，其推进之方，盖在转移多数人之危险于一人或一群而特予资助也。然由个人方面而言，则人寿保险者，亦可谓之为一种契约，按照此种契约之规定，保险者得一面照约收受被保险者之保险费，一面须给予被保险者或其受益人以保金也。"①

黄其刘则从人寿保险体现人类合作与互助的角度出发，提出："人寿保险，人类合作与互助之结晶也。未开化之时代，日中而市。所谓市者，以其所有，易其所无。其供应范围既狭，其交接之程序亦简，纯粹为根性的合作与互助……投资者于生存之时期，则以其所投之资赡养身故者之家属。迨其老年恒化，则又另有在生存时期之投资者。以资赡养其家属，是虽欲不合作不互助，亦不可得。简言之，即投资于人寿保险公司者，其人必于无形中造成合作与互助之一分子无疑也"。②

(二) 人寿保险的特征

对于人寿保险特征的研究，当时的学者主要集中在社会属性和道德伦理两方面上。

人寿保险的社会属性体现在投保群体具有广泛的社会属性，每个社会成员都应该出于对自身人寿风险的考虑，为自己提前投保人寿保险进行预防性储蓄。具体而言，一方面，对于较为富裕的社会阶层，王效文谈道："夫席丰履厚，拥有巨资者，入则食前方丈，出则乘坚策肥，即死后亦有财产以遗子孙，似无需乎投保寿险，然人事无常，祸生仓卒，恐慌袭来，营业有倒闭之虞，水潦风雨，良田有淹没之忧，且也既以财产遗子孙，则比经过继承之手续，而继承之税，又不可以不预为筹措。"③他指出，较为富裕的人群，虽然从短期来看，其资产实力雄厚，死后也能够为其下一代提供丰厚的遗产，但从长远来看，人生是长达数十年的，各种风险和隐患更是让人难以预料，更应投保人寿保险，而且人寿保险在征收遗产税方面

---

① 王效文. 保险学[M]. 北京：商务印书馆，1925：1-2.
② 黄其刘. 人寿保险与中国[J]. 商业杂志，1926，1(1)：4.
③ 王效文. 保险学[M]. 北京：商务印书馆，1925：30.

还有合法避税的优势。另一方面,对于"力俦赤贫之人",即生活较为困难的群体,他认为"虽无家室之累,然平素苟毫无积储,则葬身之具,亦势必仰给他人,可耻孰甚"。① 故这类群体更应该参与到人寿保险之中,虽然他们经济窘迫,很难进行储蓄,但是在丧葬事务方面,应该提早准备,不应该给他人带来负担。

人寿保险的道德伦理属性体现了家庭责任感和对社会的奉献精神。"投保之动机恒基于纯洁之道德观念……投保终身寿险,保费之缴纳,虽在生前,而保险金之领受,蒙其惠者实为身后之遗族,易言之,即为他人而保险,其动机全基于利他主义者也。"②因此,从道德伦理的角度出发,人寿保险是一种避免因意外风险造成家人和亲属生活困难的预防手段。"盖吾人对于家族,非惟生前应尽赡养之义务,即身后亦当代筹自存之方,否则殁不旋踵,妻寒儿号,呼告无门,踯躅街头,贻累社会,何以自安。"③从自身出发,他认为对于家人和亲属,不能仅仅在生前尽赡养义务,更当进行积极的预防和准备,避免家人和亲属在他死后遭逢不幸。

(三)人寿保险的效用分析

人寿保险的初衷是为了保障投保人的家庭幸福。经过不断演进,后来不仅成为家庭和个人幸福的源泉,也成为促进工商实业发展的途径;不但是实现个人理财计划和减轻家庭经济负担的长期规划,更是完善国民经济结构的重要基础。人寿保险制度在很大程度上能为每位社会成员预防和化解风险,而人寿保险公司则相当于将全社会的风险集中进行分散管理,从而在整体上降低社会风险,为整个国民经济的发展保驾护航。正如王效文所言:"夫人生于世,祸福无常,横逆之来,苟无相当之预防,势必捉襟见肘,感觉经济之匮乏。其在耄耋倦勤,别无收入,须俟金钱以为养老之计者。固靡论矣,即在体壮力健,年青有为,而骤逢意外,所入无着,病

---

① 王效文. 保险学[M]. 北京:商务印书馆,1925:30.
② 王效文. 保险学[M]. 北京:商务印书馆,1925:31.
③ 王效文. 保险学[M]. 北京:商务印书馆,1925:32.

伤需疗养之费，死亡则遗族堪怜。故吾人处世从积极方面言之，固当锻炼健全之身体，从消极方面言之，亦当未雨绸缪，以为事先之准备，否则事至临头张皇无措，未有不为噬脐之悔者也。"①报界名流史量才也曾说过："居今日之世而言未雨绸缪之计，除人寿保险外似无其他更佳之方法"，②足见人寿保险的重要性。

同时，通过对人寿保险的效用进行系统性的分析后，可以了解到，人寿保险对个人、家庭、社会、国家等都有不同的效用。

在研究人寿保险的效用方面，王效文在《保险学》一书中分析了人寿保险对家庭及个人的效用；督辉在《论人寿保险之利益》一文中从投保人家庭、社会全体及实业界分析了人寿保险的效用；③ 在《华安》杂志中有一篇名为《人寿保险泛论》的文章中提到人寿保险对国家、社会、家庭及个人的效用；④ 黄其刘在《人寿保险与中国》提出，"人寿保险除预备身后家庭生计之保障以外，尚有其它种种之目的"，⑤ 一来预储晚年之费用；二来保障子女上学之费用；最后维持商业，保障信用。

1. 对个人及家庭的效用

人寿保险可以消除人生忧虑、保障投资安稳、培养储蓄习惯、保障老年生活等；对家庭则可以维持家庭幸福、保障子女教育婚嫁金等。

具体而言，在个人方面，王效文在《保险学》中写道："寿险对于个人之效用：（一）保寿险，则有恒产者得于死后助家室以巨款，无恒产者亦能使家室得相当之养费，如是则身后无忧，勇往直前，无事不成矣；（二）例如保险一万元，则于契约签成之后，被保险人即使死亡，而家属亦能得一万元之保金，期无先后，数额不更，故保险之性质，实较储蓄为稳妥也；

---

① 王效文. 保险学[M]. 北京：商务印书馆，1925：29.
② 马翠兰. 试论近、现代国人对于保险业的认识和倡导[J]. 上海百姓，2006(10)：38.
③ 督辉. 论人寿保险之利益[J]. 钱业月报，1923，3(1)：20-35；1923，3(3)：16-25.
④ 人寿保险泛论[J]. 华安，1926，2(7)：26-27.
⑤ ，黄其刘. 人寿保险与中国[J]. 商业杂志，1926，1(1)：4.

(三)保险公司之投资,实较他种事业为妥慎,盖因一则各国政府对于保险事业,监督严重,二则保险契约,类皆有解约退款(surrender value)等之规定故也……亦足以见其投资之稳妥矣;(四)能使投保者养成俭德……若纳费较久,则投保者之节约美习,必能养成于无形之中;(五)能使投保者购置家宅;(六)能使投保者年金确定,年金云者,乃购买者以若干金额向保险公司购买一种之契约,而规定购买者在世一年,保险公司即付与以一定数年费者之谓也。购置者若死,则其年金之给付,立即停止。如是,则年老而积蓄不多者,皆得以此法而维持其生活矣。"①

在家庭方面,王效文认为:"人寿保险之为,非保人之不死,乃保人死之后,其家得领取保险金,不至于冻馁而已……美儒富兰克林谓:人寿保险者,乃筹身后家族生活费用最妥之法。"②由于人寿保险契约具有固定的赔偿数额,所以在家庭成员失业之时,若有急需,可以用人寿保险单抵押借款。这样就可以缓解家庭失业之时的压力,而保障家庭幸福。

2. 对实业及社会的效用

人寿保险对于从事各种经营活动的企业而言具有重要意义,可以保护重要职员、保全合伙经营、稳定公司发展、担保公司债务等。吴倚沧认为,人寿保险对于营业的效用有以下七点:"(一)寿险可维持营业常态;(二)寿险可以补偿专门人才之损失;(三)寿险可利用以发行债券;(四)寿险可抵押借款;(五)寿险可以维持合资营业;(六)寿险可作存款;(七)寿险能增加职工效能。"③王效文指出人寿保险对于实业的效用还体现在:"能使银根紧急时不致有周转不灵之虞。银根奇紧之时,公司款项,常多不足,商借无法,倒闭堪虞;然使公司之重员事前保有若干之寿险,则公司即可利用此种保单,转向保险公司以为抵押之借款。"④

---

① 王效文. 保险学[M]. 北京:商务印书馆,1925:36-38.
② 王效文. 保险学[M]. 北京:商务印书馆,1925:36.
③ 吴倚沧. 论人寿保险于营业上之效用[J]. 上海总商会月报,1921,1(6):12-17.
④ 王效文. 保险学[M]. 北京:商务印书馆,1925:38-41.

对整个社会来说，社会是多数个体的结晶。人寿保险提倡利他主义，提高社会中个人的道德水平，从而维持社会安宁。"是故鼓吹与提倡人寿保险，不仅鼓励人们注意利他主义，人寿保险能普遍，即是人人能实行利他，以言社会，又安望其能不安宁哉。"①人寿保险还能鼓励人们储蓄，因而可以使社会财富化。王效文指出："然苟人人有储蓄，即人人可资以谋生，而阶级对峙之谬说，自无由蛊惑人心……贫富两者同融洽于社会之连带性者也。"②

3. 对国家及民族的效用

人寿保险对国家及民族的效用体现在增进民族合作与互助、增强民族健康、增加国家财富、辅助国家财政上。"人寿保险，为提倡合作与互助精神之妙策……人人能投资于寿险公司，则人人于无形中，受合作与互助之精神之驱使，而归于合群。"③人寿保险公司处理业务，都是采用科学的管理方法，比如投保时都需要检查身体状况，平常很难觉察到的身体疾病经过体格检查后就很容易发现，便于及时求医，从而增进整个民族的身体健康程度。对于国家，王效文指出："投保愈多，则保险公司之资力亦愈厚，而此种资金，苟运用得当，即足以开拓富源，而增殖一国之财富；……故对于国家及地方团体发行之公债，皆有力应之"。④

(四) 人寿保险的种类设置

对于人寿保险的种类，王效文将其分为定期保险、终身保险、限期缴费保险、生死合险、分期赔偿保险、联合人寿保险和年金这七大类，并从它们的原理、利益以及弊害三个方面进行了分析。

1. 定期保险

定期保险是指保险人与被保险人约定一段特定的有效时期，在这段时

---

① 人寿保险泛论[J]. 华安, 1926, 2(7): 4.
② 王效文. 保险学[M]. 商务印书馆, 1925: 42.
③ 人寿保险泛论[J]. 华安, 1926, 2(7): 26.
④ 王效文. 保险学[M]. 北京：商务印书馆, 1925: 42.

期内，若被保险人死亡，则保险人给予受益人以赔偿；若过了这段时期，被保险人能生存下来，那么保险契约立即中止，保险公司再无赔偿的义务。定期保险又分为长期定期保险与短期定期保险。王效文认为定期保险时间不宜过长也不宜过短，"但若期间过长，则与终身寿险无异，过短则又年年换约，不胜其烦，而且按自然增加之率，则老人之年费，必致重大而不堪"。①

这种保险的优点是：①保费较小，赔款相对较多，适合收入甚微的年轻人。②从实业的角度来看，为重要员工购买定期保险，可以弥补员工死亡给公司带来的损失，从而免除公司部分忧虑。③提高信用。王效文谈到，对于有志于求学或从商的年轻人，由于资金较少，投资于定期保险可以提高投保人在借款时的信用。④为父母购买定期寿险，不管子女是否在世，都可以尽到赡养父母的义务。王效文认为，培养子女对于父母而言，无异于投资；而对于子女而言，无异于负债。投资可以不必收回，但是负债应当收回。所以，父母抚养子女成人，虽不望回报，但是作为子女，没有不回报父母的道理。即子女若在世，可以赡养父母，若逝世，该如何回报呢？他指出定期寿险在投保人死亡后，可以使父母得到一定的赔偿金，从而可免除其冻馁之患。

人寿保险虽然具有一定优点，但同时也存在一定的缺点：①由于定期保险的期限是限定的，所以其保障具有暂时性，期满之后，若被保险人无事故，则保障全无。②初次购买定期寿险的人，缴费较少。但是，若期满之后，投保人想继续投保，则此时由于被保险人年龄已大，其保费会较高，这会加重投保人的经济压力。所以，续保定期保险对于年龄较大的人并不合适。③定期保险中途不能退保，若退保，之前所缴纳的保费不会退还，因此对于中途资金缺乏的人来说，定期保险会造成额外损失。

2. 终身保险

终身保险是指保险契约上不限定时期间，只要被保险人死亡，即保险

---

① 王效文. 保险学[M]. 北京：商务印书馆，1925：45.

中止，保险公司向其赔偿保险金。

终身保险没有期限，只要被保险人死亡，保险公司就会给予赔偿。所以相比于定期保险，终身保险有以下四个优点：①终身保险没有时间限制，可得到永久保障。对于家庭的主要经济来源者，可投保终身寿险，这样不管他何时遭遇不测，其家属都可得到保障。②终身保险的保费较为低廉，适合收入不多的工人及小贩，他们没有多余的钱强迫自己储蓄，或者支付较高的保费。想要家庭得到永久保障的唯一办法就是投保终身保险，因为其保费低廉，并且不论投保人何时死亡，保金都可以全部给付家人。③终身保险含有储蓄的性质。定期保险，不但在保险期内没有额外的利息可以给付，并且若保险期满而投保人未死，除了自己的保费外，别无所得。但终身保险却不一样，它采取的是平均缴费的方法，在考虑通货膨胀后，投保者期初所缴的费用要高于实值，之后所缴的费用要低于实值。期初高于实值的部分，保险公司会以复利计算，以此来弥补后期的不足。④终身保险可以中途退保，并且能领回一定数额的保费。在定期保险中，凡投保者要求中途退保的，公司一律不退还保费。

终身保险在很多方面弥补了定期保险的弊害，但这并不意味着终身保险没有弊害，终身保险唯一的弊害就在于投保者要终身缴付保费。但是针对这种弊害，学者们提出了一定的补救措施。王效文认为："投保者如因境况变迁，不愿再行续约，公司得将每年所获之溢利反诸于被保险人，不然，投保者亦得请求公司停止付费，改订契约，将终身寿险，改为保费付足之保险，而将前者溢付之数额作为已缴之保费，不变其保金，而缩短其年限。或终身寿险之契约不变，而以溢付之费，作为终身寿险一次付足之保费，而减少其保金之数额，均无不可也。"[①]

3. 限期缴费保险

限期缴费保险是指在约定期限内将保费全部缴付，被保人死亡时，保险公司给予保险金赔偿。限期缴费保险的原则与终身保险的原则相同，保

[①] 王效文. 保险学[M]. 北京：商务印书馆，1925：52.

险金的给付，也是以死亡为条件。所不同的是，终身保险的保费需要终身缴付；而限期缴费保险的保费有一定的期限。这种保险限定缴费的期限，大概可分为10年、15年、20年。

限期缴费保险的好处在于：①可以免除终身缴费的麻烦。②限期缴费保险由于其期限有限，所以投保者可在年轻时购买，这样可以减轻年老时的经济压力。王效文将人生的25~50岁划定为生产力最旺盛的时期，他认为，若在此时期提倡节约或多费心力，则必能多得。③限期缴费保险与终身保险一样，也含有储蓄的性质。并且由于限期缴费保险的保费更高，所以其溢出的现金值比终身保险更多，其利息也相对更高。

这种保险虽然弥补了终身保险的弊处，但也存在一定的缺陷，主要是这种保险的保费极高，并不实用，原因有三：①所需保费多，保障厚。对于刚入职的青年来说，其能力不足以支付，并且他所需要的保障，也无需如此雄厚。②即使有能力支付，足以缴费保费，并且保险公司可支付现金之价值，但若将此资金用于其他投资，获利会更多。③带有一定风险，无论是实业上还是家庭上，如危险都发生于短期之中，限期缴费保险就无所为用了。

4. 生死合险

生死合险，又称为储蓄保险或资富保险，它与之前所述的各种保险有所不同。前述各种保险，是遇投保者死亡，公司才赔偿保险金，若生存就不赔偿。生死合险则是混合生存与死亡两者，被保险人与保险公司约好特定的时期为保险期间，在约定期内，被保险人死亡，公司赔偿其损失；被保险人生存，公司也支付保险金。关于生死合险的期限，大概分为10年、15年、20年、25年或更长的年限，或者是设定到60岁、65岁或70岁为满期的。而保费的给付方式，可分为一年一付、半年一付、一季一付或限期缴付。关于生死合险的种类，王效文认为可以分为以下三种：第一，倍额生死险，即被保险人如果期满生存，则保险金额的赔偿，是期内死亡赔偿数额的两倍；第二，半额生死险，即保险期内生存，则保险金的赔偿，是期内死亡赔偿数额的一半；第三，儿童生死险，是保险公司为儿童设立的险种。对于儿童生死险，又分为以下几种：①投保者期满生存，公司即赔偿保险的金额，如在期内死亡，则退还已缴的保费。②期满生存，公司给付保金；期内死亡，则没收其已缴的保费。③由于通常为儿童购买保险的都是其家长，因此特别规定，购买保单者死，保费立即停缴；如果保费已经缴足，等契约到期，即给生存者以保金。④为极幼之儿童保险，订明寿险的有效日期，自儿童达到某年龄则有保金，这种保险对于没有期满而死亡的儿童，其保费有还与不还之分。

生死合险的保费较高，但作用也较大，主要有：①促使人们养成节约的习惯，同时鼓励人们储蓄。②不论被保险人是生存还是死亡，生死合险一直具有保障的功能。如果被保险人壮年死亡，家人有保险金可得，不致流离失所；如果其老年生存，则保金足以赡养自己。③生死合险还可以作为债务的担保。王效文认为，从实业方面而言，生死合险可作为公司发行债务之担保，也可使生产能力增加。"就前者而论，则即使被保险人期内死亡，或过期生存，公司均得利用保险金以为收回债券之准备；而就后者以言，则雇工与雇主间之关系，亦必倍加密切，而生产之能力，不难随之而增加矣。"①

5. 分期赔偿保险

分期赔偿保险，是指投保人无论投保何种保险，保险金额的赔偿，均采用分期偿还的办法。如在定期寿险、终身寿险中，被保险人死亡；在生死合险中被保险人到期不死，公司应赔偿的款项，根据约定，按年、按季、或按月分还。王效文拿一万元的赔偿金来进行说明："例如保金一万元，约分十年赔偿，则公司每年应付偿金一千元；分十五年赔偿，则公司每年应付偿金六百六十六元六角七分；二十年赔偿，则公司每年应付偿金五百元者是也。此外且有受保人与公司特别约定，公司分期赔偿，直至受益人身死为止者是也。"②

---

① 王效文. 保险学[M]. 北京：商务印书馆，1925：62.
② 王效文. 保险学[M]. 北京：商务印书馆，1925：63.

6. 联合人寿保险

联合人寿保险是指二人或二人以上联合向保险公司投保，一人身死，则保险金归于其他生存者。联合人寿保险的种类有很多。第一，普通联合保险。即夫妇二人，共同投保，彼此指定一方为受益人，若丈夫先死，则妻子即领取其保险金，同时保险契约终止；反之，妻子先死，丈夫领取保险金，并终止契约。第二，合伙保险。即合伙营业出资人，为防止其中一人中途身故，导致营业前途陷入绝境，于是共同投保寿险，日后其中一人死亡，则其余一人领取保险金，以补足死亡者的出资额。第三，事业保险。即联合投保寿险，由公司负担支付保险费的义务，这样个人的存亡就不会影响到整个事业。第四，团体保险。它是事业保险的一种，即以特定企业之多数人为被保险人，例如以全厂工人向保险公司订立终身契约，遇有死亡，则以保险金交给其遗族，作为赡养的费用。这种保险，由于具有增加工人福利的性质，所以其保费大多是由厂家或政府负担。

而对于联合人寿保险的效用，王效文认为可从两方面探究。从家庭方面而言，可以保障夫妇双方。丈夫死亡，则妻子获取保金，并养育子女；妻子死亡，则丈夫可得保金。从实业方面而言，若合伙商店投保于此，则可以减免因合伙人员死亡所造成的种种事故，如退伙等，从而使商店现款得以维持。

7. 年金

年金是指投保人以一定金额，向公司购得保险，自后其自身每生存一年，公司即给与一年的费用，直到其死亡为止。王效文认为，投保定期寿险与终身寿险的目的，多在于保护自身死后家庭的危险；而购买年金者在于防范自身日后的生计。关于年金的保费给付方式，他谈到大多是一次付足，但也有每年、每半年或每季度分期缴付的。

年金一般包含四类。第一类，普通年金。又称为即期年金，在当时最为通行。是指投保人将保费一次付完，购买年金之时，即为年金生效之日，之后投保人每生存一年，公司给付年金，直至其死亡。由于同一年龄的男性死亡率比女性高，所以同一年龄的女性的保费较男性更高。第二，延期年金。即年金的给付,不自购买日开始,而是经过一定期限,再开始照约给付。第三,最后生存年金。其原则与联合保险相似,一般适用于夫妇。第四,最少限度年金。即不论投保者是否生存,保险公司保证至少给予若干年年金,约定期限之后,若投保人仍然生存,则保险公司继续支付年金,直至其死亡。

三、关于人寿保险业的运营思想

(一)人寿保险的保费缴纳方式的差异化

人寿保险与其他保险相比,在保费缴纳方面存在着一定的差异。王效文认为,人寿保险保费应该选择在保险存续期开始之初缴纳的支付方式。他在研究了当时美国17家大型保险公司死亡表后提出:"依照美国十七公司死亡表,八万六千二百九十二人中,死者为七百二十七人,若所收之保费,以周息三厘半计算……据此自然主义,年龄愈大,保费亦愈昂也,然人之活动能力,愈老则愈减,苟循环次不变,老者何堪担负,故现今各国保险公司无不采取平均保费主义"。① 根据生命价值理论,他指出,按照财产保险的支付方式,随着投保人进入老年阶段,经济来源逐步减少,而通过计息之后每年要支付的保险费用却不断递增,这将是令人难以承受的。因此,他认为在保费缴纳方式上,人寿保险不能与财产保险支付方式相同,应该采取按保险年限分年等额预先支付的方式收取保费。可见,在投保人终身收入可预期的前提下,结合货币的时间价值和通货膨胀等经济因素,以等额预先支付的保费缴纳方式,在中青年阶段收入较为丰厚时,投保人所缴纳的保费实际上要大大高于在老年阶段所缴纳的保费,因而投保人的经济压力也会随着年龄的增长逐渐减轻。

另外,寿险精算在人寿保险中占据了极为重要的位置,可谓是人寿保险的"守护神"。王效文在其《保险学》一书中具体介绍保费计算方式时强

---

① 王效文. 保险学[M]. 北京:商务印书馆,1925:32.

调,要先了解与计算保费相关的基础知识,包括或然律、平均律等相关概念。对于保费的计算,分为一次付足保费的计算和分期缴纳保费的计算两个方面。①

(二) 中国人寿保险业发展滞后的原因分析

作为保险业分支之一的人寿保险业,尽管自19世纪中叶就已被引入中国,但是,在相当长一段时间内都处于被外商垄断的状态,中国民族人寿保险业发展一直很缓慢。至此,学者们对我国人寿保险业未能发达的原因进行了一定的分析。

王效文认为,原因主要在于两个方面:一是"家族制度之发达,寿险主要之目的有二,曰养老曰恤孤,语有之积谷防荒,养儿防老,父母既以此课诸子孙,故甘旨亲奉,菽水承欢,遂视为人子莫大天职,老既不患其无养,自无需乎保险矣,且因家族制度之发达,而祭产义庄亦难以唤起";② 二是"农业社会之尚未脱离,在工商业发达之社会,每因营业之兴衰,非特雇主方面,不免发生停业倒闭之影响,即受傭力食之人,亦时感失业病废之危险,从而对于保险之需要,亦因之紧张,至于农业社会,服田力穑,衣食所需,鲜待他求,生活之变动既少,自不易惹起保险之观念,况在我国,备荒有社仓之制,举债有合会之方乎"。③

黄其刘则总结出以下四点因素,第一,我国种种不良现状普遍影响了各实业的发展。比如,交通不便,致使商业的发达仅限于通商口岸;货币不统一,需辗转兑换,并且由于缺乏汇划机构而使营业者遭受重大损失。第二,国民的性情及风俗,与寿险的意义相背离。人寿保险在外国人看来,意味着为家属以及子孙谋利益,为自身谋取存款或养老之用。但在当

---

① 王效文. 保险学[M]. 北京:商务印书馆,1925:90。书中解释了或然率、平均律的相关概念以及民国时期各保险公司所参照的主要死亡表,并详细记载了各种寿险保费的计算方法。
② 王效文. 保险学[M]. 北京:商务印书馆,1925:35.
③ 王效文. 保险学[M]. 北京:商务印书馆,1925:35.

时国人看来，其意味着死亡。第三，中华民族数千年相传的习俗阻碍了人寿保险的进步。他谈道："有此习俗，遂使人寿保险所以维持家属之效用，缩至无可再小之限度。盖吾国人以五世同堂者为佳话，父子兄弟乃至近支族姓，莫不聚合一处，互相维护。"①而外国人由于家属群居互相维护的观念渐失，皆以人寿保险作为维护家属最便利、最有效、最经济的方法。第四，国内无特定法规以鼓励监督保险事业。所以，针对上述现象，他认为应采取以下方法发展我国的人寿保险事业：第一，普及寿险知识；第二，制定寿险专律；第三，中国人一律投保中国人自办的保险公司。

学者邓贤认为，我国寿险事业发展滞后受多种因素影响，其中较为重要的原因有："(一)缺乏保险管理及经理人才；(二)国民缺乏普通保险知识；(三)人民生计艰难，无力购买寿险；(四)国政不良，万业凋敝；(五)大家庭制度，家族互相依靠，失去寿险保障家庭的效用；(六)市上利息太高，投资机会太多，致失去寿险鼓吹储蓄的效力；(七)缺乏政府对于一切保险之监督；(八)人民迷信及赌博性过深，不念及身后情形；(九)过去寿险公司的失败，致丧失寿险信用。"②

(三)发展小型人寿保险的思想

晚清时期，因华商保险公司较少，且外商保险公司对国人投保有着严格的限制，参加寿险不仅所需按期交纳的保费较高，而且投保前须经过严格的身体检查等，因此，一般人很难投保人寿保险。民国初年，为了弥补当时国人自办人寿保险的不足，福建、广东两省兴起一股创办人寿小保险公司的热潮。

人寿小保险，含有养生送终的旨意。③ 这种小保险的创办动因大多是鉴于寿险之费过巨，非一般人力所能及。福建省首创的福星人寿小保险公司，对参加的被保险人，每月只收保费1元，也不用医生检验身体。它规

---

① 黄其刘. 人寿保险与中国[J]. 商业杂志, 1926, 1(1): 6.
② 邓贤. 人寿保险与中国[J]. 留美学生季报, 1927, 20(3): 160.
③ 中国保险学会. 中国保险史[M]. 北京: 中国金融出版社, 1998: 83.

定 10 个月内出险，只还原本，10 个月以后出险赔 50 元，40 个月以后出险赔 100 元，80 个月以后出险赔 150 元，150 个月期满后，偿还 200 元。① 由于这种小保险公司保费低、手续简单，符合一般市民需求，"中资以下之家皆可量力投保，同享利益"，② 因此，人寿小保险公司曾盛极一时。如 1925 年，有利公司以银行的名义号召投保小保险。

这些小型人寿保险，随着 1935 年《简易人寿保险法》的正式公布，才逐渐被取缔。

第二节　北洋政府时期的财产保险思想

尽管 1875 年保险招商局的设立，彻底改变了外商垄断的局面，然而，直至 20 世纪初期，外商保险公司始终控制着绝大部分的财产保险市场，其中英美保险势力与日本保险势力一直呈现此消彼长的态势。但是，随着民族工商业企业发展环境的改善，③ 中国银行业陆续投资保险业④等，华资保险公司如雨后春笋般出现，公司数量大幅增加。例如，华商火险公会已由 1907 年 9 家华商保险公司，发展至 1917 年拥有 27 家会员，10 年间发展迅速，并改名为"华商水火险公会"，对水火险的保价、退保、违章处罚作了统一规定，在保险界已有较大影响；另据北洋政府农商部统计表，1915 年保险业共有 29 家经营水火险的保险机构，其中江苏省 5 家，浙江省 3 家，广东省 3 家，到 1919 年，仅上海就拥有中外财产保险公司及代理公司

---

① 中国保险学会. 中国保险史[M]. 北京：中国金融出版社，1998：83.

② 允康寿险公司添办储蓄小保险广告[N]. 申报，1915-09-01.

③ 1912—1919 年的社会投资总额为规银 1.6 亿元。而 19 世纪 60 年代到 1911 年，资本总额不过 1.5 亿元。1918 年民族资本企业工人已有 175 万人，外资企业工人约 200 万人，另外手工业者和店员有 14 万人（参见：颜鹏飞，等. 中国保险史志[M]. 上海：上海社会科学出版社，1989：169）。

④ 1915 年中国实业银行设立永宁保险行，后改名为永宁水火保险公司，专营财产保险，成为银行兼办保险公司的第一例；1921 年中央信托公司开设保险部，经营水险；1926 年东莱银行也开办了安平保险公司。银行资本的扶持，在短期内促进了保险业的发展。

20多家。财产保险业务逐渐从广州、上海等通商口岸,延伸到汉口、江西等内陆地区。

同时,由于民族工商业发展水平有限,水火险经营风险大,财产保险公司开展业务经验不足等因素,大多数华商财产保险公司并未取得长足发展。例如,1926年8月,杭州因天气燥热,连续发生火灾,精华几去其半;华洋各保险公司不堪赔累,将三等险一律退保,其数目当在规银50万元以上;① 大连货栈大火、苏州路大火甚至逼迫保险公司一度暂停所有业务。因此,北洋政府时期,中国民族财产保险业的发展较为平稳。

水火险作为财产保险业的主体内容,自1805年随着海上对外贸易的发展而逐渐开展,是近代中国保险业的开端,对减轻个人损失、促进商业和社会稳定均起到了重大作用。正如督辉所言:"水火险乃一种社会积蓄之方法,借此积蓄之方法。俾个人财产上所发生不测之损失,得由团体机关担负,而减轻个人损失之负担焉","无水火险之制度,则近世商业发达之范围必不能有如此之大"。② 至北洋政府时期,水火险在中国已有100多年的历史,学术界关于水火险基本原理、水火险风险控制、水火险公司经营等方面的研究逐渐全面、深化,其中不乏具有时代特色、原生性的独到见解。

一、关于国外财产保险发展状况的研究

关于国外财产保险发展状况的研究,学者们主要集中在水险、火险的沿革方面。

水险起源于冒险借贷,"即以船只货物为抵押而约定船货抵埠然后复还本息;若中途遇险出事,船货损失,则不负偿还之责"。③ 王效文认为,保险制度中属水险最为古老,水险制度又以罗马最为盛行。水险最早起源之年月无从考察,"及至十二三世纪之交,意大利伦巴商人,始有如今日

---

① 颜鹏飞,等.中国保险史志[M].上海:上海社会科学出版社,1989:196.
② 督辉.论水火险之功用[J].钱业月报,1923,3(4):26、29.
③ 王效文.保险学[M].北京:商务印书馆,1925:197.

所谓水险制度之创行,自此以后,荷兰、葡、西等国亦于十四五世纪间,盛行水险,最后乃流入于英国。"①英国先后经历了个人保险时代和团体保险时代。"英国初时经营斯业者,多为个人,劳爱达 Edward Lloyd 氏其著者也,……总其业务之范围,可得有三:一为经营保险之事业,二为保险社员海陆商业之利益,三为探报船只行动之消息。至其内部之组织,则分通讯部、保险部。……保险团体之团员分为两种:一为保险者,按照劳爱达理事会所定之条规,直接经营其保险业;一为非保险者,但如今日之保险经理人,居间绍介,从中取利者。"②而美国水险事业的经营者多为公司,其水险事业的发展大概分为四个时期:第一个时期以1793年为终期;第二个时期自1793年起,至1840年止;第三个时期自1840年起,至1860年止;第四个时期1860年至今。

关于火险制度的沿革,王效文认为,英国火险制度首先经历了非营业组织时代,比如行会制度,"斯时所有火险事业,皆由行会承保,然其目的,专在保护会员之财产,而会外之人皆不能享受此种之权利。"③可见,此时的火险制度并不发达,之后也一直未能得到发展,直到1666年的伦敦大火,全城损失达到80%之后,火险事业开始得到人们的关注,逐渐形成一种商业营利组织,如上述的永明火险公司。而美国的火险事业在18世纪前叶,几乎操纵在英国人手中。④

关于美国火险业的发展,王效文也作了一定介绍。"至1752年,费立特尔菲分担社(philadel-phia contribution)成立,是为美国自营保险业之权与,其后1784年,则有格林互保公司(Green Mutual Ossurance Company),1794年则有柏尔蒂麻公平社(Baltimore Equitable Society)、北美保险公司(Insurance Company of North Amrica)及宾夕法尼亚保险公司(Insurance Company of Pensylvnia)等相继创办,截至1800年,全美已有股份组织之保险四

---

① 王效文.英美水险沿革述略[J].保险与储蓄,1924,8:3.
② 王效文.英美水险沿革述略[J].保险与储蓄,1924,8:4-5.
③ 王效文.保险学[M].北京:商务印书馆,1925:255.
④ 王效文.保险学[M].北京:商务印书馆,1925:259-260.

相互组织者十,是为第一期。及至1810年以后,纽约宾夕法尼亚诸省,虽先后禁止外国保险公司营业,同时对于本国火险公司,因图事业之安全起见,如准备金之设立,营业之监督等,着着施行,又因火灾之频发,及南北战争之发生,基础薄弱之公司,遂相率倒闭,而无以自存,是为第二期。自1865年以后,各国保险公司一方既因力谋战后疮痍之恢复而公定保费,他方复随铁道事业之发达,保区扩大,业务遂蒸蒸日上,虽中间受累于1871年及1872年,芝加哥(Chicago)波士顿(Boston)两市之大火者影响甚巨,而进步猛速,营业均颇称顺利,是为第三期。1877年,全国协定保费之制破坏,各公司相率低减费,率以广招徕,虽1880年不久复事重订,而步调既乱,营业全体遂遭受顿挫,是为第四期。自1893年穆尔首创保费一般计算法制度,试行于东部诸省,第因复创保费分析计算法推及于西部诸省,于是火险保费之计算,遂确立科学之根据。虽各省因受反托拉斯法(anti-trust law)之限制,禁止保费之协定,而其计算之正确,则还非他国所能望其项背,是为第五期。"①

二、王效文《保险学》中的水上运输保险思想

"保险业中以水险最繁"②,当今保险业中的水险是海洋运输保险和内河运输保险的总称。西方文明从海上文明开始,为了保护货物,确保运输安全、船体安全,规避损失,分摊风险,由船商会开发的船东互保协议就是海上保险的雏形。后来,由于西方国家从海上之门进入中国,在通商口岸开展货物进出口贸易,海上贸易繁荣,使得海上保险传到国内。王效文主编的《保险学》,第三篇以"水险"为题,提出"水险之保险目的,或为船舶之损失,或为装货之损失,或为运费之损失,或为利益之损失"。③ 他主要对水险的损失、种类、效用及承保风险的相关内容进行了介绍。

---

① 王效文,孔涤庵. 保险学·修订本·第2版[M]. 北京:商务印书馆,1934:259-260.
② 王效文. 保险学[M]. 北京:商务印书馆,1925:195.
③ 王效文. 保险学[M]. 北京:商务印书馆,1925:195.

(一)水险的损失

王效文指出,水险的损失不同于其他保险,"所谓全损也,分损也,犹不过水险损失之大体上之分类,而其实则全部损失之中,既有所谓实际全损(actual loss),推定损失(constructive loss)之分;一部分损失之中,又有所谓共同海损(general average),特别海损(particular average)与救助损失(salvage)。"[①]并指出按照英国水险条例的规定:"凡保险标的不问其为全部之毁损,或不为全部之毁损,而其毁损之结果,投保者对于保险标的,不复能享受权利者。皆为之全部之毁损。……若保险标的,因全部损失之不免,而实行投弃,或因救护未损之标的物,其费用损失之程度,且超过于实际之损失者。谓之推定全部之损失……共同海损之制,至其发生之由,则不外乎共舟共济四字。盖如航船遇险,避风入港,则船主之所以保全客货,可谓至矣;然船主避风绕道,损失难免,此时客商义应分负。又如航船重载,遇风难行,保持安全,唯有卸货;然船中载货不一而足,投弃货物,究归难属,是时难题。此时如无一种公允之法,以为救济之方,则势必至此推彼诿,终至全船沉没而后已。今如有人急公慷慨,愿将己货投弃,在理众人自应分负其责,故共同海损云者。……特别海损则为由于天灾或其他不可抗力,船只或货物单独所生之损失。其责任则由船主货主因保险契约关系,对于特权利益发生危险时,而转使承保者负赔偿之责者也。"[②]比如船内失火,由于大火引起的货物损失属于特别海损,而因救火导致货物进水而引起的损失则属于共同海损。救助损失指的是给予参与救助并且起到救助效力的第三者的酬劳,由承保者支付。这里的第三者不包括本就负有救助义务的人,比如遭难船舶的船长、船员。而救助的酬劳金额最后由法院按照被救的财产,以及施救所花费的劳力和费用决定。

---

① 王效文,孔涤庵. 保险学·修订本·第2版[M]. 北京:商务印书馆,1934:212-213.

② 王效文,孔涤庵. 保险学·修订本·第2版[M]. 北京:商务印书馆,1934:213.

(二)水险的种类

学者们将水险按照保险标的物的不同分为四大类：船舶保险、货物保险、运费保险和利益保险。

1. 船舶保险

船舶保险的标的是船舶，依照船舶种类可分为帆船、汽船、自动船等类，依照航行范围可分为洋、海、江、湖、运河五类。王效文又把船舶保险分为船身保险和造船保险。船身保险是指担保船体本身在内的包括其他气罐、机械、帆樯等的保险契约，按照担保的船只数量又分为单船保险和队船保险；造船保险是用来担保船身建造过程中出现的危险而订立的保险契约。船舶保险的保险金额确定过程十分复杂，因为"以船舶为物，其价格随运输之繁闲即运费之高低变动不居，既不能以建造原价为标准，又不能以市价决定"。① 因此船舶保险多采用定价保险合同，由合同双方协定价格。关于船舶保险责任的限制，王效文指出按照一般通例，船舶的损害程度在3%或5%，或一个特定数额以内，保险人不必负有特别海损的责任。这种办法对于合计价值和分开计值的船舶均适用。

2. 货物保险

货物保险就其担保数量与利益而言，比其他保险更为重要。根据美国1918年的调查，保险公司中大部分的业务都是货物保险。关于货物保险的时限，王效文指出："承保货物之险，其期间常自货物离陆时起以迄于其目的港起陆时止；在此期间以内，承保者皆须负责。如船只行驶途中遇变，于必要时转道避风，致稽延时日，不问其时间之长短，而于货物之险，皆无影响。"②也就是说货物在船一天，承保者就需要担负一天的责任。

关于货物保险中承保者赔偿责任的限制，王效文将所承保的货物分为三类，不同货物对承保者有着不同的责任限制。例如，对于鱼、谷、盐、

---

① 王效文. 保险学[M]. 北京：商务印书馆，1925：229.
② 王效文. 保险学[M]. 北京：商务印书馆，1925：231.

粉、果等类，承保者只需负责共同海损之责，而不负特别海损之责；糖、烟、蔴、皮等类的损失，如在5%磅以内，承保者不需负海损之责；而其余一切货物，包括船只运费，其损失如在3%磅以内，承保者只需负共同海损之责，而不必负特别海损之责。

3. 运费保险

王效文指出："运费一字，在美习惯，均指货物，而此则指'雇佣船只或转运货物之代价'而言也。……实则船主运货，苟使运费不先收受，则货物中途毁损，不能起卸或全部损失之时，运费亦常致损失而无所得也。……实际上对于运费之付给，船主与货主双方皆有特约耳。"①其中包括预付运费和保证运费两种。前者表示船主要求先付运费，不管货物是否损失都不用退还运费，后者虽然不是先付运费但是有保证给付人。

4. 利益保险

利益保险与运费保险相似，标的物隐而不显，"即就货物无事到达目的地后所可获得之利益为保险者也。例如由上海装运价值二十万元之绸缎于纽约，希望货到埠后除支付一切运费保险费等开销外，能净得利益三万六千元，即以此金额投保水险……然货物本身既有遭受海上危险发生损失之虞，附随于货物之利益，亦何能幸免。"②

(三)水险的效用

王效文在《保险学》一书中指出，水险的效用主要有五点。第一，水险能减少恐惧之念。在众多经营事业中，以海运危险尤甚，而投保水险的这一效用就在于将船货的损失分配于多人，可以减少少数人的负担，从而使得新进商人敢于冒险，减少恐惧之心。第二，水险可以减轻消费者的负担。商品的价格不仅包括货物本身的价值，还包括运费、保费以及其他损失，这一切最终将由消费者承担。水险可以减少海上的损失，从而减轻消

---

① 王效文. 保险学[M]. 北京：商务印书馆，1925：233-234.
② 王效文. 保险学[M]. 北京：商务印书馆，1925：235.

费者的负担。第三，水险能使损失减轻。"承保之危险愈多，则损失之机会愈少，而各人应负之部分，亦自因之而减轻也。"①第四，水险可以成为信用基金。以棉商为例，"如一棉商购买价值两万元之木棉，而以现金付给其代价，则第二次之购买，必待第一批之木棉出卖得款，而后能之；是则一季中之交易不过两三次而已。使此棉商能于第一批木棉装出时投保货险，掣取提单，再以保单提单两事作抵，去做押款一万八，则第二批之木棉，即可购运。如此循环卖抵，一季之中所做营业，至少足当原有资本两万元之八倍。"②第五，水险还可成为国际贸易之武器。

(四)水险承保风险

水险承保的风险甚多，王效文认为，水险承保风险包括海上风险、火灾、战争、捕获、投弃、自盗、禁制。海上危险指的是海上发生风浪或其他变故，导致船只受损、搁浅或沉没。但海上危险也有一定限制，例如，因人放火导致的损失则不属于海上危险。

关于火灾危险，若因其导致保险标的物灭失或损坏，保险人负有赔偿责任，然而值得注意的是，如果火灾发生的原因是被保险人的过失，那么保险人不负有赔偿责任。这个观点体现了保险过失原则，更显公平，控制了被保险人的道德风险。

关于战争，王效文指出，军舰冲击、敌人捕获、海盗抢劫、民船缉捕等危害，都被视为战争危险。捕获是指发生战争导致船只被捕，被捕的物品虽有返还的希望，但照水险契约规定，物品一经捕获，公司即应全部赔偿。而投弃是指，当船只遭遇变故导致载重危险，需要投弃物品，其遭受的损失本应由全船的物主共同承担。这时，如果保有投弃水险，则损失由保险公司赔偿，但日后所得也归至保险公司。其中船主及水手监守自盗导致货物受损，也由保险公司负责赔偿。还有一种是禁制。因为禁制导致货

---

① 王效文.保险学[M].北京：商务印书馆，1925：211.
② 王效文.保险学[M].北京：商务印书馆，1925：211.

物不能外出而受到的损失,保险公司也须照约赔偿。

(五)关于水险保费的计算

王效文指出,水险保费的计算较其他险种困难,因为水险的种类繁多,非单一风险可同日而语,故不能以一定的标准为准绳,"虽有可以注意之点,要非切实不易之理,以之参照则可以为准则不可也",① 他认为,保费的计算应考虑以下几个因素:②

(1)投保者的能力。能力大的经营善者,保费低;能力小的经营不善者,保费高。例如,船主善于经营管理,其船职员与水手,皆为上选,故该船只危险程度较一般船只更轻。

(2)投保者的道德。若投保者人品高尚,则保费应低;反之,若投保者道德卑污,则保费理应高一些。

(3)经纪人的地位。水险大多由经纪人经手,其中劣者并非没有,因为确定保费不能不顾及经纪人的地位。如只承保优者而不承包劣者,或两者同时承受,则保费特高,但水险公司有多家,经纪人必将转向其他。

(4)竞争方面。水险具有流动性,其营业不仅具有国家性,而且具有国际性。因此,经纪人经手代投的保险,如不在一地不能得较低的保费,则转至他处;若他处不能得较低的保费,则转至外国,为了自己的利益,最终必得最后的胜利。

(5)均律的应用。如能用统计方法,汇集历年经营状况,加以详细分析并制成图表,那么,在计算保费时,可有参酌之用。

(6)航路的险夷。航路多险,如暴风海浪,浓雾时发,或洋流不顺,暗礁密布,则保费高;反之,则其他危险的保费较低。同时,计算保费时,也要考虑地震、潮浪等。

(7)船只的构造。船只构造是否坚固,与船只保险、货物保险、利润

---

① 王效文. 水险保费之计算法[J]. 保险与储蓄,1925(11):1.
② 王效文. 水险保费之计算法[J]. 保险与储蓄,1925(11):2-8.

保险均有关。钢板船只比木板船只安稳，则钢板船只的保费较低；货物保险的保费也应根据载其的船只进行判断。

（8）贸易习惯。承保者须熟知各地贸易习惯，因为该习惯与贸易转运有关。例如，购买棉花于内地，则棉花转运须经几番周转，那么，承保者对于棉花投保应从内地起至运到时为止。

（9）季节的影响。船只保险货物保险受季节影响较大，因为航路受到季节风的影响，某时海运危险较多，某时海运危险较少，因此，保费会时高时低。

（10）船只的国籍。船只国籍不同，同样与保费有关。若船只属于航海之国，其船主、水手等人员精于航海之术，危险自当较少，则保费就低；反之，则保费较高。同时，保费还与该国商业道德有关，商业道德高，则保费低；反之亦然。

（11）时期长短。一般保险时期长，则保费高；保险时期短，则保费低。

（12）保险条款。如货物保险所承保的危险，为一切危险，则其保费自然比承保"全部损失"危险或"一部损失"危险的单一危险大，而"一部损失"有共同海损和单独海损之分；单独海损有特种危险和不限特种危险的区别，也就是说，大抵承保危险范围广者，保费高；狭者，保费低。

（13）货物性质。各种货物的性质不同，其危险大小也有很大的区别。例如，原材料转运可以不用捆绑，而为了避免潮湿，一般货物不得不进行捆装。而同一货物，装载形式不一样，其危险也会有所不同，进而会影响保费的计算。

三、王效文《保险学》中的火灾保险思想

王效文认为，火灾保险是赔偿由火灾导致标的物的损失的保险契约，是损失赔偿契约。随后又指出，"火灾必具之要件有三：一须有燃烧作用，即须发有火焰，无火焰不得谓火灾，如布衣受日光之反射而褪色，如谷类肥料之因天热自然发酵是。二须逸出一定范围之火力，围灶煮碳意在取

暖，纵利用火力，亦不构成火灾，若逸出一定范围，因而延烧及于衣服家具者，始成为火灾。三须有破坏作用之火力，火险以赔偿损失为目的，无破坏性的危险之火力，即不发生损失，如焚烧纸锭，或毁弃垃圾等，自不构成火灾"。① 火险有两个含义，一是火险转移，即由一人或者团体担保他人的损失而得到一定的报酬；二是火险集中，即担保他人损失的个人或者团体将他人的危险皆集中于一身。

(一)关于火险保险的风险类型

王效文将火灾保险承保风险分为物质和道德两方面，物质风险是指财产本身所受意外的风险，道德风险是指由于人为而生的风险。

物质风险可分为四类。第一，建筑的材料种类、墙壁的厚薄程度、屋顶窗户的构造都跟火灾损失有关。第二，使用目的不同，风险等级也不同，大体分为工厂、商店、住宅。就工厂而论，纺织厂的火灾常常多于钢铁厂。第三，物质财产附近的环境状况。"独立于荒野者，其危险自较杂处于都市者为轻，即在荒野而距离于森林较远者，亦当较距离于森林近者为轻，在都市中而四邻隔离远者，亦当较近者轻也。"②第四，对物质财产的维护情况。"盖危险虽为不可免之事实，然苟使防范得宜，即使火灾发生，亦可减轻损失。故一市中救火机关之情形如何，水源之状况如何，以及财产内部之防火器具等之设备如何，无一不与火灾之发生有关也。"③

道德风险则不像财产风险那样可以精确计算，根据经验可以分为五种情况：保险金额超过财产本身价值时，容易导致被保险人刻意毁坏财产以获得保险金；保险金额与财产价值相当时，会减轻被保险人的防范意识；迫于生计的人为了得到现金而毁坏财产；财产分配产生纠纷时，当事人往往会毁掉财产以避免争端；还有为了泄愤毁掉别人财产的行为。最后保险公司还得注意狂风暴雨、山火地震这种无法预防的灾害。

---

① 王效文. 保险学[M]. 商务印书馆，1925：253.
② 王效文. 保险学[M]. 商务印书馆，1925：261.
③ 王效文. 保险学[M]. 商务印书馆，1925：261.

(二)火灾保费的计算

火险保费的计算是以危险为基础的，然而危险种类繁多，如果没有长时间的数据统计并不能精确计算保险费。由于火险业相互竞争激烈，相关营业数据内部保密等因素制约，火险保费按所谓"审查保费制"而定，即要依靠保险者的观察和经验。随着社会的进步，房产的用途逐渐多样化，建筑材料也有不同，意外风险突发，保险状况千变万化，保险费不能单一依靠投保人的主观意识而定。学者们主张执行"以事实为主，以经验为辅"的客观评定方法——图表保费制。"编制图表公司须收集各方之报告，然后视其财产之种类，详为分别，凡工厂、商店、住宅等种类需割分清晰，不得混淆，特财产分类须详，灾因如何，须分门别类细分，如建筑、地位、环境等均不可忽视，据此制定各种保险财产之标准"，① 标准保费确定之后，各种投保财产在此基础之上依据保险标的情况予以加减保费，附加保险公司费用，得出最终保险费。图表保费制体现了大数法则的思想，在收集统计大量客观数据、出险情况之后，得出平均标准。②

关于火险损失的评估，王效文从保险实务方面着手，总括为三种：协议估价和拾遗。③ 协议由两方约定；估价取决于两方推选的公估人；拾遗是指根据评估价格，承保人获得一切剩余的物品。各保险公司设有整理部门以估计保险损失，如果投保的标的是一些文件、单据、票据等，可另请专家评估。

第三节 北洋政府时期的社会保险思想

近代社会保险的产生主要是缘于近代生产方式的变革。随着产业革命

---

① 王效文.保险学[M].商务印书馆，1925：265.

② 郑重民在《火险保费之计算》一文中也提到"审察保费制"和"图表保费制"两种办法[参见：郑重民.火险保费之计算[J].保险与储蓄，1924，1(6)：4-5]。

③ 王效文.保险学[M].北京：商务印书馆，1925：277.

的兴起，大规模的机器工业取代了家庭手工业，大机器生产为千千万万的劳动人民解决生存问题的同时，在资本家的残酷剥削下，工人长年累月地在极端恶劣的条件下劳作，生命安全得不到任何保障。近代中国工人的悲惨生活状况如学者所言："反观吾国工人之地位，则犹在欧洲上古、中古时期之间，奴隶之制未尽废除，家庭工业之工人率为帮手。故其生计与夫工作时间，一凭雇主之喜怒，国家既无保护之法律，工人亦多不自知防卫之道。每日工作自朝至暮，迄无休息时间，而所得工金又不足以赡养其家属。一旦疾病，家人随之忍受饥寒，种种苦状，实非笔墨所能尽述"。① 有学者分析中国产业落后的原因："吾国习惯向不重视劳力，而新式企业又鲜建树，故一国之中，生之者寡，食之者多。即现在从事劳力之人，国家毫不为之保护，一任疾疫、水火、兵灾之摧残，与夫各种恶制及组织不全之障碍，劳力不加，生产何自，此经济不振之总因也"。② 这引起了社会有志之士的关注，西方的社会保险理论在他们的积极宣传下得到广泛传播。工人思想意识开始发生转变，为了保护自身权益，不受雇主的压迫，工人们进行了大量斗争，劳资矛盾不断升级。迫于压力，一些外资大企业不得不做出了让步，制定了部分劳工保险项目。

可以说，社会保险是资本主义发展到一定阶段的产物，它是资本主义国家为了缓和阶级矛盾、调解劳资纠纷而提倡开办的，它是工人阶级争取生存权利、维护工人利益的斗争成果之一。近代西方社会保险制度创立后，其实施带来的显著成效引来世界各国的效仿和借鉴，社会保险理念也逐渐被宣传、介绍到各国。在中国，随着西方工商文明的扩张，学者纷纷著书立说，一方面系统介绍并深入研究了国外的社会保险制度，其中主要包括以德、英、美为代表的资本主义国家。另一方面把筹划适合当时中国国情的社会保险制度作为研究的落脚点与归宿。

---

① 程振基. 英国劳动联合会之组织[J]. 解放与改造, 1919, 1(3): 81.
② 蒋羲明提出之社会经济政策大意：民生主义之神髓[J]. 银行周报, 1919, 3(24): 53-54.

一、关于国外社会保险制度的介绍

在18世纪以前的传统农业社会里,东、西方国家均以家庭养老为主。18世纪工业革命之后,生产方式发生了翻天覆地的变化,手工生产逐渐被机器生产取代。随着工厂制度的建立和资本家对劳工剥削的进一步加深,加上工厂中生产环境恶劣、机器陈旧,工业伤害时有发生,但工人的工资低廉,只能够满足生活而不足以应付意外事故,虽然有各工厂工会与慈善团体的补助,但仍然时常发生劳资纷争和阶级斗争,劳资关系日渐趋于对立,阶级斗争问题日益严重,在此背景下,劳工保险得以产生。① 正如学者陈稼轩所言:18世纪产业革命以后,工厂制度确立起来,资本主义经济组织日益昌盛,贫富分化更加严重,贫富阶级矛盾不断冲突升级,罢工等劳工运动时有发生,为维护国内稳定,各国纷纷实行社会保险,完善劳工保险法,"计至一九二一年间,公布社会保险法之国家已达二十余国"②。劳工保险法的完备与否已经成为衡量一国劳工问题解决与否的标志。表3-1为各国开始实施社会保险的时间及标志。

表3-1 各国开始实施社会保险的时间及标志③

开始时间	国家	标志
1883年	德国	制定强制疾病及伤亡保险法案
1878年	英国	强制人民购买政府年金计划
1894年	瑞士	试办失业保险
1901年	比利时	创立劳动组合失业辅助金
1906年	匈牙利	强制生存保险
1910年	法国	强制生存保险
1911年	美国	强制劳动伤亡保险法

---

① 潘公展.试办劳工保险之建议[J].保险季刊,1937,1(3):1-2.
② 陈稼轩.劳工立法之社会保险问题[J].保险季刊,1937,1(3):61.
③ 张明昕.简易寿险与社会保险[J].保险季刊,1936,1(2):24-25.

德国是最早实施劳工保险制度的国家，其强制疾病保险和伤害保险制度是世界上最早的劳工保险法规。工业革命和资本主义化开始于19世纪40年代的德国，为了争得欧洲经济霸主地位，加速国内经济发展，顺应市场经济的要求，同时在工人阶级斗争的压力下，为缓和劳资矛盾，开始制定社会政策和社会法规来保护劳动者，并于1883年颁布了《疾病保险法》，于1884年颁布了《工伤事故保险法》，于1889年颁布《老年、残疾和遗属保险法》。1911年，德国将各种社会保险法集合起来，颁布了《帝国保险制度》，亦称社会保险保障基本法，其中包括帝国保险所有分支的共同规定、疾病保险、事故保险、工人养老保险、保险者之间及同其他义务者之间的法律关系，以及法律程序六项规定。这也意味着现代意义上较为完善的社会保险制度产生。此后，工业化国家开始效仿德国，制定了自己的社会保险制度，如法国于1910年推行《养老保险法》，瑞典于1913年正式通过养老和疾病保险法。表3-2为各国开办社会保险概况。

表3-2　各国开办社会保险概况①

保险种类	典型国家	创办标志	保费缴纳	举办机关	是否有强迫性
工厂伤害保险	德国	工人伤害保险法案的通过	雇主与工人共同负担	国家	是
健康保险	英国	—	国家、雇主、工人共同负担	国家	是
衰老及残疾保险	德国	衰老及残废法规	国家、雇主、工人共同负担	国家	是
失业保险	比利时	—	国家、雇主、工人共同负担	国家	是

---

① 陈稼轩. 劳工立法之社会保险问题[J]. 保险季刊, 1937, 1(3): 62-65.

英国虽然为工业发展最早的国家,但是其社会保险制度的建设要比德国晚。1897年,英国很多地方实行劳工补偿制度,但由于法案不健全,津贴甚少,劳工的利益得不到保障,于是产生了严重的阶级矛盾问题。有了德国社会保险法的成功案例,英国政府开始着手进行社会保险计划。1898年英国颁布了《工人伤害赔偿法》。1911年又颁布了《国民保险法》,是近代晚期推行社会保险立法比较典型、成功的西欧国家之一。该法案不仅是英国历来最完备的,也是世界各国最进步的社会保险法,它集合了世界各地社会保险的特点。随后,英国又在1912年颁布了《健康保险法》和《失业保险法》,1926年颁布了《寡妇孤儿及养老年金法》。美国是西方发达国家中推行社会保险制度较晚的国家,19世纪末20世纪初,美国已是发达的工业国家,并以高度的生产社会化程度称雄于世界,但它却没有由国家出面而建立完整的社会保险制度。

该时期,学者主要通过翻译外文的形式,向国人介绍了西方社会保险制度。例如,1914年,署名为秋水的学者翻译了《美国对于失业者之救济策》(译自《世界事业报》)一文,分析了美国当时社会失业救济的现状,并得出结论,直接救济失业者的办法有三种:第一种为意外事业,"以引导劳动者有定期的"收入;第二种为设立劳动交换机关,使各省各市介绍部联合协力帮助失业者得业;第三种为弥补职业上的缺陷,办理一种合乎经济的保险法,使一般工作者能有所依赖,而失业者大体能独立成为自力自养的国民经济之道。①

学者君实先后在《东方杂志》上发表了《劳动者失业保险制度》《劳动者疾病保险制度》,均译自日本《国家学会杂志》。其中《劳动者失业保险制度》一文中首先谈到失业的原因及程度。"第一,失业因时期而异,其最著者,冬期常多而夏期较少。如从事于建筑业者,在冬期几尽失其职业。第二,失业之程度,因职业之种类而不同,如供职于事务所之书记及从事于官吏公吏邮务铁道等事业者,绝勘失业之忧。又有当经济界衰飒之际,得

---

① 秋水. 美国对于失业者之救济策[J]. 进步,1914,6(2):46-55.

以操业时间之缩短抑制失业者。如开矿业及纺织业是。又如造船一业,时或工人缺少,事极忙迫,时或纷纷失业,大众赋闲,更有不绝苦于失业者,如短工及码头挑夫之类是。第三,经济界兴盛时失业率少,衰飒之年反之。"①接着还介绍了失业保险的三种形式:自治制度、公共自由制度和强制制度,也即近代失业保险制度发展的三个阶段。"自治制度之失业保险,乃由从事于同一或近似之职业者结团体而营保险者,此团体以职工组合为主,有时或以交谊会当之。保险机关之运用,任团体员之自治。国家或自治团体,常因奖励此事业,与以补助金。……公共自由制度之失业保险,则由城镇乡自治会,任保险机关之设备,被保险者之范围,扩于一般之劳动者,此制度之意,在对于全数劳动者设保险机关,以之救济失业劳动者之困难,且可减轻社会上贫民救助之负担。……以国家或城镇乡之法律,对于一般或特种之劳动者强制保险义务,即为强制制度。"②

《劳动者疾病保险制度》一文介绍了国外的疾病保险。该文指出,疾病除危及劳动者个人经济以外,其"保全劳动者之健康,在维持国家生产力方面,即增进国富力方面,亦为重大问题"。③ 例如,1907年,德国疾病保险的被保险人中,患疾病的总日数达10400日,以一年360天,劳动者35万人计算,可见,全年因疾病休养的人甚多。因此,减少疾病的发生,或用较为适宜的方法进行治疗,提高恢复速度,对维持国家生产力的作用不可小觑。他还分析了劳动者自由疾病保险制度逐渐衰落的原因主要有六项:一是"被保险人之少";二是"解约或失效之多",因为存在对劳动者及下层社会者可由被保险人请求解约及不缴纳保险费而失效的制度;三是"组合之财政的基础之不确立",该原因有多种,例如,因监督不周致使其事务员存在不当行为,或因对保险知识的缺乏,出现少缴费而得多赔偿的现象,或应缴费用没有随年龄的增长而增加;四是"使劳动者负担全部保险金之不当";五是"须多额事务费";六是"救济程度之不充分",如疾病

---

① 君实.劳动者失业保险制度[J].东方杂志,1918,15(3):57.
② 君实.劳动者失业保险制度[J].东方杂志,1918,15(3):60-63.
③ 君实.劳动者疾病保险制度[J].东方杂志,1919,16(3):69-71.

救济费少、给予时间短等。① 另外，他还简略介绍了英国的养老制度："英国之强制国立保险……七十岁以上者，适用养老年金制"。②

1920年10月，若愚的《德国劳工各种保险组织》一文，录自《时事新报》"德国通信"，其开头道出了目的，即"我们希望的社会主义既不能一期实现，而我们工人的病苦又有加无已。在此种状态之下，为临时救急的法子，只有实现社会政策，改良工人的待遇，保护工人的疾苦……德国在世界上为实行社会改革政策最早的国家，所以我将他待遇工人的变法摘要介绍，以便我们国内各大工厂模仿实行"。③ 该文内容则详细介绍了德国工人的四类保险：疾病保险、伤害保险、老年及残废保险和失业保险。

(1) 疾病保险。按照地区和职业的不同分为7个组织：自由帮助的保险组织；工厂内病的保险组织；建筑业病的保险组织；学徒病的保险组织；矿工病的保险组织；地方的病的保险组织；乡镇的病的保险组织。除第一项外，其他6项均含有强制性质，工人非加入不可；但已经加入了第一项的，可以不加入其他项。至于相关费用，则由资本家负担1/3，工人负担2/3，工人负担部分由资本家从其工资内扣除，但以其工资的3%为限。若费用入不敷出时，应由地方或资本家予以补充。

(2) 伤害保险。工人因工受伤或残疾，雇主必须负调养的责任；国家也须给予休养经费，并强制设置一种伤害保险组织，由资本家与个人共同分担此项费用。

(3) 老年及残废保险。该文介绍了德国老年人获取供养的条件及方式："工人年纪大了，或是因病因伤残废了，不能工作，便由此种组织供养他"，"其经费系由此种保险组织制成一种印花，每礼拜购买一次，购至若干限度，便有享受此种供养的权利"；"老年人凡年满六十五岁的"或"凡残废的人经医生证明"，"便可享受此种权利，其供养费用，以能维持生活为度"。④

---

① 君实. 劳动者疾病保险制度[J]. 东方杂志，1919，16(6)：73-78.
② 君实. 劳动者疾病保险制度[J]. 东方杂志，1919，16(6)：78.
③ 若愚. 德国劳工各种保险组织[J]. 东方杂志，1920，17(19)：122.
④ 若愚. 德国劳工各种保险组织[J]. 东方杂志，1920，17(19)：124.

(4)失业保险。欧洲失业工人众多,因而国家设有一种机关专供该类工人的生活费用,直至其找到工作为止。该费用全部由国家承担。文末对当时的政府进行了批评:"一个不负责任的政府","别国政府的钱拿来帮助失业的工人,中国政府的钱拿来养许多不能打仗的兵"。①

与此同时,国际劳工组织向世界各国力推劳动保护及社会保障的公约或建议书等,如1919年,《国际劳工组织章程》在其"序言"部分表明:"鉴于现有的劳动条件使大量的人遭受不公正、苦难和贫困,以致产生如此巨大的不安,竟使世界和平与和谐遭受危害;改善此种条件是当务之急",并明确提出"规定养老金和残废抚恤金"等事项。② 这些均使近代中国人较早系统地了解西方的社会保险制度,推动着近代中国养老保险理念由传统向现代嬗变。

二、关于劳动保险基本原理的研究

近代中国工业因起步晚,发展较为缓慢,规模小,资本力量薄弱,所以社会保险制度尚未推行,但劳工问题比各国都严重:中国无产阶级因受资本主义和封建主义的双重剥削,工作时间长,业务繁重,工资却很低,生活困苦,疾病、伤害、衰老、失业等问题经常发生,基本利益得不到任何保障。这些问题引起了社会有志之士的关注,他们对中国的这一社会现状展开了一系列研究,并深入探讨了中国应实行何种社会保险制度。

(一)社会保险的定义

社会保险是社会保障的一部分,是维护社会安定的重要手段。它是用于偶然遭遇意外之变故,补偿所受经济损失的一种方法。社会保险是社会政策的重要组成部分,20世纪初,其被称为劳动保险。王名烈在《劳动保

---

① 若愚. 德国劳工各种保险组织[J]. 东方杂志,1920,17(19):125.

② 此外,1919—1944年,国际劳工组织制定的有关社会养老保险公约还有:1933年的《工商业工人及佣仆养老保险公约》与《残疾、养老及遗属保险》,1935年的《移民残疾、养老及死亡保险权利保障公约》,1938年的《船员退休金公约》。

险之研究》中提到劳动保险的定义,"劳动保险者,国家或公法私法人,对于借劳动谋生之阶级,因偶然之是故,及自然的推移,减少或丧失其劳动能力,及劳动机会者,补偿其损害,减除其经济上生活之不安,而为种种施设之谓也"。①

关于社会保险的内涵,丘昭文认为,社会保险是国民经济的重要组成部分,从经济意义为其下定义:"社会保险是以互助主义为基础,根据经济的设施,对于劳动阶级和中产阶级(包括使用人、企业从事者、小独立企业者、手工业者及其他)因偶然的事件,所发生紧急的财产的需要,而填补之为目的。财产的需要最主要的状况,是由劳动力一时的休止和永久的休止所生。故死亡、老衰、废疾、伤害、疾病、妊娠、失业等为其主要的原因。"②他认为,社会保险定义的核心是互助主义,而互助主义的前提是多数的人和多数的经济互相结合,而且一方对于他方负有扶助的义务,才能产生补偿这一项。

此外,丘昭文还认为中国实行社会保险有三种模式可参考:①由私设的保险株式会社和保险相互会社之任意保险,有德、美、英三国所通行的简易保险为先例;②由劳动者之自由独立的组织所行之任意保险,如英国的共济组合;③由国家实行的强制性的社会保险,如德国保险立法的成功案例。他认为第三种社会保险模式是最适合中国现状的,建议政府建立具有强制性、普遍性的社会保险。

(二) 社会保险的效用

关于社会保险的效用,学者们主要从个人和社会两方面进行了探究。

对于个人,社会保险可以补偿劳动者因意外遭受的经济损失,使劳动者养成节俭储蓄的习惯,消除后顾之忧,保持劳动者的健康。钟国光指出,社会保险"不独可使其归于节俭,不至浪费,而且不知不觉间,可诱

---

① 王名烈. 劳动保险之研究[J]. 学林,1927,3(1):1.
② 丘昭文. 社会保险的概念及其在经济上的意义[J]. 政衡,1920,1(2):1.

起其储蓄心,由此观之,工人既能节其费用为保险,则虽一旦失业或有疾伤衰老罢工等不测之事发生,亦有此项保险可以依赖,而不致有冻馁之虞"。①

在社会方面,社会保险可以缓和阶级矛盾,促进国民经济的发展,维持社会安定。钟国光指出,"在社会方面,保险者,既征集其保险金,亦非死藏之于库,必求放资之途,以谋利殖,则市场上之金融,将必为其润泽而更为流通,故保险足以助商业经济之发展"。②

三、关于社会保险运营方面的研究

(一)社会保险的组织

社会保险按照经营主体的不同,可分为私营社会保险和国营社会保险。所谓私营社会保险,是由雇主或受雇人等私人设立经营,完全是一种雇主或受雇人以救济为目的设立的组织。国营社会保险则是完全由国家设立经营,办理一切保险事业。

王名烈提到,当国家未设保险制度之前,劳动保险大多采用私营保险形式,以私营的同业组合或职工组合为保险事业经营主体。后来,国家因社会政策及劳动政策的需要,规定建立社会保险制度须以国家为保险事业的经营主体。谈到二制何者为宜?他认为不可一概而论,"国家或公法人之保险,比私人或私法人之保证,较安全确实;公营保险,停止保险金支付之危险,比私人或私法人所经营者较少,故易使被保险者加入;公营比私营,较易统一,因保险行政上之便宜,费用亦较节约;劳动保险要大额之救济费用时,公营保险,得以礼富的财政支付之,私营保险,则因财政有限,往往生不能支付之虞……但国家对于私营保险,加以保证,或与以补助金,且为适当之监督,则私营保险,亦安全确实,与公营保险,实际

---

① 钟光国. 论劳工保险之必要[J]. 商学月刊,1925,38:17.
② 钟光国. 论劳工保险之必要[J]. 商学月刊,1925,38:17.

上之结果，无何等之差异焉。"①汪翰章则将社会保险分为四类，营业保险、单独保险、相互保险和官业保险。"第一种营业保险，与劳动的性质不相容，因为他的目的在营利，所收的保险费，一定很多，被保险的——劳工，所获得的利益一定很少，不受劳工们欢迎。第二种单独保险，只有很慈善的工厂主，对于自己所雇用的劳工，替他们保险，然而这种慈善的工厂主不多。第三种相互保险，计有三种：①劳工以共同救济的目的所设立的。②工业主为劳工之救济所设立的。③劳工协同工业主为劳动之救济所设立的。……第四种官业保险，是由政府自己经营的，要满足劳动保险的理想，及稳固老衰和废疾保险的基础。"②他还指出应该实施这种制度，因为私业经营，其救济不能永久，不及政府出的救济辅助费。

(二) 社会保险的实施方式

社会保险的实施方式有两种，即强制性实施和自由性实施。所谓自由保险，就是社会保险实施之时，随劳动者的意愿自由选择是否参加，对于不参加的劳动者，不加以强迫。这种方式遵循"人生不可侵犯之自由权"的原则，强调人类有自由的权力，无论什么事情，都应以各人的自由意志为前提，并且自由保险有一种高尚互助的精神道理在内。所谓强制保险，是依照法律的规定，认定符合某项条件的劳动者具有参加保险的义务，否则以法律的程序强制执行。

王名烈提出了有关强制主义与任意主义的观点，他指出，"主张采强制主义者，则谓：劳动者大都缺乏保险思想，若放任之，则不明保险之必要，不知加入。继或具有保险思想，因生活所迫，除意思强固者外，亦多不愿支付保险费，故亦非强制加入，究虽望其自动的利用保险；强制雇主，使负担其所雇佣劳动者加入保险费用之一大部分时，则雇主图减轻自己负担起见，必努力于灾害数之减少，因而机械之装置，卫生之设备，必

---

① 王名烈. 劳动保险之研究(未完)[J]. 学林，1927, 3(1)：2.
② 汪翰章. 劳动保险[J]. 星期评论：上海民国日报附刊，1927, 17：12.

力求尽美尽善，以预防灾害之发生。即或一旦发生灾害，为减轻程度起见，亦必速探适当的镇压手段，由此点观之，强制主义之效果颇大；强制主义，使保险普及，因之雇主与劳动者间之争议较少，得举劳资协调之实效。反之，主张任意主义者，则谓：劳动者知保险之必要者少，国家若强制的使之加入，则增劳动者不平之怨恨，为劳动者而设之制度，却成为苦劳动者之制度；反于雇主之意思，强制的使之负担保险费用之一部分，劳动者不特不起感谢之心，且视为雇主当然之义务，实大伤雇主与劳动者之感情；强制主义，在保险技术上，无为被保险者之资格者，亦使之为被保险者，脱却保险之理谕，毋宁谓之为慈善制度之为俞也；强制主义，不问劳动者之意思如何，均使之加入保险，则使劳动者自助独立之精神日弱，而依赖之心反日强也"。① 而汪翰章则认为，我国宜采取任意主义。他表示，强制保险和任意保险的判定需要参考国民的风气，比如英国民气异常强悍，不愿受政府干涉，实施强制主义有害而无利，德国人民则相反，宜采取任意主义。②

(三)社会保险的费用分摊

关于社会保险的费用分摊问题，汪翰章③、王名烈④等学者都认为应由劳动者、雇主及国家共同承担。汪翰章提出，"既说是劳动保险，自然应归劳动者享受利益，保险费应由劳动者负担，但是劳动者所得无几，支出的保险费有限，必定不能为十分的救济，所以定要资本家分担。"理由如下："(一)劳工的危险，多在灾厄，灾厄之所以发生，多在执行业务的时候，其原因多由于工厂设备不全、器械整理不备，当然不能和普通的疾病一样看待，工厂主对此灾厄，应负责任，所以保险费用，一定要分担；(二)由政府分担劳动保险费，为近代的事实，政府想改良社会，自然不能

---

① 王名烈.劳动保险之研究[J].学林，1927，3(1)：2-3.
② 汪翰章.劳动保险[J].星期评论：上海民国日报附刊，1927，17：12.
③ 汪翰章.劳动保险[J].星期评论：上海民国日报附刊，1927，17：12.
④ 王名烈.劳动保险之研究[J].学林，1927，3(1)：3.

不出相当的费用,劳动保险,是项要紧的社会政策,以前在产业保险名称之下,当消耗多数的国费,去补助资本家,现对于劳动保险,自不能吝惜费用,且劳动保险,是为预防劳工流为贫民的政策,政策如果不完全,穷民就一天一天的增多,大为国家之害。"①王名烈还指出,"关于保险费计算之基础,各国法例约分三种主义:(1)截止主义,即预算每年之收入支出,以定保险费额,不设公积金,而采收入足偿支出之方针也;(2)蓄积主义,其大体虽与前者相类似,所异者,惟就应支付长期年金之时期已至之后,求其现值,算入于保险费而赋课之,对于将来之支付,设立公积金是也;(3)平准保险主义,即虑将来危险之增加,平均保险费,蓄积责任准备金是也。"②

(四)社会保险的种类设置

关于社会保险的种类设置,不同的学者看法不同。受百指出,"初只意外灾祸保险一种,后陆续增设者甚多。举其要者,有健康保险、失业保险、信用保险、年老俸金等等。"③其中,学者们重点研究了伤害保险、健康保险、失业保险和老废保险。

1. 伤害保险

伤害保险是指劳动者因工作关系所导致的疾病伤亡而给予的赔偿,此种保险强调必须是因执行职务所导致的伤害。王名烈具体分析了业务灾害产生"伤害"的原因:①雇主代理者监督的过失;②第三劳动者的过失;③劳动者自己的过失;④不可抗力的一系列因素,如地震、自燃、爆炸等;⑤其他原因。但是,在社会保险出现以前,依民法规定,只有第一种原因,劳动者才能得到雇主少量的赔偿。而其他原因需劳动者自己承担责任。虽然第二种原因被害劳动者有向第三劳动者申请赔偿的权利,但同为劳动者,能力有限,也不能得到充分赔偿。至于劳动者自己的过失,完全

---

① 汪翰章. 劳动保险[J]. 星期评论:上海民国日报附刊,1927,17:12.
② 王名烈. 劳动保险之研究[J]. 学林,1927,3(1):4.
③ 受百. 劳工保险问题(上)[J]. 银行周报,1927,11(20):15.

由劳动者自担责任，对于他们的利益损失是巨大的。而剩下的也是业务灾害经常发生的原因，比如机器设备陈旧、厂房失修、工厂安全设施不齐全等原因，极易产生各种工业灾害，而雇主却往往没有任何法律责任，劳工受到损害也很难得到赔偿。劳动者蒙受损害后，不仅其劳动力会减少或丧失，更有甚者，会失去基本生活保障。由此观之，民法中对于劳动者权益保障的范围是极有限的，迫切需要建立保障劳工权益的制度体系。举办劳工伤害保险制度则是首要任务。

2. 健康保险

健康保险，又称为疾病保险。受百认为，工人构成疾病的原因可以分为三类："一为工厂方面，业主应注意工人卫生，改良一切设备；一为社会方面，主持市政者，对于人民居住游息以及平时生活之安适，应负责任；一则为劳工自身，应注意身体健康，不流于自暴自弃之途。劳工健康问题，既与国家实力有关，而按之今日之生活程度，劳工于此复无力独自处理，于是健康保险之制，乃为要围，行此制者，大都由政府业主与劳工三方分负保险之责，以共同祛除此致国家于贫弱之病根。"①

3. 失业保险

受百将劳工失业情形分为三种："一由于工人之转徙无定，或其他意外变故等。第二凡有时间性之工业，一年间不免有短期停工，因此而酿成之失业。第三由于商务不振，此则无论何业，皆不免带此危险。"②

4. 老废保险

老废保险分为老年保险与残废保险两种。它与穷民救助制度有着密切的联系，在社会保险中占据着重要的地位。最初是以救助永久失去劳动能力的劳动者的形式发展起来的，通过劳动者所缴纳的保费来计算他们养老和残废年金的发放，所以老废保险依靠雇主和国家的补助比较少，大部分还是劳动者自己负担的保险费，具有长期储蓄的性质。与其他险种相比，

---

① 受百. 劳工保险问题(中)[J]. 银行周报, 1927, 11(21): 15.
② 受百. 劳工保险问题(下)[J]. 银行周报, 1927, 11(22): 17.

老废保险在经营上困难颇多。不仅需要大规模的组织机构，而且需要大量的资金投入，一般均为国营。老废保险的年金发放不同于伤害保险，是一次性发放或者短时期发放，它的年金发放历时比较长，以被保险者死亡为限，如此长期的负担，必须有稳固的保险机构为基础，否则会失去投保人的信任，所以，能承担如此大风险和信用的保险经营主体非国家莫属。尽管如此，老废保险的发展速度还是远远落后于其他险种。

第四节　北洋政府时期的保险立法思想

继清末以后，北洋政府时期民族保险业的快速发展，客观上刺激了保险立法的进一步展开。1914年3月，北洋政府公布了《商人通则》（共7章73条），其中增加了保险运输的内容。1917年，农商部拟定了《保险业法案》，这是专门用于规范保险行业发展的第二部以"保险"命名的法案。该法案共计42条，因一些条款设置不合理的原因，法制局又于次年对其作了修改。1919年，北洋政府参加巴黎和会，成为设有社会保险部的国际劳工组织会员国。在国际劳工组织的推动和帮助下，分别于1923年、1925年颁布了《暂行工厂通则》《工人协会法草案》《公会条例草案》等，这些条例的共同特征是都带有初步的劳动保险措施和规定。1927年4月，北洋政府专门聘请了资深的外国法律顾问帮助拟定《保险契约法草案》（共4章109条），内容包括保险总则、损害保险、人身保险，终结条款等。但由于北洋政府旋即瓦解，《保险契约法草案》并没有颁布施行。

一、商业保险立法思想

（一）保险立法的必要性

民族保险业自产生以来一直处于无法律保护的状况，加上清政府的垮台，曾经颁布的保险法规都随之湮灭，不仅在外饱受洋商保险行业的欺凌和压榨，而且在内因保险行业恶性竞争，保险市场较为混乱，使得保险业发展较为缓慢。陈顾远就对中国民族保险业缺乏相应的保险法规进行了深刻分析:"因清末变法,参酌异域法制,熟识其义,又值外国保险公司在我通商口岸设立支店或代理店,其制度更为国人所普知矣,顾其始也,保险事业独为外商所据,其保险契约悉取西文,对要保人及被保险人之利益多所剥夺,从知之而无可如何也,今年国人自设之保险公司,虽渐增多,然保险契约之内容仍多承外国保险公司习惯,未能彻底改善。其故实因外国之保险法规久未制定施行耳"。① 所以,目前当务之急是尽快制定完善的保险法规,才能彻底摆脱外国保险对中国民族保险业的垄断和控制。

1913年10月,著名实业家张謇就任北洋政府农商会长,他认为中国要发展国民实业经济,就需制定农工商法案,以规范资本主义市场经济。对于保险行业,尤其"应尽快制定公司法、破产法、运输保险等规则",并详尽提出了推行保险法规的具体政策,可以仿行国外的保险法律制度,政府也要积极参与制定。王效文也指出了制定保险法与个人、社会的重要性:"保险条例不定,不独契约之当事人无所适从,即一般社会也深受其害。盖若保险法不颁,则一般无识而逐利者,皆将群起而创设公司,以图侥幸,结果资本不足,办理未善,股东保户,两将受害,而保险业之于社会信用,亦将大受影响矣!"②邓贤同样指出:"这十年来,国政混乱,政府自顾不暇,国内应有的保险商法尚未有规定;保险公司也乐于自便。因之各种保险事业,亦很混乱,这是很可惜的"。③

此外,随着海上保险事业的日渐壮大,一旦中国海上航船遭遇保险事故,则无法用保险条例规定予以保护,而对于是否签订万国航律会订立的有关海上保险条约,政府始终处于考虑状态,总税务司认为:"以现在中国情形论之,似不必因承认万国协定之约章,以自束其以后自由之行动,缘中国于未经承认加入此等协约、共同遵守之前,尚有许多应行订定、关系船政之律例,惟中国暂时可订,明日后如有外国式之中国船,因遇有互

---

① 陈顾远. 保险法概论[M]. 南京:正中书局,1946:21.
② 王效文. 保险法至今未颁?[J]. 保险与储蓄,1924,1(3):2.
③ 邓贤. 人寿保险与中国[J]. 留美学生季报,1927,20(3):157.

撞遇险及保险施救等事出有，或须仲裁、或许公判之案，即以此等条件，尽情视为律例"。① 由此可以看出，中国制定相关的海上保险法律来规范航海保险事业，已是迫在眉睫。

(二) 学习西方保险立法的思想

作为近代中国法律体系中的一分子，近代保险立法由于缺乏自主产生的土壤，其立法思想也显得格外薄弱，保险立法思想经历了清末对德、日立法的简单模仿，至北洋政府时期参考模本稍加增多的过程。1902 年，清政府就下令拟订新律，要求"参酌各国法律，悉心考试（证），妥为拟订。务期中外通行，有裨治理"。② 袁世凯"命谷总长属司秦瑞玠参考东西洋保险法草定中国保险业法三十余条"。③

郁赐以美国寿险事业发展历程为例，说明美国作为寿险事业最为发达的国家，是"现代最大保寿公司中若干家之发祥地"，④ 但"距今不满百年以前。美国境内之保寿营业，尚为别国公司所独揽。……保寿公司者。亦赖来自英格兰及苏格兰之专门家以助其成"，⑤ 他认为，欧美发达国家寿险事业之所以如此强盛，与政府颁布了大量的严密条例是分不开的，寿险公司"均遵政府颁布之严密条例以营其业"，⑥ 从而有助于规范寿险事业的发展，以及为寿险事业创造有利的政策环境。吕岳泉也曾表示："民国以来，国无安宁，内忧外虑，人心惶惶。人寿保险之督促扶导，欲期政府有美备之专律颁行，借以促进之者，必尚有待。所希望者，惟在国人知此业于国家之关系，知所抉择，以督促扶导之。使本国人寿事业，蒸蒸日上，则容有豸乎。"⑦ 足见，我国可效仿欧美国家，借鉴他们以立法规范寿险业的

---

① 颜鹏飞，等. 中国保险史志[M]. 上海：上海社科学院出版社，1989：150.
② 中国保险学会. 中国保险史[M]. 北京：中国金融出版社，1998：57.
③ 新订保险专律之内容[N]. 中华信报，1917-03-06.
④ 郁赐. 人寿保险之传奇[N]. 申报，1922-10-10.
⑤ 郁赐. 人寿保险之传奇[N]. 申报，1922-10-10.
⑥ 郁赐. 人寿保险之传奇[N]. 申报，1922-10-10.
⑦ 吕岳泉. 人寿保险与国家之关系[N]. 申报，1925-10-10.

经验。

（三）保险业监管思想

北洋政府强调了保险立法的监管性。1914年1月8日，北洋政府公布《农商部分科规则》，规定农商部工商司负责监管保险业的经营等事项。在1918年修改并颁布的《保险业法案》中，也明确规定，保险行业须受到严厉监管，因为相较其他行业，它的性质更危险，仅靠保险公司的年终报告是远远不够的；如果不加以严厉监管，会时常出现欺诈蒙骗百姓钱财的不良事件。为了防止欺诈蒙骗，必须在每次召开的董事会上派遣监督官署官员列席会议，严格审查保险机构的资本和信用，以及有关企业法人的资料信息，凡是以保险名义骗取钱财，情节严重的，处以三年以上五年以下的有期徒刑。该法还明确规定了农商部为保险业监管部门。吕岳泉后来指出："在立法方面，除订定保险法之外，又有保险业法的拟定，以为监督维护的方法，用意很深。"①

二、劳动保险立法思想

西方的社会保险理论在当时学者们的积极宣传下得到广泛传播，加之工人为争取劳动权益的斗争日益尖锐，因此，劳工立法问题开始被提上议事日程，政府随之颁布了相关的法律法规。

为鼓励发展工矿业，北洋政府于1914年3月颁布了《矿业条例》，这被视为"吾国保护劳动立法之始"。②《矿业条例》第76条规定："矿工如因工作负伤，致罹疾病，或死亡时，矿业权者应给与医药抚恤等费"。③ 并且《矿业条例施行细则》进一步明确规定其矿业者应订立抚恤规则，其规则以

---

① 吕岳泉.立法当局对保险事业应有的注意[J].华安，1933，1(4)：9-10.
② 谢振民.中华民国立法史(下册)[M].北京：中国政法大学出版社，2000：1097.
③ 谢振民.中华民国立法史(下册)[M].北京：中国政法大学出版社，2000：1097.

下列各款为标准:"一、诊查费及疗养费;二、疗养时不能工作,须按其日数给以工价 1/3 以上之恤金;三、葬费须在 10 元以上;四、遗族抚恤费,按照死者 100 日以上之工价给与;五、废疾抚恤,按照废疾者 100 日以上之工价给与。但对于包工之工人,第二款之恤金,及第四、五款之抚恤费,须按照 30 日前日间所得之工价,平均计算每日应得之工价",① 这一条例的颁布,表明社会保险法规的初步萌芽。

1919 年,北京政府参加巴黎和会,中国成为国际劳工组织的会员国。同年 6 月,王麟阁率团出席了第一届国际劳工大会。该会下设的特别委员会讨论了远东各国劳工问题,并就中国问题提出了以下建议:①希望中国政府采取以工厂法保护工人之原则;②主张国际劳工大会向有关各国交涉,使其在华享有之租界及租借地内仿照中国政府已定之劳工法,采取同一办法,在租界及租借地内执行。② 在此次国际劳工大会上,还通过了《女工产前产后雇用限制公约》,其中第 3 条规定:"在任何公营或私营之工商业、企业或其部分,除该企业全体工人系属同一家庭者外,其雇用之妇女须:(1)不得在分娩前后 6 星期内工作;(2)若具有医生证明书证明其将于 6 星期内分娩者,得停止工作;(3)前二项缺工期内,应充分给予津贴以维持其本身与产儿之健康。该项津贴,或由公款拨给,或由一种保险制度支付之。至津贴数目,由主管官署规定之。此外,产妇应享有医生或接生婆免费诊治之权利,妇女自领得前项医生证明书之日起,至分娩之日止,其间之津贴费不得因医生,或接生婆对于分娩时期之预测错误而受影响。"③ 该项公约的颁布对于后来国民政府实行生育保险制度起到促进作用。

在国际劳工组织的推动下,1923 年 3 月,北洋政府农商部颁布了《暂行工厂通则》,这被视为"中国第一部工厂法",内容涉及童工与女工保护、工作时间、工资、工人储蓄、工人教育、工人伤病、工厂安全卫生等内

---

① 矿业条例施行细则[J]. 中国实业杂志, 1914, 5(5): 20.
② 颜鹏飞, 等. 中国保险史志[M]. 上海: 上海社会科学院出版社, 1989: 171.
③ 实业部劳动年鉴编辑委员会. 民国二十一年中国劳动年鉴(第四编)[M]. 台北: 文海出版社, 1990: 2.

容。其中关于劳工的重要规定有以下几点：①童工最小年龄为男孩10岁，女孩12岁；②17岁以下之男工及18岁以下之女工，其最长工作时间为8小时，并不得令其夜间工作及从事危险工作；③壮年工人之最长工作时间为10小时；④女工生产前后共应休息10星期，并给予适当津贴等。这些规定均体现了对劳工基本权益的保护，并且在第17、19、20条分别规定："厂主应按照所办工厂情形，拟订抚恤规则，奖励金及养老金办法，呈请行政官署核准"；"厂主对于伤病之职工应酌量情形限制或停止其工作，其因工作致伤病者应负担其医药费，并不得扣除其伤病期内应得之工资"，"厂主对于女工之产前产后，应各停止其工作5星期，并酌给以相当之扶助金"。① 这些规定实际上涉及养老、伤病和生育等社会保险的内容。在中国共产党领导的劳动立法运动的影响下，1923年3月，上海总商会特致电北京政府，表示"沪上洋厂林立，万一因我国现无法规，先由租界当局别定章程，即时实施，恐损国体。且沪地西人方面，舆论方面在猛烈促成各项工厂法规之中，外人越俎代谋之势，已甚明显，应请速将劳动法规迅速制定公布，以杜后患"。②

1923年5月，北洋政府农商部颁布了《矿工待遇规则》，这是针对矿工的一项劳动保险立法，其中规定："关于因公受伤的工人，完全由矿业主出资医治，并照常发给工资，由受伤以致成残废者，则因残废的程度，而定抚恤的给予，如果是全部残废，给予2年的工资，如果是局部残废，则给予1年的工资，因工作而致死亡者，除支给治丧费50元外，另给予死亡者的家属2年的工资。"③这些规定实际上涉及健康、伤害和老废等社会保险的内容。上述条例及规则的受益对象为工矿业劳动者，虽然此时尚未使用"社会保险"的概念，但其功能实质上就是社会保险。

1924年1月，国民党第一次全国代表大会发表对内政策，其中第3条指出："土地之税收，地价之增益，公地之生产，山林川泽之息，矿产水力

---

① 暂行工厂通则[J]. 江苏实业月志，1923, 3(50).
② 新订工厂暂行规则之始末[N]. 晨报，1923-03-25.
③ 吴耀麟. 社会保险之理论与实际[M]. 上海：大东书局，1932：154.

之利，皆为地方政府之所有，用以经营地方人民之事业，及应育幼、养老、济贫、救灾、卫生等各种公共之需要。"此外，第11条也指出："制定劳工法，改良劳动者之生活状况，保障劳工团体，并扶助其发展。"①1924年8月，孙中山在讲演三民主义学说时，详细地介绍了德国、美国和英国的社会保险："做工时间是由国家规定的8小时，青年和妇女做工的年龄与时间，国家定了种种限制，工人养老费和保险费，国家也有种种规定。要全国的资本家在工人死亡之后，遗族可以得到保险费，又可以得到抚恤金"。② 孙中山认为社会保险可以提高劳动生产率，中国可以尝试实行这种社会保险制度，并在11月以大元帅的名义颁布了《工会条例》（共21条）。其中第10条规定：工作职责之一是倡导"为会员之便利，或利益而组织之合作银行、储蓄机关及劳动保险"。③ 该条例被视为国民党政府劳工立法的滥觞。

1923年，时值全国罢工高潮，为了安抚工人，北洋政府订立了《工人协会法草案》，但其中并没有涉及劳动保险的相关条款，最终因为黎元洪的下台，该草案也被束之高阁。1925年，上海发生了震惊中外的"五卅惨案"，工人要求政府制定劳动立法的呼声更加急迫，在此种情势下，北洋政府交通部制定了《工会条例草案》，共43条。其中，第3条规定，"工会职务之一是鉴于会员之储蓄或保险等设备之事项"。第20条规定："凡属工会之基金，劳动保险基金，及会员储蓄金等，均应存贮于代理国库之银行。无代理库之银行处，应存于经大会议决之银行，或银行号。前项基金，保险金，于其所存贮之银行或银行号破产时，得有要求优先偿还之权利。"④据当时颁布的劳工立法来看，这应该是民国时期在中央政府的立法文献中最早出现的有关劳动保险的条款。同年，交通部还制定了《国有铁

---

① 颜鹏飞，等. 中国保险史志[M]. 上海：上海社会科学院出版社，1989：186.
② 朱华雄，朱静. 民国时期社会保险思想研究[M]. 武汉：武汉大学出版社，2014：15.
③ 颜鹏飞，等. 中国保险史志[M]. 上海：上海社会科学院出版社，1989：188.
④ 颜鹏飞，等. 中国保险史志[M]. 上海：上海社会科学院出版社，1989：190.

路职工通则草案》,内分总则、雇佣、工作及休息、工资、待遇、责任、附则 7 章,共 32 条。其中,第 9 条规定:"为职工谋储蓄或保险,及其他一切利益,得于工资内酌量提存,代为保存,详细办法另定之。"此规定还交由国际劳工大会议定。1925 年 5 月 19 日,北洋政府派唐在复等 7 人参加在日内瓦举行的第七届国际劳工大会。该会通过了《社会保险案》《工人灾害抚恤案》等 7 项决议案。大会建议各会员国"尚无抚恤制及保险制者,应自批准日起计算,三年内设置此种制度"。① 由此可见,国际劳工组织及大会对我国近代社会保险制度的制定有着积极的推动作用。

1926 年 1 月,国民党召开了第二次全国代表大会,会议上通过了"制定劳工法及其他改良劳工待遇的决议案"(共 10 条)。其中,第 5 条规定:"改良工厂卫生,设置劳动保险。"这成为后来劳动保险立法的重要根据。同年,国民党中央及各省区联席会议通过的《对工人最近的纲领》中明确提出要制定劳动保险法,设立工人失业保险、疾病保险及死亡保险。

1927 年 3 月,上海总工会召开上海工人代表大会,通过了 22 条主张,其中第 14 条就"要求政府制定劳动保护法,举行社会保险"。② 同年,冯玉祥在西安公布了《陕甘区域内之临时劳动法》,共分总则,工作及时间,工作之年龄及性别,工资,休息日、假期及告假 5 章,共 41 条。其中,关于生育保险的规定有:第 22 条"凡女工生育之前后,俱免除义务劳动,停止雇佣劳动。其时间产前 8 星期,产后 8 星期,共 16 星期,仍保留其位置,并按时发原薪";第 25 条"女工生育时应一次性付给 1 月之工资,以 9 个月后每月应增给其工资之十分之二";第 26 条"女工在哺乳婴儿时间内,每 3.5 小时出工厂一次,以哺婴儿。其时间之最久限期,定为半小时。如哺乳时间内,不得减扣工资"。③ 并标明"在国民政府未颁行劳动法以前,

---

① 颜鹏飞,等. 中国保险史志[M]. 上海:上海社会科学院出版社,1989:191.
② 颜鹏飞,等. 中国保险史志[M]. 上海:上海社会科学院出版社,1989:211.
③ 冯玉祥公布之临时劳动法:施行于陕甘区域内[J]. 银行周行,1927,11(20):7-8.

本军区域内皆适用此项临时劳动法"。① 此法案对于女工生育保险的给付待遇是此类法规中最好的,产假时间长,产假期间照发工资,补助金以及哺乳期的待遇都是其他法规中不常见的。但是该法案缺少对养老、失业保险的规定。1927年4月,广州国民政府农工厅拟定了《工厂法草案》(共41条),其中第19条规定:"工厂必须为职工储蓄、或保险、或各种利益之设储。但须得工人之同意,方可提存工资之一部分,并应详拟定办法,呈由农工厅核准。"第20条规定:"职工辞雇或死亡时,厂主应将该职工所存工资即时全数付给本人,或其遗族。若有储蓄及保险,并将所存储金及保险所得费,一并发还。"第22条规定:"工人因工作或致重伤或残废者,厂主给以终身养老金。"②1927年4月26日,蒋中正以总司令名义颁布《上海劳资调节条例》,其中关于劳工保险的规定为:"实行劳动保险及工人保障法,其条例由政府制定之";"规定因工作而死伤的抚恤金";"工人因工作受身体上之损害时,厂主须负责医治,并须给以半数以上之工资";"男女工人同工同酬,改良女工和童工之待遇。女工在生产前后休息6星期,工资照给";"由政府及工商两界设法安置失业工人"。③ 1927年10月27日,张作霖在北京公布了《北京农工部工厂条例》,其中对于社会保险问题已有明确的规定,例如,第20条规定"厂主对于工人应设立灾害保险,在工人保险条例未规定以前,厂主得查照抚恤条例办理,前项抚恤条例,另定之";第21条规定"厂主应拟订奖励金及养老金办法,呈请政官署核准";第24条规定"工人遇有疾病,厂主应酌量情形,减少或停止工作,其因公致伤,或罹职业病者,应照第20条之规定办理";第25条规定"女工之产后,厂主应酌量情形,各给假4星期,并照给1月之工资,作为扶助金"。④ 同时拟定的《北京农工部监察工厂通则》也将"劳工保险"列为工厂

---

① 颜鹏飞,等. 中国保险史志[M]. 上海:上海社会科学院出版社,1989:211.
② 颜鹏飞,等. 中国保险史志[M]. 上海:上海社会科学院出版社,1989:212.
③ 上海劳资调节条例[J]. 银行周报,1927,11(15):8.
④ 朱华雄,朱静. 民国时期社会保险思想研究[M]. 武汉:武汉大学出版社,2014:22-23.

监察的重要事项。

然而，由于时局动荡，工人运动高涨，劳资矛盾尖锐，这些法规的出台都有一些临时性、安抚性的目的，其保障待遇已超出了当时的实际情况，可实施性程度较低，外加政权更迭，社会秩序混乱，缺少一个稳定的实施环境，使得许多颁布的法规最终都停留于历史档案之中，劳工的合法利益仍旧得不到保障。

第五节　北洋政府时期的保险思想评述

一、保险思想基本是对西方保险思想的移植

北洋政府时期，学者们对保险理论的认识已较晚清时期有了很大的提升，但是其保险思路，无论是人寿保险、社会保险、财产保险还是保险立法等内容，都是对西方保险理论的移植。

他们一方面向国人介绍西方国家的保险发展概论，以及相关的保险知识；另一方面，着手收集、整理、翻译国外著作、期刊等资料，向国人宣扬该保险理论。例如，学者王效文精通多国语言，他以欧美保险学书籍中的材料为依据，撰写和编著了大量论文和著作，其中，《保险学》为我国第一本保险学专著，马寅初称"吾国向无保险学，有之，自本书始"。① 此书出版后在保险界引起很大的反响，从初版到1947年再版的22年间，共印刷11次，并成为新学制高级商业学校的教科书。北洋政府时期的人寿保险、财产保险思想也大多来自该书。《保险学》一书共分四编，第一编用13章的篇幅介绍了人寿保险；第二编和第三编分别用9、13章介绍了水险、火险；第四遍用8章介绍了法律，内容涵盖寿险、财险、保险立法的方方面面，该书"凡例"说明了其内容的主要来源："本书根据，多为外籍"。②

---

① 王效文. 保险学[M]. 北京：商务印书馆，1925：1-2.
② 王效文. 保险学[M]. 北京：商务印书馆，1925：1-2.

可见，当时我国保险理论大多受到西方保险知识的影响，缺乏一定的理论创新性。

二、保险理论对保险实践的指导作用有限

通常情况，理论与实践是同步发展的。但是，北洋政府时期，时局动荡，社会风险因素增多，并未激发民族保险业的实践发展。

从理论上讲，保险的目的是通过投保将风险转移给保险公司。但因战争引起的风险无法规避，保险公司承保意愿小。这种不安定局面严重影响了人们消费后的剩余，使得各保险公司的可保对象减少，阻碍了正常的保险实践活动的发展。例如，当时规模最大、业绩最好的华安合群保寿公司也深受战乱之苦，"国内多乱，故于保寿一业影响最巨，盖乱事丛生，凡生命财产之损失，不知凡几，国内愈贫，商业益形堕落，……综考上次乱事之影响，不特公司进步因此迟滞，且令大多数保寿人停缴续届保费……"①同时，因保险理论大多来自西方，国人对此缺乏相应认知，致使相当一段时间内，国内保险业受制于外商保险业，而外商保险业大多不以华人为投保对象，限制了业务范围，民族保险业也因经验欠缺而发展缓慢。

总而言之，由于经济发展水平、战争、人们的保险意识等因素的制约，学者们设计的各种制度、方案、法规，大多是纸上谈兵，未能得到有效贯彻。

三、保险类别发展逐渐丰富

从保险内容上看，在西方保险理论的影响下，我国民族保险业得到了多层面的发展。其中，财产保险业发展逐渐平稳；社会保险业也开始萌生，人寿保险业则由过去的萌芽状态发展至民族保险业中最为热门的事业。

---

① 《北洋政府时期的民族保险业》，华安合群保寿股份有限公司档案（上海档案馆藏），档案号 Q336-1-57.

晚清时期,航运业和对外运输业的发展促进了我国民族财产保险业的发展,特别是带来了水险市场的活跃。水险保险思想发展较早,例如,1912年以前,华商保险公司承保险种主要是一些与航运业相关的水上运输保险和货栈火险,人寿保险只处于萌芽状态。北洋政府时期,工商业的进一步发展,也增加了对水险、火险等财产保险的需求,增长突出的是与生活、生产相关的火灾保险。同时,20世纪20年代民族保险业吸收大量官僚股本,民族人寿保险业逐渐兴起并得到较快发展,有关人寿保险的研究与探讨成为热点。此外,受西方发达国家社会保险制度影响,有关民生的(如失业、养老、医疗等)劳工保险思想开始在中国得到传播,加上工人自身的保障意识得到提高,我国劳动保险思想开始萌芽。

四、保险立法思想显现

实业家和保险界均已认识到保险法规的必要性与重要性,并在汲取清末立法的经验教训,参考多国的保险法律成例的基础上,制定并颁行了《保险业法案》,推动并促进了国内保险法学的发展和研究。但因其忽视了民族保险业的发展现状,忽视了中国国情,因此,这些保险法规出台以后便受到社会各界的议论,甚至遭到反对而再无结果。此外,中国劳工阶层开始对社会保险有一定认识,并开始要求社会保险立法,这也使得政府对社会保险有了基本意识,并尝试制定相关的制度。但是,受当时经济状况的限制,大部分劳动保险条例未能得到真正实施,只是在个别劳工法规中含有劳动保险的条款。

尽管北洋政府时期各项保险立法仍然处于探索阶段,但保险立法意识已得到很大程度的提升,保险法规内容相较于晚清时期也有一定的进步。

第四章 国民政府前期的保险思想（1928—1936）

1928—1936年是中国民族保险业获得较快发展的时期。因"银行业所经营的贷款业务、贷款户的货物或不动产抵押都必需保险以资保证；金融家亦认为保险为有利可图的企业，故纷纷起而经营，保险业遂成为金融资本的副业"。① "金融方面的助力实在不小，全国各大银行凭着深厚的金融势力，直接、间接扶植了一些规模较大的保险业出来，集成一条坚固的阵线，以与洋商公司相颉颃，社会视听为之一新"。② 在中国银行业的资金扶持下，中国民族保险业不仅在数量有所增加，而且民族保险公司在选用人才及人才培养上打破了门第观念、任人唯亲、一切以关系亲疏为取舍的桎梏，更加注重真才实学，并虚心学习外国保险公司的现代企业管理制度，采用股份有限责任的形式组建公司，从而在业务质量、企业实力等方面都有了质的进步，民族保险业进入一个新的发展阶段。正如当时的一篇文章所写的那样："资本额之增加、组织与管理之渐趋科学化、同业团结互助之努力等，均有显著进步，加以年来研究保险业之专家、人才日众；社会人士对于保险事业之认识日为深刻，瞻载前途，我国保险事业之飞腾进展，靡有涯谈也"。③ 谢国贤良也表示，"翻开一部中国保险业发展的历史，我们可以武断地说，它的萌芽、滋生虽然远在前清，可是民国以后才

---

① 中国保险学会. 中国保险史[M]. 北京：中国金融出版社，1998：72.
② 谢国贤. 保险事业在中国[J]. 保险界，1937，3(13)：3.
③ 关可贵. 保险统计[J]. 保险季刊，1936，1(3)：57.

算初具规模,最近十年,才慢慢显出蓬勃气象"。①

据1937年《中国保险年鉴》统计,全国有民族保险公司共40家,其中国营3家,民营37家,加之分支机构126家,合计为166家。其中,1935年创立的中央信托局保险部资本达到500万元,太平保险公司、中国第一信用保险公司各有资本300万元,其余均在250万元以下;② 截至1936年年底,全国华商保险公司资本总额为5899.4万元(实收资本为4222.12万元),比1914年的资本金额增加了5倍多。③ 另外,华商保险公司的保费收入也有所增加,但由于华商保险公司实力有限,为分散风险责任,不得不向外商同业再保险,"全国每年保险费收入,外商约占60%,华商约占40%,但华商又将所得约70%转向外商分保,外商实得约88%"。④

这一时期,民族保险公司的业务种类也随着人们日常生活的需要而大量增长。1930年1月,中国第一信用保险公司成立,信用保险在中国的首次出现,不仅打破了传统保人制的弊病,而且有利于免除纠纷和维护社会的稳定与进步。同时,花样繁多的保险广告也铺天盖地而来,各保险公司纷纷在报纸杂志上大显神通,推销自己的保险商品。《申报》《银行周报》《中央日报》等报章上充斥着"本公司实力雄厚,办事敏捷,赔款迅速可靠"的广告语以及一些单位或个人得到赔款后的鸣谢:"该公司实足赔款,毫无托词,信誉卓著,不胜感激"。民族保险业如火如荼地发展起来,呈现出中国保险发展史上前所未有的繁荣景象。

此外,进入20世纪30年代,劳工问题成为国民政府面临的一个重要问题。为巩固统治基础,缓和阶级矛盾,南京国民政府的工作重心逐渐由战争转向经济建设。随着中国经济的发展,南京国民政府开始多次尝试建立劳动保险制度,设立专门掌管社会保险的机构,等等,我国社会保险事

---

① 谢国贤. 保险事业在中国[J]. 保险界,1937,3(13):3.
② 罗北辰. 民元来我国之保险业[J]. 银行周报,1947(23):2-7.
③ 沈雷春. 中国保险年鉴[M]. 北京:中国保险年鉴社,1937:7.
④ 颜鹏飞,等. 中国保险史志[M]. 上海:上海社会科学院出版社,1989:202-203.

业逐渐进入探索阶段。

第一节　国民政府前期的人寿保险思想

在中国的人寿保险市场上，由于民族人寿保险公司的先天基础较差和外资人寿保险公司通过不平等条约享有优厚特权，民族保险业的经营业绩远不如外资人寿保险业，但是值得一提的是，民族人寿保险公司在数量上具有优势，"不佞于民国二十六年赴沪调查中国境内外商保险公司，共一百五十家；中国保险公司四十九家，在数量上为三与一之比。所营业务，人身保险外商八家，华商十八家"。①

1927年南京国民政府成立后，实行关税自主，为民族工商业的发展保驾护航。同时，自20世纪20年代以来，帝国主义忙于战后休整，中国银行业借势得到了较大的发展，资本总额大大提高，② 并有余力投资于本国的保险行业，开设寿险公司，③ 专营或兼营寿险业务，民族人寿保险业在数量上具有较大的增长。据不完全统计，到1935年，专营人寿保险业务的民族保险公司有先施人寿保险公司、陆海通人寿保险公司、永安人寿保险公司、宁绍人寿保险公司、爱群人寿保险公司等；而兼营人寿保险业务的保险公司有太平保险公司、中国保险公司、泰山保险公司、中央信托局寿险处等。④

---

　　①　陈郁. 二十六年赴沪调查保险业报告[R]. 上海市档案馆藏档，档号 Q364-1-32.

　　②　据资料统计，1911年中国本国银行共有16家，实收资本总额为21555千元；1914年银行数量增长为47家，实收资本总额为38418千元；1920年本国银行已有103家，实收资本总额为88084千元；而到1925年，本国银行已经发展到158家，实收资本总额为169140千元(参见：唐传泗、黄汉民. 试论1927年以前的中国银行业[M]//中国近代经济史研究资料(4). 上海：上海社会科学院出版社，1985：64).

　　③　1929年金城银行独资创办太平保险公司，内部又设人寿保险部，兼营寿险业务，成为第一个由银行独资创办的保险公司；1932年中国银行投资成立了中国保险公司，兼营人寿保险业务；浙江兴业银行投资成立了兼营寿险业务的泰山保险公司；同年，专营人寿保险业务的宁绍人寿保险公司获得了四明银行的资本扶持。

　　④　中国保险年鉴编译所. 1935保险年鉴[M]. 上海：中华人寿保险协进社，1935：218-237.

通过对中国保险公司、太平保险公司、先施人寿保险公司、中国天一保险公司、永安人寿保险公司、华安合群保寿公司、泰山保险公司、宁绍人寿保险公司8家专营或兼营寿险的保险公司发展质量的考察，发现各保险公司总的有效保额、保费收入等指标都在不断上升，有效保额从1930年的2543.3405万元增至1934年的4895.3788万元，保费收入从1930年的176.6017万元增至1934年的320.39万元。

但是，在经营业绩方面，民族人寿保险业仍远不及外商人寿保险业。据估计，至1936年，整个民族人寿保险业的有效保险金额累计仅有5000万元左右，远不及同年仅美商友邦人寿保险公司一家外商寿险公司的有效金额。就连当时较为著名的华安合群保寿公司，1927年以前，其有效保额金额一直大于友邦人寿保险公司；但1927、1928年，其有效保额金分别为1514.7047万元、1589.0329万元，均低于当年友邦人寿保险公司有效保险金额1406.2216万元、1726.7290万元。至此，友邦人寿保险公司开始超越华安合群保寿公司的业绩，并在此后一直遥遥领先。因此，针对民族人寿保险业的发展状况，学者分析探讨了中国民族人寿保险业发展不佳的原因，并对人寿保险的效用、种类进行了分析，试图向广大民族宣扬寿险功能，促进民族保险观念的提升，以及讨论寿险公司的经营理念与方式，期望进一步促进中国民族人寿保险业的发展。

一、关于人寿保险的效用分析

关于人寿保险的效用，学者们进行了系统性的分析，他们认为人寿保险的效用主要集中在微观、中观和宏观三个层面。

（一）人寿保险的微观效用

人寿保险的微观效用主要体现在对家庭和个人两个方面。

1. 人寿保险对家庭的效用

人寿保险对家庭的效用主要体现在以下三个方面：

第一，保障家庭幸福。张似旭认为："人寿保险制度，是保障家庭幸福,为最初的目的"。① 郭佩贤提出:"人寿保险既可以保护家庭,以预防生命无定的危险,那末凡有家庭责任的人们,应用它来保障家属,以防意外死亡时,他们所受的损失……倘如保有寿险,无论家主生前死后,家人都可没有衣食住的愁虑,家庭之中,其乐融融,这种佳境,不是没有寿险的人所得享受的。"②沈雷春认为:"人类每恃职业之所得,以维持其生计,或劳心,或劳力以一人之辛勤,作家庭之衣食,苟一失业,则固定收入之生产能力,亦随之而丧失;人寿保险有确定数额之准备,以救济失业时之困难,倘被保险者,遇有急需,可将保险契约作抵借款,而并不将保险之价值消减。"③张伯箴还详细地解释了人寿保险保障家庭幸福的原因,"假如不幸,生利者一旦或因疾病,或因其他灾害死亡,则靠他生活的一家大小,就马上要受那饥寒的痛苦。如果他在生前就保有寿险,那家人就不会虑及生活无依了,因为他们有保金可领,有生活的来源,所以人寿保险对于家庭的效用是非常重大的。"④由此可见,人寿保险可以避免由于家庭主要经济来源者死亡而造成的其他家庭成员生活无依无靠的状况。

第二,为子女准备教育、婚嫁。在人寿保险的这一效用方面,学者们认为人寿保险对于减少失学者、促进教育的普及是十分重要的。宁绍指出,人们在制订个人财产计划时,对于子女婚嫁教育问题,可通过人寿保险中的子女婚嫁及教育险种来实现,"子女教育婚嫁置用不虞匮乏……人寿保险不特保障一家主宰财产计划之实现,抑且专设子女教育婚嫁保险二种,庶几确立保障,以故劝人投保寿险,亦无异为教育及优生问题铲除礁岩也。"⑤在这方面郭佩贤也有类似的论述:"在家族主义下的我国,一婚一嫁大多数要靠家长来主持……这非有巨款不行,筹备之法最好是用人寿保险……而子女的前途已有确实的保障,不致因临时经济窘迫,而婚事搁

---

① 张似旭. 人寿保险制度的研究[J]. 大夏, 1934, 1(4): 41.
② 郭佩贤. 人寿保险的效用[J]. 银行周报, 1933, 17(49): 9.
③ 沈雷春. 人寿保险学概论[M]. 上海: 现代书局, 1934: 26.
④ 张伯箴. 保险学ABC[M]. 上海: ABC丛书社, 1929: 15.
⑤ 宁绍. 人寿保险之任务与价值[J]. 寿险季刊, 1933, 1(2): 17.

浅，也不致因男婚女嫁而债台高筑，转成终身之累"。①

第三，清偿身后债务。郭佩贤提出："平时甚少积蓄的人们，一旦遇到意外，孤儿寡妇的负担必更重大，寿险可用以给付丧葬等费，或为清理家庭中各项杂务，及筹备家庭善后问题之意外费用，或为偿还欠债及赎还抵押之用。死者遗下的财产，每因负有种种债务而受牵累，或因管理失当而发生严重的问题，唯人寿保险可以免除此种纠纷。"②

2. 人寿保险对个人的效用

在人寿保险对个人的效用方面，学者的论述较多，主要集中在以下几个方面：

第一，养成节俭的习惯。郭佩贤、③ 宁绍在这方面均有介绍，他们认为人寿保险定期缴费而长期兑现的特点，可促进人们克制消费欲望并养成节俭美德。宁绍指出，"人寿保险有强迫储蓄之效能，使我人日常进益……苟一家主宰，勤俭于上，则阖家子女，必仿行于下了"。④ 张伯箴还具体分析了其原因："保险是一种契约，不像专门储蓄一样，是一定要照常纳费的。虽然保险公司的规则——凡投保者于纳费三年后，可以任意解约，不过公司仅能退投保者一部分保金。因此使投保者不愿受这种损失，所以还是继续纳费保险。"⑤这样就会在无形之中强迫人们节省其他费用，作为按时缴纳的保险费用。

第二，消除人生忧虑。郭佩贤指出："人生无常，往往变生不测……这种忧虑，但凡有理性的人都有的，这种忧虑，可以挫折我们进取的锐气，可以减低我们工作的效能，可以损害我们身体的健康，要消除人生的忧虑，排去诸般的烦恼，惟有保险一法"。⑥ 宁绍认为人寿保险可以减轻忧

---

① 郭佩贤. 人寿保险的效用[J]. 银行周报，1933，17(49)：10.
② 郭佩贤. 人寿保险的效用[J]. 银行周报，1933，17(49)：10.
③ 郭佩贤. 人寿保险的效用[J]. 银行周报，1933，17(49)：9.
④ 宁绍. 人寿保险之任务与价值[J]. 寿险季刊，1933，1(2)：16.
⑤ 张伯箴. 保险学 ABC[M]. 上海：ABC 丛书社，1929：17.
⑥ 郭佩贤. 人寿保险的效用[J]. 银行周报，1933，17(49)：11.

虑，同时他还列举了古欧的例子来说明投保人寿保险，能够使人放弃一切顾虑，专心发展事业。①

第三，保证投资安稳。郭佩贤认为"人寿保险的投资，比较他种事业安稳得多……不独安稳而且利厚，可谓两全其美"，② 因为"经营是照科学的原则"，"管理是有政府的监督"，"规约内还有退取现款的规定"。张伯箴认为，人寿保险是一种不同于股票等的投资，因为股票含有巨大的风险，而保险费的投资"是稳妥异常，利益雄厚"。③

第四，确保养老年金。郭佩贤、④ 张伯箴都认为购买人寿保险可以获得养老年金，保障老年生活，张伯箴提出："有许多年老的人们，因为生平做事的结果，积下有一宗款项，便来退职养老。不过他的积款有限，而他往后还要活多少年，却不得知。如果他拿积款用尽，人还未死，那就要发生生活费无着落的问题。如果他拿若干金额向保险公司购买一种年金契约，那他就可以于在世一年，保险公司就要给他一定数的年费，一直到他死的时候才止。因此可使一般年老而积蓄不多的人们，不至虑及生活费无着，而患困苦之虞。"⑤

第五，保持身体健康。郭佩贤、⑥ 周德熙认为，保险公司免费检查身体，可以使无病者注意身体，有病者选择适当的方法医治，能够保障身体健康。周德熙认为这能起到警醒的作用："倘国人能注意保寿，则公司派医检验，斯时也，有病者，例不能受保，因此而知慎择方法以为调摄，同时复能使无病者知所警惕而加以注意，法至良，意至善也"。⑦

第六，实现个人财产计划。宁绍认为，人寿保险可以促进个人财产计划，"我人对于各种事务，均抱有相当之期望，以冀计划之实现，人寿保

---

① 宁绍. 人寿保险之任务与价值[J]. 寿险季刊, 1933, 1(2)：16.
② 郭佩贤. 人寿保险的效用[J]. 银行周报, 1933, 17(49)：10.
③ 张伯箴. 保险学 ABC[M]. 上海：ABC 丛书社, 1929：16.
④ 郭佩贤. 人寿保险的效用[J]. 银行周报, 1933, 17(49)：10.
⑤ 张伯箴. 保险学 ABC[M]. 上海：ABC 丛书社, 1929：17.
⑥ 郭佩贤. 人寿保险的效用[J]. 银行周报, 1933, 17(49)：11.
⑦ 周德熙. 人寿保险与社会[J]. 交大季刊, 1931, 3：41.

险者即保障个人财产计划实现之捷径也",① 他还通过例子来说明"无论人事与亡,其确定之财产计划,决不丝毫爽失也"。②

第七,提高信用。陈景枢谈道:"投保寿险之真义,富于道义心之人必能赢得世上之信用,且关于个人之评价,有时竟权衡于投保寿险与否而判断之,亦可谓基于此种思想",③ 人寿保险作为衡量道德的标准之一,能影响他人对其信用的评价。

(二)人寿保险的中观效用

人寿保险的中观效用主要体现在对于从事各种经营活动的企业,办理人寿保险具有重要的意义。

第一,保护重要职员。郭佩贤、张伯箴、④ 张似旭⑤都谈到了人寿保险具有保护重要职员的作用,其中郭佩贤认为:"无论什么事业,它的成功全靠办事人的机智,才干,与努力。所以,当一位贵重领袖死亡或休退,可使事业分崩离析,或归于失败。"⑥所以应当使重要职员保有巨额的寿险,来保障事业的安全。

第二,保全合伙经营。张伯箴认为,人寿保险既能巩固对外的信用,又能巩固商店的基础。"因为外方如银行等一察知该店订有保险契约,也肯与以借贷;同时店内不因伙友的死亡而致解散"。⑦ 郭佩贤指出,人寿保险可以弥补合伙人死亡,营业即需终止的缺憾,"如遇合伙员死亡,公司即依照合同里所规定的方法清算。生存的伙员(即领款人)就拿所得到的赔款来购买已故伙员的股份……这样一来,死者的家属既可领得事业中一部

---

① 宁绍. 人寿保险之任务与价值[J]. 寿险季刊,1933,1(2):16.
② 宁绍. 人寿保险之任务与价值[J]. 寿险季刊,1933,1(2):16.
③ 陈景枢. 人寿保险价值与吾国经济之关系[J]. 商学丛刊,1936,2:175.
④ 张伯箴. 保险学 ABC[M]. 上海:ABC 丛书社,1929:18.
⑤ 张似旭. 寿保险制度的研究[J]. 大夏,1934,1(4):44.
⑥ 郭佩贤. 人寿保险的效用[J]. 银行周报,1933,17(49):14.
⑦ 张伯箴. 保险学 ABC[M]. 上海:ABC 丛书社,1929:19.

分利益的现金代价，而事业亦无须清理中止了。"①

第三，担保公司债务。郭佩贤指出："人寿保险常可用作防备公司债券不能债还的保障。假如某公司想发行公债五万元，以二十年为期，这公司的发展与信用，全恃一二人经营的能力，倘若这人遭遇不测，即有资产不足以偿还公司债务而致倒闭的危险。"②投保人寿保险之后，"如被保险人不幸夭逝，保险立即期满，自动的清偿全部债票。如保险期满，被保险人安然无恙，这种保款也可用来扩充事业或增加公司所发债票的担保"。③

第四，救济经济恐慌。郭佩贤谈到，银行和其他债权人都认为保险单具有很强的现金流动性，这样就可以扩大公司的票据信用，人寿保险单即为救济经济恐慌时的最好方法。以美国为例，"美国当一九零七年经济大恐慌的时候，信用市场大受影响，即使有极优良的担保品，亦无从借贷，当时各公司商店和企业家，就利用人寿保险单为抵押品，向各保险公司借出数十百万巨款，来应付紧迫的债务"。④ 比较有创新意义的是，翟温侨认为，寿险业不仅能保障民众安全，而且在金融市场上也有重要作用。原因在于寿险资金不会像银行资金一样受经济发展的影响出现挤兑风险，即使出现死亡事故需要赔付，也有调查时间来做好准备。故在银行业需要用钱周转之际可以借钱给银行，以缓解银行的燃眉之急。⑤

第五，准备退休基金。郭佩贤、⑥ 李心毅均认为，职员在工作的时候，公司可以从他们的薪金中提出一部分资金，用来购买人寿保险，"如其年老力衰，不能工作，则可将此保费提出，以为养老之用，如不幸而死亡，则又可将此保费为其家庭之生活赡养费。"⑦这样通过建立退休基金，公司加强员工的福利待遇，以确保员工能尽心为公司创造更多价值。

---

① 郭佩贤. 人寿保险的效用[J]. 银行周报, 1933, 17(49)：15.
② 郭佩贤. 人寿保险的效用[J]. 银行周报, 1933, 17(49)：15.
③ 郭佩贤. 人寿保险的效用[J]. 银行周报, 1933, 17(49)：13.
④ 郭佩贤. 人寿保险的效用[J]. 银行周报, 1933, 17(49)：16.
⑤ 翟温侨. 寿险公司在金融市场之地位[J]. 银行周报, 1936, 1(1)：37-41.
⑥ 郭佩贤. 人寿保险的效用[J]. 银行周报, 1933, 17(49)：16.
⑦ 李心毅. 人寿保险在今日之重要[J]. 商学丛刊, 1935(创刊号)：174.

（三）人寿保险的宏观效用

人寿保险的宏观效用主要体现在对社会和国家两个方面。

1. 人寿保险对社会的效用

第一，维持社会安宁。学者们大多认为，人寿保险可以保障个人健康、家庭幸福、实业发展，从而促进社会稳定。例如，李心毅认为，人寿保险有助于保障遇意外危险者，以及养成储蓄的习惯，"人人有储蓄，个个有资金，则可造成社会均富，无阶级悬殊之弊；保险公司事务纷繁，用人极多，又可容纳多数人材，可使失业者减少，促进社会之安宁"。① 张似旭认为，人寿保险"对于劳资问题的解决及维护社会的安宁，实为不浅"。② 沈雷春同样表示："人为家庭之原素，社会复由家庭组织而成，投保寿险者既众，则安居乐业者自多，民众之生活安定，则家庭自趋于健全之域，而社会亦自臻安宁矣。"③

第二，清弥劳资纠纷。郭佩贤指出："团体人寿保险是雇主关心雇员及其家庭经济幸福的表现，雇员如不幸身故，公司继续发给薪金，至相当时期为止，使得它的家属可以从容应付环境的变迁，而毋须仰仗雇主的救济施舆"。④ 宁绍不仅分析了劳资纠纷的焦点，还以欧美各国为例来说明团体人寿保险可以使雇员无忧，安心办事，消灭劳资纠纷。⑤

第三，提高妇女的社会地位，减少儿童夭折。宁绍认为："人寿保险最大之功用，即为保障生产能力，使女界同胞之依赖丈夫而生活者，不受人事兴亡之甘苦，亦即增高妇女地位之切实办法也"。⑥ 同时，郭佩贤还以美国保险公司的赔付为例来说明人寿保险与妇女经济地位具有一定的联

---

① 李心毅. 人寿保险在今日之重要[J]. 商学丛刊，1935（创刊号）：172.
② 张似旭. 人寿保险制度的研究[J]. 大夏，1934，1(4)：44.
③ 沈雷春：人寿保险学概论[M]. 上海：现代书局，1934：29.
④ 郭佩贤. 人寿保险的效用[J]. 银行周报，1933，17(49)：17.
⑤ 宁绍. 人寿保险之任务与价值[J]. 寿险季刊，1933，1(2)：17.
⑥ 宁绍. 人寿保险之任务与价值[J]. 寿险季刊，1933，1(2)：18.

系。① 李心毅也认为,投保人寿保险可以改善妇女儿童的生存环境,"若人寿保险普及,其依靠之男子,早已保险,则虽遇意外,此类妇女可将其赔偿金以为生计费用,决不至于堕落或死亡,又无父母之孤儿,可入保险公司所办之慈善机关以供养,亦不致夭折"。②

2. 人寿保险对国家的效用

第一,调剂国民经济,促进国家建设。李心毅、郭佩贤、陈景枢对此作了较多论述。李心毅谈道:"一国人民,自然贫富不均,若夫人寿保险事业发达,个个充分了解保险利益,人人寓保险于储蓄,则国内将无赤贫,国家经济基础,于焉可固。"③郭佩贤认为,"我们如想挽救今日中国经济的末运,实以集中资本,发展事实为唯一途径"。④ 陈景枢认为,人寿保险公司作为金融集中机关,应以其聚集的游资,"从事于建设铁道,公路,开辟沃野,经营之,耕种之,开拓之,尽其物质之效能,启其天然之富源"。⑤

第二,增进民族健康。人寿保险公司,对于人生寿命的长短,有深切而专门的研究,他们还将研究结果公布于众,这样社会人士,就可以从中受益了。李心毅表示,由于人们的死亡率减少,会使得保险公司的赔偿减少,因此,"公司广事宣传,极力提倡普遍卫生,一方固利于公司,而他方促进国民健康之功不小,于国于民,利莫大焉"。⑥

第三,增厚军备,抵抗侵略者。在当时特殊的历史条件下,陈景枢认为,人寿保险能起到特别效用,他表示:"惟同时亦能以一部分之款项来收买国家公债,政府收入得增加,然后间接利用此项游资来增厚军备,抵抗侵略者,若如此,则虽在今日无公理之世界中,即不致受人胁迫"。⑦ 在

---

① 郭佩贤. 人寿保险的效用[J]. 银行周报,1933,17(49):17.
② 李心毅. 人寿保险在今日之重要[J]. 商学丛刊,1935(创刊号):173.
③ 李心毅. 人寿保险在今日之重要[J]. 商学丛刊,1935(创刊号):171.
④ 郭佩贤. 人寿保险的效用[J]. 银行周报,1933,17(49):17.
⑤ 陈景枢. 人寿保险价值与吾国经济之关系[J]. 商学丛刊,1936,2:179.
⑥ 李心毅. 人寿保险在今日之重要[J]. 商学丛刊,1935(创刊号):172.
⑦ 陈景枢. 人寿保险价值与吾国经济之关系[J]. 商学丛刊,1936,2:175.

他看来，政府鼓励发展人寿保险事业，可以将其当作一个抵抗侵略者的新工具。

第四，强固国民的团结力。保险事业，是将个人利益与国家的整体利益联系在一起，从国家角度出发，它可以增强国民的团结力，巩固国家基础。陈景枢认为："保险事业，于个人社会之利益，从国家之立场而论，为一种必须要之制度，但毕竟寿险制度为国民团体心之涵养，并为国家之基础强固计，不可或缺者也。"①

二、关于人寿保险种类设置的研究

人寿保险种类繁多，分类标准不同，其种类有所不同。学者们则重点研究了定期保险、终身保险、限期缴费保险、生死合险、分期赔偿保险、联合人寿保险和年金。

（一）定期保险

关于定期保险的时长，王效文认为，其不宜过长也不宜过短。张伯箴则表示："投保人虽能于期满之后，再行换约，但保费却要较前为高，因为投保人的年岁已随自然率加大了。关于这种保险，通常都不使其期限太长或太短，总以五年、十年、十五、或二十年为期"。②

定期保险的利益归纳起来，主要体现在以下几个方面：

第一，保费较少，获利极大。张伯箴认为，定期保险适合个人收入甚微，而又需要巨资以维持家用的人们。他以青年为例对此作了说明："比如一个青年，在他刚刚开始经营某项实业时，收入当然不大，同时他家人的生活，又需他来维持。假使他忽焉逝世，不但他的实业不得经营，而家人的生活，也要成为问题。因此他只有到保险公司保险，以为预防。可是他的收入又有限，当然不能去投保别种保险，因为别种保险费，都比定期

---

① 陈景枢. 人寿保险价值与吾国经济之关系[J]. 商学丛刊，1936，2：175.
② 张伯箴. 保险学 ABC[M]. 上海：ABC 丛书社，1929：20.

保险的保费为高；且又因他将来有发展的可能，所以只适宜投保这种带有暂时性的定期保险。"①

第二，免除忧虑。张伯箴用详例对定期保险在该方面的作用作了具体说明，"比方有一个公司，因为要新来计划一种工程，特去聘用一个专门技师。但是这个工程，不是一时可以计划完的，非经数年的光阴不可。假使这个专门技师于工厂未竣以前，突然死去，那公司的损失必大。所以公司为免除这种忧虑计，最好是去代他投保定期保险，以防不测。庶乎将来就有这种事发生，公司也不至因而受损。"②由此看来，对于公司的重要员工，可为其投保寿险，这样就可以弥补因其死亡而给公司带来的损失。

第三，提高信用。对于个人而言，投资于定期保险可以提高投保人在借款时的信用，"比方有一个人要来创始一种企业，想找人借一批款项做资本，但是这个债务人，因恐在他的企业未及完成之前，忽而逝世，则这笔债款的担负，就要累及他的家属；或者又恐债权人不相信他的信用，不肯把钱借给他。所以他为免除这个忧虑起见，去投保定期保险，约定债权人为受益人。这样，则他就于期内死了，也累及不到他的家属，同时也不怕债权人不相信他，因为债权人的款项，有保险公司代他赔款去了"。③

定期保险的弊害主要体现在以下几个方面：

第一，取费廉则保障短。学者们普遍认为，定期保险的保障具有暂时性，期满之后所获甚少。如张伯箴认为："定期寿险是带有暂时的性质，投保者如过犹存，他只能取得他原来付给保险公司的保费外，再别无所得。"④

第二，保费随年龄的增加而增大。张伯箴指出，投保人在初次买保险时，一般是处于收入极微的状况，但是为了免除暂时的危险，所以只好购买这种保费甚微并带有暂时性的定期保险。"但是有很多人常常经过他所

---

① 张伯箴. 保险学 ABC[M]. 上海：ABC 丛书社，1929：21.
② 张伯箴. 保险学 ABC[M]. 上海：ABC 丛书社，1929：21.
③ 张伯箴. 保险学 ABC[M]. 上海：ABC 丛书社，1929：22.
④ 张伯箴. 保险学 ABC[M]. 上海：ABC 丛书社，1929：22.

预定的期间,还是不能达到他的希望,他便来予以检查,改订别种保险契约,以防其后。这时因他的年岁加高,别种保费更算得要大,反而还增加了他的负担;如果他不续保,那就又失去保险的真义,因为人的年岁越是加高,保险越是重要。"①所以,随着年龄的增大,续保定期保险并不能满足人们的需要。

(二)终身保险

终身保险是指保险契约上不限一定的时间,只要被保险人死亡,即保险中止,而保险公司向其赔偿保险金。关于这种保险的性质,张伯箴认为:"投保这种保险的人,多不是为着自己,全是为靠着他而生活的家属的福利。"②沈雷春指出,终身保险,"纯粹以死亡保险为目的,全为靠其生活之家庭谋福利,被保险之自身毫无益惠也。"③关于终身保险的给付方式,张伯箴指出:"关于这种保险的付法,没有一定,有定为一年一付、半年一付、或一季一付的。保费也不见高,前后都差不多相同。假如投保人一死,保金可随受益者的意思,整付分付均可。"④

终身保险与定期保险相比,其利益主要体现在以下四个方面:

第一,保费低廉。张伯箴谈到,社会上有很多人,每年或每月的收入都很有限。比如工厂里的工人们以及小贩们的收入,仅仅能够维持家中妻子、儿女们的简单生活,根本没有多余的钱强迫自己储蓄,或付较高的保费。若他们忽遭不测,则他们的妻儿马上就要受饥寒的痛苦。所以他们唯一的办法,就是投保终身保险。因为终身保险的保费低廉,并且不论投保人何时死亡,保金都可以全部给付。他以美国的保险费为例来说明终身寿险的保费低廉。"在美国的保险公司中,凡在二十五岁的人,去投保终身保险一千元,他每年只需缴保费十九元,三十岁的,缴二十一元八角,三

---

① 张伯箴. 保险学 ABC[M]. 上海:ABC 丛书社,1929:23.
② 张伯箴. 保险学 ABC[M]. 上海:ABC 丛书社,1929:23.
③ 沈雷春:人寿保险学概论[M]. 上海:现代书局,1934:34.
④ 张伯箴. 保险学 ABC[M]. 上海:ABC 丛书社,1929:23.

十二岁的，缴二十五元四角五分。再看同额二十年限期缴费保险的保费如何。凡年在二十五岁的，每年需缴二十六元七角五分，三十岁的，缴二十九元七角，三十五岁的，缴三十三元二角八分。这一看就知道相差很远。"①

第三，可以同时储蓄。定期保险，不但在保险期内，没有额外的利息可以供给，并且于保险期满而投保人未死，除了自己的保费外，别无所得。但终身保险不同，"如投保者在起初以平均缴费的办法，所缴的，要多于实值，到后来，则所缴的要少于实值"，② 公司之所以采取这种办法，是因为担心投保人到后面无力缴付渐高的保费，于是就把保费平均起来。而对于投保人起初所多缴的费用，公司就代为保存，当作准备金，并且给投保人支付复利。

第四，有退保费的权利。在定期保险中，凡投保者要求中途退保，公司是一律不退还保费的。张伯箴谈到，在终身保险中，投保者有退保的权利，并且能领回一定数量的保费。

终身保险在很多方面弥补了定期保险的弊害，但这并不意味着终身保险没有弊害，终身保险唯一的弊害就在于投保者要终身缴付保费。但是对于这种弊害，张伯箴认为是可以补救的，"比如投保者或因境况变迁，不愿继续受保，公司可以将每年所得的溢费归还受保人；如果不要公司归还，要求改订契约，改为保费付足的保险，把以前溢付的保费，当作已缴的保费也好；或者是不来改订契约，只拿溢付的保费，当作终身保险一次付足的保费，而仅将保金的数额减少，也是可以的"。③

(三) 限期缴费保险

限期缴费保险的原则与终身保险的原则相同，保险金的给付，也是以死亡为条件。所不同的是，终身保险的保费需要终身缴付；而限期缴费保

---

① 张伯箴. 保险学ABC[M]. 上海：ABC丛书社，1929：24.
② 张伯箴. 保险学ABC[M]. 上海：ABC丛书社，1929：25.
③ 张伯箴. 保险学ABC[M]. 上海：ABC丛书社，1929：26.

险的保费有一定的期限。这种保险限定缴费的期限，大概可分为十年、十五年、二十年。

限期缴费保险的保费在一定期限内虽缴纳得多，但仍然有很多人选择这种保险，这是因为这种保险有很多益处，其利益归纳起来有以下三点：

第一，可免除年老而生产力薄弱时的负担。张伯箴表示，25~40岁为人的生产力最旺盛的时期，"在这个生产能力较大，钱容易赚得时，去多负一点保费，庶可免年老而生产能力较薄时的负累。"[①]由此看来，若在生产力旺盛时期多赚钱，就可以投资限期缴费保险，从而免除年老时的负担。

第二，可以同时储蓄备作提用或另用。张伯箴认为："终身保险可以同时储蓄，而限期缴费保险，也可以同时储蓄。并且因公司所收实值的溢费，比较终身保险所收的溢费大，所以现金值溢收之费也就较多。现金值多，则储蓄的结果必丰。投保者如果中途退保，这宗款项，现金值可给投保者提出应用；或改订他约时，当作已缴的保费。"[②]

虽然限期缴费保险的储蓄程度较终身保险更高，但是这种保险由于保费极高，并不是很实用。张伯箴举例道："比方一个青年职业家，因为收入不大，要求得有暂时的保障，当不必出此巨费去投保这种保险，他可以去投保那种保费极低的定期保险；如果是有财产收入的人，也不必靠保险公司来代他积蓄，他可以用别种方法积蓄，也还是一样，或者利益还要来得多。"[③]

（四）生死合险

生死合险将生存与死亡两者混合，被保险人与保险公司约定为保险期，在约定期内，被保险人死亡，公司固当赔偿其损失；被保险人生存，公司同样支付保险金。关于生死合险的期限，大概分为10年、15年、20

[①] 张伯箴. 保险学 ABC[M]. 上海：ABC 丛书社，1929：28.
[②] 张伯箴. 保险学 ABC[M]. 上海：ABC 丛书社，1929：28.
[③] 张伯箴. 保险学 ABC[M]. 上海：ABC 丛书社，1929：28.

年、25 年或更长的年限，或者是订定到 60 岁、65 岁或 70 岁为满期的。张伯箴认为，凡订短期契约的，大多含有储蓄的用意；订长期契约的，是含有防老的作用。

关于生死合险的保费给付方式，可分为一年一付、半年一付、一季一付或限期缴付。张伯箴谈到，若投保 30 年生死合险的，缴费可在 20 年之内付清。关于保费之数额，他认为："投保人每年应缴的保费，除长期的略高于终身保险的保费外，其余的都有超过很远了。"①

生死合险的保费虽高，但其效用也大，主要体现在以下两个方面：

第一，鼓励储蓄。张伯箴认为："生死合险既不问投保者于契约期满或生或死，公司概行偿还他以前付出的保费。所以他一而不失其保险的真义，同时又可以储蓄余款，以供后来的应用。"②

第二，可作为特别用途。从个人方面而言，生死合险有购置住宅的功用。张伯箴以具体实例表示："如某人因购置住宅，借了他人一宗款项，但某人不知于债务未还清以前，有无死亡的危险。故去投保生死合险，以为预防。假如他幸而不死，当可按期还清债务；即不幸中途死亡，也不至累及家属，因为有保金可得，去清还他生前的债务。"③从实业方面而言，生死合险可作为公司发行债务之担保，也可为生产能力之增加。张伯箴谈道："某公司因借一人的信用，发了一宗债券，该公司也可代那个人去投保这种保险。则那个人将来或生或死，公司还是可按期收回债券的。"④由此看出，生死合险有一举两得的功效。

(五) 联合人寿保险

联合人寿保险是指二人或二人以上联合向保险公司投保，一人身死，

---

① 张伯箴. 保险学 ABC[M]. 上海：ABC 丛书社，1929：30.
② 张伯箴. 保险学 ABC[M]. 上海：ABC 丛书社，1929：31.
③ 张伯箴. 保险学 ABC[M]. 上海：ABC 丛书社，1929：32.
④ 张伯箴. 保险学 ABC[M]. 上海：ABC 丛书社，1929：32.

则保险金归于其他生存者。沈雷春指出:"凡终身保险、定期保险、储蓄保险,皆可采用此种原则,其用于终身保险者,则无论期内一人死亡,用于储蓄保险者,无论期满人俱生存,则保险者必负赔偿之责。至于赔偿,则一次或分期均可……联合人寿保险适用于夫妻之有共同收入者,以为子女之保障,裨益于家庭匪浅。"①

关于联合保险保费的计算原则,张伯箴认为,主要有两个方面:一是因多数人联合保险,至少有两个可死的机会,所以若保险金额与个人保险金额相同,其保费也应比个人所缴的要大;二是不管被保险人中有几个人死亡,因公司赔偿保金只有一次,所以联合保险的保费,应比各个保费的总和数目小。他还举例说明:"比如有两个人,一个年二十五,一个年三十,去投保终身联合保险,保费为三十二元一角六。但据前表,二十五岁个人单独保险的保费是十九元,三十岁的,二十一元八角,合共四十元零八角"。② 也就是说,联合保险的保费比个人的保费大,同时却又比各个保费之和的数目小。

三、关于人寿保险的金融思想

(一)朱斯煌的人寿保险信托思想

人寿保险信托是一种建立了人寿保险索赔的信托财产,保险人作为委托代理关系的主体,指定信托公司进行保险金的委托管理,一旦保险事故发生,信托公司收取的保险赔偿金将被交付给指定的受益人,或者不立即以全额交付受益人,而是对留存金额进行科学化的投资管理和使用。国民政府前期,人寿保险业在西方先进信托理论的基础上,进行了一定的经验探索。其中对人寿保险信托论述较多的是朱斯煌,其信托思想主要体现在人寿保险信托的功效、种类及其特点三个方面。

---

① 沈雷春.人寿保险学概论[M].上海:现代书局,1934:49.
② 张伯箴.保险学 ABC[M].上海:ABC 丛书社,1929:34.

1. 人寿保险信托的功效

朱斯煌认为,人寿保险信托可以避免受益人突然得到巨款钱款而浪费无度和投资不当,从而归于失败。开展人寿保险信托,投保人或者保险受益人可以委托专门的信托公司来保管保险单或者代为缴纳保险金,避免因单证丢失或未能及时续费而丧失保险权利。同时保险公司还能"代领赔款,分配赔款,或代保管运用,及办理寿险赔款后种种之善后事务。"①

2. 人寿保险信托的种类

在当时世界范围内,朱斯煌认为人寿保险信托的种类大致可以分为四种:②

第一,被动信托。被动信托在当时是较为典型的信托业务,主要方式是"委托人生前将保险单之权利,移转于信托公司,并由信托公司保管是项保险单,一俟委托人去世,信托公司即向保险公司索得赔款,依据信托契约,分配赔款于受益人",③ 这种信托主要是为保险人代为保管保险单证,在出险时向保险公司进行索赔并完成所得赔款的分配事项。

第二,不代付保费信托。朱斯煌认为,这种信托"与上述被动信托相同,惟信托公司收得赔款后,不以之分配与受益人,乃将赔款妥善管理,作为殖利之本金,以所得利益,分配与受益人,俟一定信托期限完了后,始将本金交付于受益人"。④

第三,代付保费信托。对于这种信托方式,朱斯煌认为,其主要特点是"委托人生前除将保险单之权利,移转于信托公司,并代保管保单外,又将一定金额之证券或资金,交存于信托公司,以证券或资金之收入,托信托公司按时缴付保险费"。⑤

第四,累积保险信托。相对于前三种信托方式,这种保险信托方式

---

① 朱斯煌. 人寿保险信托[J]. 信托季刊, 1936, 1(3): 101.
② 朱斯煌. 人寿保险信托[J]. 信托季刊, 1936, 1(3): 100.
③ 朱斯煌. 人寿保险信托[J]. 信托季刊, 1936, 1(3): 100.
④ 朱斯煌. 人寿保险信托[J]. 信托季刊, 1936, 1(3): 100.
⑤ 朱斯煌. 人寿保险信托[J]. 信托季刊, 1936, 1(3): 100.

"委托人除照例将保单之权利移转于信托公司,并代保管保单外,并将一定金额之证券或资金,交存于信托公司,以证券或资金收益,托信托公司代付保费"。①

3. 人寿保险信托的特点

通过对人寿保险信托的功效、种类方面的分析,区别于其他商业信托模式,学者们认为人寿保险信托的特点主要体现在以下几个方面:

第一,避免保险权利失效。在当时,由于经济社会动荡不安,经常出现保险人因保险单遗失破损或未能按期缴费的情况,而导致丧失保险权利的情况,因此朱斯煌指出:"此为信托公司对于委托人生前之服务,惟代付保费信托,及累积保险信托,始能达此目的"。②

第二,增加委托人的财产。通过对委托人生前所持有的资产进行科学的组合投资,以购买债券、投资股票等理财的方式,能够使委托人的财产不断增值。

第三,免除浪费及其他损失。朱斯煌认为,在委托人出现不测身亡之后,所获得的大笔赔款往往会因为受益人短时间挥霍无度而造成大量浪费和损失,人寿保险信托正可以避免这种情况。③

第四,聚集多数保单合并管理。朱斯煌认为,人寿保险信托公司往往聚集了大量的人寿保险信托关系,管理众多的信托关系,往往需要将这些保险单进行合并管理,对其进行科学合理的保管。④

(二)人寿保险与金融市场之关系

1. 货币价值变动与人寿保险的关系

第一次世界大战以后,欧洲各国为防止资金的流出,缓解财政危机,扭转国际收支逆差,纷纷废除金本位制,滥发纸币,造成纸币贬值严重,

---

① 朱斯煌. 人寿保险信托[J]. 信托季刊, 1936, 1(3): 100.
② 朱斯煌. 人寿保险信托[J]. 信托季刊, 1936, 1(3): 112.
③ 朱斯煌. 人寿保险信托[J]. 信托季刊, 1936, 1(3): 104.
④ 朱斯煌. 人寿保险信托[J]. 信托季刊, 1936, 1(3): 105.

给债权者带来了极大的损失。部分学者认为,货币贬值是世界大势所趋,银行存款、有价证券投资等所有一切货币交易都会受到影响,对生命保险有影响也属正常,没有特别进行考虑的必要。基于此,翟温侨探讨了货币贬值给生命保险投保者带来的影响。但他认为,生命保险期间长达几十年,不同于银行存款、有价证券等,其间货币价值的变动趋势难以预测。"现在生命保险之给付和反给付,俱以货币定之,以故在币值变动时,尤其在币值暴落时,投保人或其受益人,俱不免受其损失",① 如若货币严重贬值,由于保险契约对投保人中途退保进行了限制,投保人中途若撤销保险,将对投保人极为不利,不同于银行存款或有价证券投资是中短期的,可及时交易,"其所受之影响,固不及生命保险远甚"。② "丈夫为其妻子在二十年前投保生命保险,孰知其寡妇所得之赔款,按购买力而计算,还不得二十年前之三分之一"。③

同时,翟温侨认为,货币贬值也会给寿险公司带来不利影响。根据我国保险法草案有关"保险业资金及责任"(第十一条)的规定,保险业资金及责任准备金运用在不动产上的投资不得超过总资产的1/3,其余资金可投资于银行业存款、有价证券等,也就是说当货币发生贬值时,存款与有价证券获益的可能性是很小的,公司能够获利的部分仅剩这1/3的不动产投资,收益非常有限。一般情况下,寿险公司为减少货币贬值的危害,通常会采取两种办法:①分红保险,即将寿险资金中运用于不动产投资所获得的利益向分红保户分红;②保单借款,即保户可将保单向保险公司进行抵押,所获得借款用于购物或投资,以避免在将来货币贬值时得到的保险金购买力低下。但是这种方法存在一定的局限,因为能够以保单抵押借款的保户仅是一部分人,而这部分保户中只有更少一部分能够把握时机,在货币贬值前借入、货币贬值后还款,从而减少或免除影响,故此方法能起到的作用较小。因此,相较而言,只有分红方法较为可行。

---

① 翟温侨. 货币价值之变动与人寿保险[J]. 保险季刊, 1936, 1(2): 38.
② 翟温侨. 货币价值之变动与人寿保险[J]. 保险季刊, 1936, 1(2): 38.
③ 翟温侨. 货币价值之变动与人寿保险[J]. 保险季刊, 1936, 1(2): 37.

翟温侨建议，寿险公司的投资中可增加股票投资，减少债务投资，因为股票代表公司的实际价值，货币虽贬值，但公司的价值不会因此发生变化，这样可以保证保险公司资产的收益稳定性。

总体来说，翟温侨分析的人寿保险与货币价值变动之间的逻辑关系，对当时保险业的发展也具有一定的现实意义，其提出的建议，在当时动荡的社会环境，货币价值变动较大的情况下有一定的道理，但在现在的金融市场是不可行的，目前中国货币虽然存在贬值的现象，但总体来说是温和的通胀，而股票市场风险大，收益无法预测。

2. 人寿保险业在金融市场的地位

翟温侨对寿险交易的性质、寿险公司的属性，以及寿险公司在金融市场的地位进行了详细说明。

首先，"寿险交易为金融交易"。① 翟温侨指出，可将金融交易定义为存放款等通货时期的交换、通货地理的交换（如汇兑）、货币种类的交换（如外汇）等。基于此，他认为，投保人投保寿险，缴纳保费换得将来的保障，以现在的货币流出换取将来的货币流入，其实质正是通货时期的交换，所以寿险为金融交易。众所周知，交换远期的货币是以利息付出为基础的，保险表面上看起来没有利息，但实质上也是有利息的，只不过投保人缴纳保费所应得的利息，因寿险公司分担风险、提供保障而被抵消。在寿险中，个人所缴纳的款项与其所领取的数额不均等，但就整体投保人而言则是均等的，翟温侨认为，这是由保险以多数之力救济少数不幸的性质所决定的。

其次，"寿险公司为金融机关"。② 翟温侨认为，金融机关有两种，一种是运用他人所有之资本的金融机关，如银行；另一种是运用自有资本的准金融机关，如当铺。从这个意义上说，寿险公司收取保费，用他人所有的资金进行投资，为投保人提供保障，正是金融机关的表现。

---

① 翟温侨. 寿险公司在金融市场之地位[J]. 保险季刊, 1936, 1(1): 36.
② 翟温侨. 寿险公司在金融市场之地位[J]. 保险季刊, 1936, 1(1): 36.

最后，寿险公司在金融市场占有重要地位。一是日本有学者认为银行是短期金融机关，信托公司是中期金融机关，寿险公司是长期金融机关。二是"德国保险学家汉斯谓寿险公司在显示经济发展之社会，不单止于保险之活动，且在金融市场之地位，与储蓄银行及存款银行，立于同等地位"。① 之所以说寿险公司是长期金融机关，是因为寿险公司收取保费的依据，是按照平均保险费而非自然保险费，而自然保险费是依各年龄段死亡率的不同而不同。一般随着年龄的增加，死亡率也会随之增加，收取的保费也会越来越高。平均保险费则是根据每年的自然保险费之和，用年金的方法计算出平均应缴纳的保费。这就会导致一个问题，最初收取的保费必定会超出应当缴纳的自然保费，也就是说，最初缴纳的保费中有一部分需要留存并获得收益，从而用来补偿将来的事故，这部分资金在保险中称为责任准备金，公司可以将这部分资金存储生利，用以长期投资。

银行业是短期金融机关。对银行而言，首先，其存款大多以两年期为主，聚集成巨额资金实属不易；其次，储户可以随时提现，银行不可进行长期投资。即使是投资于有价证券等较易变现的资产，也会存在风险，若这笔巨额的资金用来购买有价证券，一旦出现挤兑风险，大量的有价证券一时难以变现，即使变现也会给市场金融资产的价格带来波动。

长、短期资本在金融市场中都不可或缺，如果一国中只有短期资本，依照短期资本追逐金钱的特性，短期资本会随着利息率的高低而流动，极不稳定，该国产业就会无法得到发展。翟温侨认为，只有当存在长期资本时，即使短期内国际收支仍然是逆差，但是随着本国产业的发展，这一局势就会得到扭转。寿险业不仅能保障民众安全，而且在金融市场上也有重要作用，寿险资金不会像银行资金一样受经济发展的影响出现挤兑风险，即使出现死亡事故需要赔付时，也可借助调查时间来做好准备。故在银行业需要用钱周转之际，它可以借钱给银行，以缓解银行的燃眉

---

① 翟温侨. 寿险公司在金融市场之地位[J]. 保险季刊, 1936, 1(1): 37.

之急。

四、关于简易人寿保险的思想探索

1930年,南京国民政府成立了国营性质的邮政储金汇业局,开始探索开办简易人寿保险的道路,1935年5月18日,国民政府颁布了《简易人寿保险法》,同年12月1日,邮政储金汇业局正式开办简易人寿保险业务。简易人寿保险在寿险业中占据了重要的一席,为国民政府前期的寿险事业作出了重要的贡献。

(一)简易人寿保险的概况

作为一种舶来产业,民族保险业的发展不可避免地要借鉴国外先进的理论知识和丰富的实践经验,因此简易人寿保险的开办同样需要将国外的简易寿险经验与国内实际情况相结合,发展出适合中国国情的简易人寿保险业。

1. 简易人寿保险的国外发展

小额人寿保险在欧美各国称为工业保险,在日本称为简易寿险,中国借鉴日本,也称之为简易寿险。小额人寿保险的前身可追溯至希腊时代的友谊会、罗马时代的殡葬组织以及德国的各种共济组合,它们都是人们为了互助共担风险而组织设立的。19世纪末,英国工业保险公司创设了现代意义上的简易寿险,发放工业寿险保单。后该保险公司与保慎保险公司合并,经过几十年的发展,效果显著,各国开始争相效仿。美国国内经济恐慌,许多家庭因一家之主丧生而流于困苦,而各种共济组织因经营不善而使投保人蒙受损失,加上英国工业寿险的良好反响,美国保慎保险公司、首都寿险公司、约翰克寿险公司相继开始发放工业寿险保单,举办简易人寿保险,此三大保险公司逐渐执美国工业寿险之牛耳。

英国是最早开办简易寿险的国家,1864年,英国通过了财政大臣格勒特史东(Gladstone)提出的《邮政局局营保险案》。1892年,德国最大的维多利亚寿险公司开始兼营简易寿险,"于欧战后期之1917年,德国之经营简易寿险者,计有十一股份有限公司,三大相互公司,契约件数,竟达五百万件。自1911年以来,各地均有公立生命保险所之设立"。① 张梁任指出:"简易人寿保险之由来,良有以也。即欧美各国,亦莫不以济弱扶贫,为当务之急。其历史之早,首推英国,美德日次之,而尤以日本为最完备,自来即由国家经营"。② 王辅宜③、徐柏园都谈到了简易人寿保险在国外的发展,徐柏园认为:"此种保险,在英美名为工业保险,在法兰西名为通常保险,在日本名为简易保险"。④

明治维新后,日本文明程度能与欧美并驾齐驱,其保险业也进入新时代。世界各国由政府所办简易人寿保险事业,成绩最佳者为日本。1916年11月1日,经10多年的准备,日本政府正式开办简易人寿保险,分为终身寿险与养老保险两种,并由交通部为主管机关,负责简易人寿保险的监察和推广,截至1933年9月,其简易人寿保单约有2200万件,有效保额总计约28亿日元,每月可收保费约1800万元;且据近期统计,日本人民中保有此险的约占30%。⑤ 至1934年,"契约件数共二千一百三十五万余件,保险金额达日金二十八亿余元,每月保费收入,平均七百三十六万余元,其进步之速,殊堪惊人"。⑥ 由此可见,日本简易人寿适应于该国的经济,加上受国外的影响而创设,由邮局开办,虽开办时间晚,但发展迅猛,规模之大、金额之多,为各国之最。

在简易寿险具体开办方式上,以日本与欧美各国为代表分为两种,其具体区别如表4-2所示。

---

① 张梁任. 我国之邮政简易人寿保险[J]. 交通杂志, 1936, 4(3): 90.
② 张梁任. 我国之邮政简易人寿保险[J]. 交通杂志, 1936, 4(3): 90.
③ 王辅宜. 邮政简易人寿保险制度之创设[J]. 交通杂志, 1932, 1(2): 91.
④ 徐柏园. 筹办邮政简易人寿保险之经过[J]. 交通杂志, 1934, 2(11): 40.
⑤ 张明昕. 保险讲座:日本寿险业务概况[J]. 人寿季刊, 1935(9): 23.
⑥ 张梁任. 我国之邮政简易人寿保险[J]. 交通杂志, 1936, 4(3): 91.

表 4-2　日本简易寿险与欧美各国工业寿险的区别与联系①

-	-	日本	欧美
不同点	名称不同	简易人寿保险	工业寿险
	经营主体不同	国营	民营
	投资方向	以投资公众事业为主	逐利性，以获取高收益为标准
	经营目的	非盈利	获得盈利
相同点：①开办寿险的公司会计核算都是独立的；②都大力提倡完善保健设施。			

2. 简易人寿保险在我国的创设

邮政储金汇业局开设简易人寿保险业务之前，我国的福建、广东就兴起了一些经营人寿小保险的公司，如福建的福星人寿小保险公司。这类小保险公司所经营的寿险手续简便，保费较低，但这些人寿小保险公司并不规范。为了适应当时中国民众的需要，我国开始探索创设简易人寿保险，这是因为"①人寿保险对于个人及家庭，较任何种保险为重要。②普通人寿保险不合于全国大多数人民之经济力量。③普通人寿保险公司，皆设于通都大邑，不能普及于全国民众"。② 在邮政储金汇业局的努力下，1935年3月1日，国民政府颁行了《邮政储金汇业局组织法》，其中第十一条规定，邮政储金汇业局的营业业务之一为简易人寿保险。同年12月1日，我国简易人寿保险正式由邮政储金汇业局先行开办，并在上海总局与南京、汉口分局开始营业。自1937年起，在江苏、浙江、安徽、江西和湖北、湖南等各个邮区设立管理局，截至1937年年底，办理简易寿险业务的邮局已经达到290多处。

我国简易人寿保险参照日本的经验，也分为两种：终身保险和养老保

---

① 张明昕. 简易寿险与社会保险[J]. 保险季刊, 1936, 1(2): 24-36.
② 张明昕. 简易人寿保险制度创设之经过及由邮政经办之理由[J]. 保险季刊, 1937, 1(3): 43.

险。张梁任、① 王辅宜都谈到了简易人寿保险的种类问题，王辅宜认为："终身保险之保险金，于被保人死亡时，给付之，养老保险之保险金，于契约所定期间届满，或期间未满，而被保人死亡时，给付之。前者纯粹为死亡保险；后者则属于一般所谓混合保险"。②

(二) 简易人寿保险的基本原理

1. 关于简易寿险与社会保险、人寿保险的区别与联系

(1) 简易寿险与社会保险的关系。

张明昕在《简易寿险与社会保险》一文中指出社会保险包括疾病、负伤、生育、残疾、养老、死亡、失业等；小额人寿保险，又称简易寿险，"为社会保险之一种，其目的同为安定人民生计，实现社会政策，都是起到补偿人民因意外、疾病、残废等所受薪资之损失，保障死者家庭之经济的作用。"③二者并行不悖、张弛有度，其目的都在于安定国计民生，只是在具体用途和实行办法上有所区别。④ 可以说，简易寿险与社会保险的实质相同，具有为投保者的生存与死亡提供保障的作用。

(2) 简易寿险与普通寿险的关系。

简易寿险相较于人寿保险，主要有以下五个不同的地方。①简易寿险的保费与保金都较人寿保险低。这与简易寿险的创办宗旨有关，简易寿险致力于为中下级人民谋福利，保额过大则不适应于其经济状况。②简易寿险缴纳费用期限短。以适应一般民众之经济力量为原则。普通寿险收取保费，多按年缴取，为数大。③为防止因免验身体致使病弱者投保以索取保费，从而使公司蒙受损失，简易寿险对赔付的条件作了严格的限制。简易寿险规定投保两年内死亡者不给付全部保额，此为避免不验身体的情况下有身体衰弱者加入。④简易寿险由保险人收取保费。简易寿险多为按月或

---

① 张梁任. 我国之邮政简易人寿保险[J]. 交通杂志，1936，4(3)：25.
② 王辅宜. 邮政简易人寿保险制度之创设[J]. 交通杂志，1932，1(2)：92.
③ 张明昕. 简易寿险与社会保险[J]. 保险季刊，1936，1(2)：24-25.
④ 张明昕. 简易寿险与社会保险[J]. 保险季刊，1936，1(2)：24-36.

按周缴纳保费，派遣专门保险人收取，既可以不影响投保人的工作生活，又可以防止保户投保后不缴纳保费而造成契约失效。⑤人寿保险以保额定保费，而简易寿险是依据保费大小来定保额。

2. 简易人寿保险的效用

简易人寿保险的对象为中产以下的大多数人民，保额小，保费低，一般民众均有参加的机会。简易人寿保险的目的在于安定人民生活，增加社会福利，而不在于牟利。简易人寿保险带有社会保障的性质，是现代社会事业之一，其效用主要表现在以下三个方面：

第一，安定生活。简易人寿保险的第一作用在于安定人民的生活，减少人们对于未来生活的忧虑，以增加人民工作的效能。陈绍贤、① 周守良都对简易人寿保险的这一作用进行过论述，周守良认为："人寿保险制度，能使少数不幸者之经济损失，由多数人分担之，而得以补救，当本人壮健之时，得此保障，可抒后顾之忧，自能安心乐业，增加工作效能，促进事业之发展，在本人衰老或不测之后，则所领之金额，可以维持家属之生计，得免流离失所之苦"。②

第二，鼓励储蓄。简易人寿保险是鼓励储蓄的最好方法。周守良谈道："吾国人民，多尚节俭，颇知储蓄，惟因无良善之制度，以致成效显著，往往多年辛苦所积，一旦尽付诸东流，令人因之灰心。保险制度功用与储蓄相同，而利益远胜于储蓄，人所共知"，③ 其具体做法为"每月付国币一角以上之保费，即可投保，轻而易举，即收入甚微之人，亦能胜任，而一经投保之后，即须按月缴费，自然养成按期存储之良好习惯，而此种习惯之养成，实于无形中增加生产"。④

---

① 陈绍贤. 简易人寿保险的理论与实施[J]. 简易人寿保险，1937，1(1)：23.
② 周守良. 简易人寿保险与国民经济建设运动[J]. 简易人寿保险，1937，1(1)：8.
③ 周守良. 简易人寿保险与国民经济建设运动[J]. 简易人寿保险，1937，1(1)：8.
④ 周守良. 简易人寿保险与国民经济建设运动[J]. 简易人寿保险，1937，1(1)：8.

第三，集中游资。陈绍贤①认为，简易人寿保险为集中游资的妙法，它能使民间的游散资金集结为巨大的资本，而成为国家经济的柱石。由此可以促进实业的建设和国家财政。周守良②也认为，由于简易人寿保险有人人加入的可能，所以它是集中民间游资的唯一方法。当时我国人口在4亿人以上，如果100人中有一人投保简易人寿保险，那么每年集数千万元的保费，是很容易的。以如此巨额资金，用于国家生产建设，是有利于国家经济发展的。所以，简易人寿保险能够扶助国民经济的发展，并且能够弥补国家财力的不足。

3. 简易人寿保险的特点

简易人寿保险名义上是保险，实质上就是储蓄，其宗旨是为了援助普通人民大众，减轻其经济损失，保障其基本生活，是一款比较适合平民大众的保险。具体来讲，有如下一些特点：

（1）一般意义上的人寿保险对于保险金额并无限制，但简易人寿保险有最低和最高限额规定。据调查，一般的保险公司的保险金额大多在千元以上。如此，既与当时一般的中下资产阶级的生活消费状况相适应，又避免了与一般商业保险的恶性竞争。

（2）该法案规定人寿保险费按月缴纳，缴纳期间短，金额较低，手续简单，易于经营管理。

（3）与一般的保险不同，简易人寿保险主要以保险费为单位，其保险金额大小主要依据保险费之多寡而定，对小户投保人比较便利。

（4）相较于日本的简易生命保险完全不验身和英国的工业保险完全验身的方式，中国的简易人寿保险采取折中的方式，低于500元的保户完全免验身体；高于500元的保户需要验身。此方式与中国国情较为吻合。

---

① 陈绍贤. 简易人寿保险的理论与实施[J]. 简易人寿保险，1937，1(1)：24.
② 周守良. 简易人寿保险与国民经济建设运动[J]. 简易人寿保险，1937，1(1)：8.

(三)简易人寿保险的经营思想

1. 简易人寿保险的国营思想

简易寿险最大程度地方便和保障了中下层民众的生活,是符合广大中下层投保人需要的。简易人寿保险的创设有着重要的意义,是一项伟大的事业。而在创设之初,国民政府选择由国营性质的邮政储金汇业局来开展业务,也是多方讨论后最终决定的。

首先,邮政储金汇业局的前身邮政局创办于清朝光绪年间,其历史悠久,基础稳固。而寿险契约期长,其保险机构本身的经营能力及其信誉是为投保人所关心的主要方面。由邮政储金汇业局承办简易寿险业务,能更多地获取民众的信任。

其次,邮政储金汇业局在当时已经机构庞大,人员充裕,并且在全国各地都设有分支机构。利用已有的成熟的机构和人员来开展简易人寿保险的业务,可以大大节约其开支,降低其成本,也因而能够使得简易寿险的保费低廉,有利于民众。"今以信用素著之邮政机关经营之,其易于招徕,已与一般公司不可同日而语……现在全国邮局,二千四百余所,邮务员佐及邮差将及二万人。以之分途举办,虽穷僻之区,平民亦能享受保险之利。"①

最后,邮政储金汇业局是国营性质,是非营利机构,由其开展简易寿险可以充分体现出简易寿险的主旨:一是因为简易寿险以保障贫困民众生活为主,贫困大众的保费来自于微薄工资,相当不易,若由民营,则会因其趋利而使责任准备金有损失的可能,国营的话则财政基础雄厚;二是因为简易人寿保费低而受众广,若民营则要开设专人专门机关管理,会导致入不敷出,而国营可以借助现有的邮政局开办,将节省下来的责任准备金用以投资生息,为赔付提供保障;三是因为民营以盈利为目的必开设分支机构于通都大邑,无法全面普及,而国营则不然。张明昕认为:"简易寿

---

① 王辅宜. 邮政简易人寿保险制度之创设[J]. 交通杂志,1932,1(2):93.

险既为一种社会事业，一方面应力求费用之节省，以减轻保户之负担，一方面应投资于有益民众之建设事业，以谋民众福利之增进"。① 故而简易寿险应当也必须为国营性质，保障民生，利国福民。

简易人寿保险业务，最初由京、沪、汉三省邮政局试办，取得了很好的实践效果，然后推广到苏、浙、鄂、赣、粤、闽等九省。至 1937 年年底，投保人数 5 万余人，承保金额 545.1 万余元。后来，敌伪政权控制了东三省，很多保险业务被迫终止，但简易人寿保险的发展趋势有增无减。"东北在敌伪窃据之下，14 年来，邮政制度多为所变。储金及人寿保险业务相当发达，盖系采取强迫性质，无论商民必须实行储金投保寿险，即一般伪官吏，亦须按简荐委任分别由薪给项下扣款，权交邮局，名曰'官吏义务储金'，凡伪机关夫役警察及邮局信差，均一律照办，寿险则更深入民间，由乡及村，故储金总额及寿险保额数字均相当庞大。惟汇兑因囿于势力所及地域不广，业务较逊。"②可以说，当时国内普遍从国营事业角度来认识简易寿险。

2. 简易人寿保险的经营困难

简易人寿保险作为国民政府时期保险业中的重要支柱，其利国惠民的优点是明显的。但是作为其唯一的经营机构——邮政储金汇业局，在专营简易寿险业务上，也有其经营上的巨大困难。

第一，简易人寿保险办理手续的费用浩大。简易寿险保费低、保费缴纳期间短，这些优点虽然为投保人提供了便利，但是却为保险机构增加了开支。张明昕指出："普通寿险五千元之保额，在简易寿险则为十个契约之保额，换言之，即普通寿险一张契约之手续，在简易寿险则需十倍之手续，不仅此也，普通寿险之保费为按年一缴，简易寿险则为按月一缴，收费手续又较之多一百余次，仅此种收账及记账之手续已增一

---

① 张明昕. 简易人寿保险制度创设之经过及由邮政经办之理由[J]. 保险季刊, 1937, 1(3): 48.

② 颜鹏飞, 等. 中国保险史志[M]. 上海：上海社会科学院出版社, 1989: 440.

百余倍"。①

第二,简易人寿保险的失效率较高。简易寿险的投保人主要为中下层民众,其经济条件本就不宽裕,且工作不稳定,随时迁移,因而容易造成其投保的简易寿险失效。而契约的失效,不管对于投保人还是承保人来说,都有较大损失。对于投保人,其之前所缴保费无法取回,契约失效,其死亡危险无所保障。而对于承保人,其管理与经营费用也因此增加。张明昕提出了减少契约失效之方法:"①招徕时须使保户明瞭保险之利益。②保费之多少,须以保户之经济能力为根本。③征收员须加以相当之训练,以免怠慢失礼。④尽量作增进保户福利之设施是也"。②

五、关于人寿保险公司运营的研究

除了在宏观上对人寿保险的效用进行分析之外,学者们从微观出发,对人寿保险公司的运营思想进行详细的论述。他们认为民族寿险业不仅要向欧美国家的寿险公司学习,还要培养自己的人才,独立地发展民族寿险事业,并主张中国要通过发展寿险事业挽回利权,为人民谋福利。其中,作为近代中国第一个研究保险学的博士——邓贤,③ 尽管身处国外,但仍关心中国人寿保险业的发展问题。他从多个层面,如人寿保险的发展概况、人寿保险的突出现象、人寿保险发展的滞后原因、人寿保险发展对策

---

① 张明昕. 简易人寿保险制度创设之经过及由邮政经办之理由[J]. 保险季刊, 1937, 1(3): 40.
② 张明昕. 简易人寿保险制度创设之经过及由邮政经办之理由[J]. 保险季刊, 1937, 1(3): 47.
③ 邓贤(Dung Yien),1926 年毕业于美国宾夕法尼亚大学保险学专业,其硕士论文为《愤怒的损失及其预防》(*Ire Losses & Their Prevention*),其于 1928 年获得宾夕法尼亚大学博士学位,是近代中国第一位保险学博士。其博士论文题目为《中国的人寿保险:阻碍其发展因素的研究》(*Life Insurance in China: A Study of the Factors Hindering Its Development*)。该论文是近代中国第一篇,也是唯一一篇有关保险研究的博士论文。邓贤回国以后,于 1935 年任职于南京财政部统计科,1940 年任财政统计科四联总处统计主任。曾任兴华产业保险股份有限公司总公司协理。1949 年以后去香港,进入美国驻香港领事馆并从事中国问题研究。

等进行了分析。

(一) 我国人寿保险业发展现状分析

关于人寿保险业的发展概况,邓贤主要从原因分析、公司治理和发展人寿保险的对策方面进行了深入探讨。

1. 民族人寿保险业发展不佳的几种现象

中国人寿保险业滞后的突出现象主要集中在以下几个方面:

一是民族人寿保险公司的先天基础较差。通过对比华、洋人寿保险公司的经营情况,邓贤认为,外商寿险公司虽然经历了不同阶段的抵制,但是他们仍垄断中国市场并占据领先地位。但是,强烈的反外情绪唤醒了中国的先进分子,为中国民族人寿保险业赢得了一席之地。例如,反抗帝国主义的义和团运动时期,1900年纽约人寿决定停止在中国进行人寿保险代理活动。1907年,纽约人寿和纽约公平人寿保险协会(更早地进入了这一领域)于1921年,宣布收回它们的业务。在它们撤退的间隙,在中国保险领域中没有美国代表商。对此,邓贤表示"尽管它们的业务在将来会稍稍停止直到一个稳定环境的到来,但大多数外商保险公司已经证明了自己在中国存活下来的能力。外商寿险公司不仅目前处于领先地位,而且在中国未来保险业问题上将构成一个重要因素"。① 对于民族寿险公司,邓贤则认为"在过去的10到15年期间,有事业心的国人建立了各种保险制度,但由于当时不明白其中的科学原理,投机取巧,效率低下,大多数企业此起彼伏,收获的都是一次苦涩、艰辛的经历"。②

二是缺少公共记录和政府监管。外商寿险公司凭借不平等条约和治外法权,无视中国政府法令。有学者认为,当时处于上海租界中的外商还享受着优厚的特权条件,如外商保险"在我国经营保险事业,无华商注册立

---

① Yien Dung. Life Insurance in China: A Study of the Factors Hindering Its Development[D]. Philadelphia, 1928: 11-12.

② Yien Dung. Life Insurance in China: A Study of the Factors Hindering Its Development[D]. Philadelphia, 1928: 10-11.

案手续之繁,更无须专立资本,仅须凭其固有行号名义,即可为其本国任何保险公司代理经营。复得借租界之特殊势力,不受我国法律之束缚,避免种种捐税,减轻营业上之负担,故其发展自较便利"。①

邓贤还表示,因为公共记录的缺乏,致使中国寿险业真实情形无法得知:"大量有关中国保险领域的数据调查,存在材料方面的困难",② 因而对有效寿险保单总数的推断也十分困难。根据统计到的信息,如"据上海一家中国公司的外国经理估计,大约有5万国人保有寿险。另一种算法是把全国所有的销售额集中在1926年12月31日这一天的话,那么销售额接近5000万美元。还有一种答案是粗略估计国内外销售总额大约是1500万美元,甚至更少,其中600万美元是来自国外的民众",③ 邓贤指出,我国寿险发展严重落后。总而言之,缺乏立法管制和公共记录是国内人寿保险业发展的突出现象。

三是人寿保险业的地理分布和险种结构极不均匀。邓贤认为,寿险公司主要集中在通商口岸城市及沿海周边地区,尽管"有数华人公司,尝试在云南、四川等内地,设经理处,但是他们所得的效果,亦不甚乐观"。④ 对此,邓贤认为其原因主要在于:一是为了迎合与西方文明联系密切的民众的需求;二是这些城市基础建设完备,方便进行医疗检测、制作调查、调整诉讼;三是道德危机因素得到降低,因为偏远地区易发生骗保和伪造诉讼等不良事件。因为如果投保人所居住的地理位置遥远,那么就会有更大的替换和伪造诉讼的可能性;四是工业化进程中,资金和人口持续流动到沿海附近城市中心。⑤

---

① 我国保险事业概况[J].工商半月刊,1934,6(1):105-108.
② Yien Dung. Life Insurance in China: A Study of the Factors Hindering Its Development[D]. Philadelphia, 1928: 14-15.
③ Yien Dung. Life Insurance in China: A Study of the Factors Hindering Its Development[D]. Philadelphia, 1928: 13.
④ 张德舆,邓贤.中国保险事业[J].寿险季刊,1933,1(1):3-4.
⑤ Yien Dung. Life Insurance In China: A Study of the Factors Hindering Its Development[D]. Philadelphia, 1928: 14-15.

第一节 国民政府前期的人寿保险思想

邓贤研究发现,在过去的一二十年期间,为了商业、工业或者其他的目的,人口和资金持续流动到沿海附近的城市中心,这些中心一直进行着工业化进程,在工业化进程中产生了一批薪资阶层,他们的收入仅仅依赖于他们的挣钱能力。中国人寿保险面向的群体大部分是有能力支付的有钱人和需要保险保护的打工人,而这两类人在沿海岸城市中居多。

此外,不同保单的销售情况也不一。邓贤通过调查发现,当时在中国最通行的是储蓄保单(endowment insurance,又称生死合险),因为"这种保单,包含投资与保障两种性质"。至于其他种类的保单,他指出"终身保单,限期交费终身保单,团体保单等,皆有相当的市场",但是"提供暂时保障的分期保单、联合人寿险单和年金保单出售数目甚少"。①

四是缺乏标准的中国死亡经验表。人寿保险的经营基础是建立在相关的生命表(也叫死亡表、死亡统计表)之上,而中国没有相关的死亡经验表。对此,邓贤认为是由于合作精神的缺乏,导致中国至今没有一个较为完善的华人死亡经验表。他指出:"系统的死亡率调查,仅仅个别公司进行过尝试。中国永福和上海人寿保险公司,将20年的死亡历史制成表格。最近,中国联合保险协会也把14年间(1912—1925)所观察到的18927名被保险人的死亡率状况制成经验生命表,但是这些结果至今都没有以印刷的形式出现。"②基于此,各寿险公司根据外国死亡经验表,如美国经验表、英国经验表,按照私人的臆定或武断的方法,稍加变更使用,如"一些公司使用美国死亡经验表,根据气候、生活条件、地理位置和医疗水平,在原有基础上增加额外死亡率125%~200%"。③由于沿用以上方法,导致人寿保险保费普遍高于国外水平,为普通国人所不能及。如邓贤所言:"因为普遍行销的,多半是储蓄保单,应用上面的方法增加的保费,与外国的

---

① 张德舆,邓贤. 中国保险事业[J]. 寿险季刊,1933,1(1):3-4.
② Yien Dung. Life Insurance in China:A Study of the Factors Hindering Its Development[D]. Philadelphia,1928:16.
③ Yien Dung. Life Insurance in China:A Study of the Factors Hindering Its Development[D]. Philadelphia,1928:17.

情形相比较，不免太高，其结果使得人寿保险为普通人经济能力所不及，大约华人平均所付的保费，超过北美诸国定价的一倍半"。①

2. 民族人寿保险业发展不佳的原因分析

邓贤对中国人寿保险业发展滞后的原因也进行了全面、详细的分析。首先，政治环境动荡不安。"国家的冲突几乎无处不在，日俄战争在清朝的北部省份爆发；和法国的冲突主要集中在安南的南部；义和团和八国联军涉及的主要是中心省份和沿海城市，北部边疆和俄罗斯频繁摩擦"，"整个国家和这个国家的人都沉浸在战争的厄运中"。② 尽管，战争对人寿保险业产生较大影响，但是邓贤通过对比研究发现，在经历美国南北战争(1861—1970)和第一次世界大战这两次战争后，美国人寿保险业反而蓬勃发展，人寿保险总额大幅增加。对此，邓贤认为，一是"战争导致的经常性死亡使人民寻求保护以预防可能发生的商业不幸和死亡"；二是"战争结束后货币购买力有一个一般性下降，人寿保险总额的增加只是名义上比真实值多"。但是，这种现象的产生存在两个前提约束条件："人寿保险的有利影响被人民领会和理解"；"商业的稳固性在强有力的政府监管下已经被合理地建立"。结合中国政治背景，邓贤总结认为"美国的两个约束条件在我国都没有达到"，并指出，此政治局势下，中国人寿保险发展落后的原因在于两个方面："第一，资金不被鼓励进入保险行业。急需资金的战时环境下，人寿保险在形成的萌芽时期就遭到严重打击"；"第二，战争对保险这一领域本身影响力巨大。比如，严重的即刻死亡率、过早死亡率、民族活力下降、安全系数降低、收入税增加"。③

其次，受大家庭制度观念的影响较深。"中国社会中，'大家庭制度'占支配地位，这样的家庭组织是庞大的，由相同姓氏的个体组成的集合，

---

① 张德舆，邓贤. 中国保险事业[J]. 寿险季刊，1933，1(1)：4.

② Yien Dung. Life Insurance in China: A Study of the Factors Hindering Its Development[D]. Philadelphia, 1928：19.

③ Yien Dung. Life Insurance in China: A Study of the Factors Hindering Its Development[D]. Philadelphia, 1928：20-21.

其中的个体通过血亲和联姻与其他人联合成一个整体，族长是整个家庭组织的核心"，① 邓贤认为，这种特殊的家庭结构，以及根深蒂固的社会思想，对人寿保险的发展产生了严重的消极作用，具体体现在以下四个方面：

一是"百善孝为先，强调晚辈要赡养长辈"的思想。在已经确保晚年无忧的情况下，人们不会去购买看不见摸不着的人寿保险，而更乐意于指望子女这一回报稳定的"储蓄保单"。

二是"家族成员之间相互依赖"的思想。"中国的旧家庭制度的传统思想，注重团体负责，彼此依赖，所以使人感觉不需要保险的保障。这种个人间彼此依赖的弊端，不单单影响保险事业，团体生活的发展，亦受其打击"，② 如，家庭成员中一人欠债，直系亲属都要共同承担；一人残疾或困苦，其他家庭成员都要来扶助他。这种成员之间的连锁依赖性束缚住了家庭优秀成员的发展，也降低了人们的进取心。这种稳固的家庭模式滋长了惰性和低效率，间接给人寿保险带来消极影响。

三是"婚姻无法自主"的嫁娶思想。包办婚姻的双方通过父母之命、媒妁之言走到一起，婚姻幸福指数较低。无爱的婚姻家庭生活中，丈夫根本没理由为其妻子购买人寿保险。

四是"男尊女卑的社会里女性地位低下"等歧视女性的思想。邓贤指出"一夫多妻制、非法同居、女婴出生后被习惯性地转让，这些实际情况都可以说明女性地位低下"，③ 在中国，有"待死的可怜虫"这句俗语描述丧偶的寡妇，因为她们没有权利再要求舒适的生活。若她们要求丈夫在世时为其购置保险以保后世安稳，她们会受到道德谴责，为万夫所指。④

---

① Yien Dung. Life Insurance in China：A Study of the Factors Hindering Its Development[D]. Philadelphia, 1928：38-39.

② 张德舆，邓贤. 中国保险事业[J]. 寿险季刊, 1933, 1(1)：6-9.

③ Yien Dung. Life Insurance in China：A Study of the Factors Hindering Its Development[D]. Philadelphia, 1928：48.

④ Yien Dung. Life Insurance in China：A Study of the Factors Hindering Its Development[D]. Philadelphia, 1928：40-48.

再次,经济困难。邓贤以美国为例,说明了经济因素对保险业发展的重要性,但中国经济较为落后,尤其是交通运输和交流设施匮乏,货币混淆,百姓贫困。其中,交通基础设施匮乏,会对人寿保险的调查、监管、医疗检测等管理带来困难;阻碍内部省份的商业发展,增加不能广泛分布所带来的风险;对于每个诉讼皆不可避免地造成推迟,增大了延期隐患出现的可能性。①

而货币形式(主要有现金、铜币、金银为基础的银两、碎银等)的多样化,会导致相同的银两在使用过程中因比例不同而产生混乱。邓贤表示,"只要有货币的地方就有混淆、不确定性和复杂性","每个地方都有自己的度量标准,在某个地方的两商店之间,它们在读取数值时会有细微的差别。一个人在家里称10白银,然后到店里兑换成现金,他会发现,在一个店里是9.98白银,另一个店里9.97白银,也许再换一家店是9.99白银,但是绝不会刚好是10白银",这才仅仅代表一小部分的货币流通混乱。邓贤还认为,对于"人寿保险这个需要长期经营的事业",货币的混乱加大了其投资困难题。一方面,由于不同地区货币使用和度量标准不同,投资一般集中在经济发达的沿海地区,因而限制了投资区域的多元化选择,同时,也会带来标价、转让等操作管理困难。另一方面,因为保险费交换中涉及金银的兑换,而金银的浮动汇率变化导致了交换的不确定性。

在人民经济贫困方面,邓贤指出:"据1927年国际救济委员会做的一项调查,选取了中国北部和中部的4个地区,覆盖了7000个家庭,共37000人。这项调查显示,超过一半的家庭年均收入少于25美元,对于一个五口之家,最低生活标准(根据统计研究的不同人结果不同)是每年30美元",②而在家庭支出方面,"75%的收入花费在食物、衣服、租赁和经营性开支,只有极少的1.7%的收入用在健康维护上",他们根本无力承担

---

① Yien Dung. Life Insurance in China: A Study of the Factors Hindering Its Development[D]. Philadelphia, 1928: 30.

② Yien Dung. Life Insurance in China: A Study of the Factors Hindering Its Development[D]. Philadelphia, 1928: 35.

市场上售卖的昂贵保单,以及远高于美国、日本、欧洲等国家的保险费率,"这使得生活水平远远低于其他国家的中国保险业的境况越来越糟"。①

最后,保险公司政策不适应中国国情。一方面,保险公司过分追求储蓄保险的"投资"功能。"中国保险业最流行和最受欢迎的保险就是储蓄保险",中国所有的保险公司都有销售此类保险,这就意味着"办理的所有业务强调的都是保险的投资功能"。邓贤认为,长此以往,中国保险公司过于集中发展储蓄这一单一险种,忽视保险"保护"的重点,定会成为"导致中国人寿保险得不到发展的重要原因"。②

针对这一特殊现象,邓贤分别从购买者角度和保险公司角度分析了中国保险公司单方面重视储蓄保险的原因。从购买者角度来看,第一,"保险被大众仅当作一种储蓄积累的方式";第二,"迷信忌讳思想太深,过分强调保险'投资'功能并刻意忽视死后'保护'家人的功能";第三,"储蓄保险是唯一一种能够给购买者提供收益的保险计划",这是最重要的一个原因。从保险公司的角度来看,"储蓄保险的死亡率令保险公司满意";"储蓄保险通常更贵,更适合有支付能力、生活条件优渥以及接受良好医疗保健的人来购买,而原本就很贫穷的人就被排除在购买范围";"强调保险的投资功能可以很好地规避保险行业常见的道德风险";"年轻人死亡率低,保险公司能够从更贵的储蓄保险中获得更长久的收益";"中国保险单向发展主要还是缺乏可靠的中国死亡率数据"。③

另一方面,"制定利率是一直存在着的、阻碍中国保险业发展的难题",而当时中国的利率存在不确定性和混乱性。如此,既能直接导致大量公司倒闭裁员,又会致使有事业心的大众看衰该行业。邓贤指出,"利

---

① Yien Dung. Life Insurance in China: A Study of the Factors Hindering Its Development[D]. Philadelphia, 1928: 36-37.

② Yien Dung. Life Insurance in China: A Study of the Factors Hindering Its Development[D]. Philadelphia, 1928: 54-56.

③ Yien Dung. Life Insurance in China: A Study of the Factors Hindering Its Development[D]. Philadelphia, 1928: 54-56.

率和保险条款缺乏统一性是中国从西方引入保险的又一遗留难题,利率的不统一是由多种原因导致的,包括股息红利的差异、政策条款的差异等"。除此之外,保险事业尤其需要充足的死亡数据,但由于中国幅员辽阔、地区跨度大,很难获取精确完整的地理分布下的死亡率,致使中国"所利用的死亡经验表的不足",并引发"高保险费率",加之"人们的低生活水平",从而"形成人寿保险发展的有效障碍"。①

此外,保险公司缺乏对保险代理人的培训机制。邓贤指出,"当今保险的销售主要依赖于销售代理人,代理人的职责是为公司选择最恰当和令人满意的保险风险类型,并充当顾问。不幸的是,很少有公司会给他们的代理人进行真正且全面的培训以至于代理人对保险项目完全不了解。"一个代理商行甚至提到,"我知道在中国没有一家保险公司运用最先进的生产方法,他们也没有足够的能力去保证行业整体的质量(以仔细选择和全面培训为基础)"。② 同时,"拿回扣在中国保险界习以为常,代理人会按照事前约定返还投保人他所挣佣金的一部分"。③ 代理人存在使用欺骗的手段过分夸大分红来吸引投保以及敲诈勒索受益人等恶劣现象,可以说代理人的某些行为影响了整个保险行业的声誉。

3. 促进人寿保险事业发展的对策分析

对中国民族人寿保险业发展概况,以及发展滞后原因进行分析后,为推进中国民族保险业的进一步发展,邓贤提出了自己的对策建议。他表示,"政治和经济的问题不能强硬地要求快速解决,中国过去15年都在尽全力去试图找到一个解决办法,但结果仍然不尽如人意",但是"内乱可以通过全民团结一致的趋势来消除";"罢工和劳资纠纷不应该通过仲裁进行短期补救,最重要的是劳资双方应该进行谈判,寻求合作和理解";"联合

---

① Yien Dung. Life Insurance in China: A Study of the Factors Hindering Its Development[D]. Philadelphia, 1928: 61-67.

② Yien Dung. Life Insurance in China: A Study of the Factors Hindering Its Development[D]. Philadelphia, 1928: 77.

③ Yien Dung. Life Insurance in China: A Study of the Factors Hindering Its Development[D]. Philadelphia, 1928: 71.

抵制可以通过培养增进中国人民和外国人民的相互友好关系来削弱敌对气氛";"随着稳固政府的建立,工业也会逐渐加快发展速度,资金流向所有产业,许多实际困难将会消除";"引入机械设备、延长它的使用寿命和改善其他方面将有助于提高人民的生活水平",而且中国家庭购买保险的可能性还是很高的,"随着教育和社会变革的逐渐发酵,许多不良老旧思想和行为最终会被淘汰"。①

在保险公司方面,邓贤认为,随着人民对保险的日益关注,养老的压力会越来越小。"尽管由于气候和其他环境因素,我国死亡率会比较高,保费比北美和欧洲昂贵一些,但所有保险公司通力合作提供一些可靠的关于死亡率的数据,我们至少可以对中国的真实死亡率有一些了解";"令人不满的政策条款可以通过立法随时取消,或者保险公司自行废除";"通过监督和传播保险学知识和推销技巧,可以根除不适当的生产方法"。另外,当前我国医学科学已经有了很大进步,政治、经济的发展也会提供其成长的有利动机和背景。同时,"招募全职医务人员可能是解决医疗问题的方法";"增加公司间的合作意识会提供很多现实问题的补救措施";外国公司的问题的解决办法与解决外交问题类同。② 最重要的是,"与教育当局合作,给快速增长的人寿保险业务代理商们足够的培训、专业的保险知识"。

邓贤认为,混乱和失望是中国当时的两个显著的社会表象,在这种背景下要想恢复保险地位,挑战这些矛盾,面对的唯一问题就是时间。给中国大量时间,她会像解决其他问题一样解决保险问题。人寿保险是一个事关几十年、一代人的事业,她需要在足够的时间里,通过演进而非革命,慢慢建立起来并稳健地发展。

此外,斐锡颐对发展我国人寿保险也提出了一些建议。第一,人民对

---

① Yien Dung. Life Insurance in China: A Study of the Factors Hindering Its Development[D]. Philadelphia, 1928: 105.

② Yien Dung. Life Insurance in China: A Study of the Factors Hindering Its Development[D]. Philadelphia, 1928: 106.

于保险意义之觉悟。他认为"我国人寿保险事业之不发达，大半由于人民之不明保险的真义。与夫迷信忌讳之恶劣思想所造成"，因此要破除国人的迷信观念，推广人寿保险的功用与利益。第二，人寿保险教育之普及。"人寿保险事业之欲求发达，一方面在人民之自动的觉悟。他方面则保险公司应普及保险教育，使一般民众对于人寿保险事业之一切原理意义，与夫保险之功用利益，皆能明了"。由此他提出，当务之急应采取措施普及寿险教育。第三，政府之监督与提倡。他指出政府"不但负有监督之责任，亦且有提倡之义务"。第四，保险投资之力求稳固。"人寿保险公司之投资，除债券外，产业放款，如公用事业股票及贵重地产押款等……总之，保险投资，务宜力求稳固。"第五，公司管理之科学化。首先他谈到公司科学管理的重要性，在此基础上他提出了三个科学管理的原则："依经济之原则而管理之"，"依既往之经验而立一有系统之管理制度"，"用特别及普通之训练法"，"训练工人(按此工人之意义颇广，如工厂之工人，公司之职员等，皆是也)，使之进步"。①

(二)关于人寿保险业的具体经营的探讨

1. 人寿保险公司的治理结构思想

对于人寿保险公司的治理结构，张似旭提出，应借鉴英美人寿保险公司的治理结构，严格按照公司的基本章程，遵循决策、执行、监督三权分立的框架，限定本公司内不同机构的权利，并且规范它们之间的关系。但是沈雷春则认为："人寿保险事业已为我国社会所注意，然因经济制度与社会情形之不同，故通行于欧美各国者，未必较适合于我国，且我国保险法尚未完全颁行，故于人寿保险公司之组织，当更需严密"。②

对于人寿保险公司内部组织结构，张似旭、沈雷春的想法较为一致。张似旭认为，人寿保险公司内部各部门都应该各司其职，由较为合适的人

---

① 斐锡颐. 发展我国人寿保险事业刍议[J]. 钱业月报, 1932, 12(12): 25-27.
② 沈雷春. 人寿保险学概论[M]. 上海：现代书局, 1934：I24.

才来管理并协同完成公司业务。对于公司治理结构如何进行合理构建的问题，他以图的方式表现了在当时较为科学的公司治理结构，如图4-1所示。

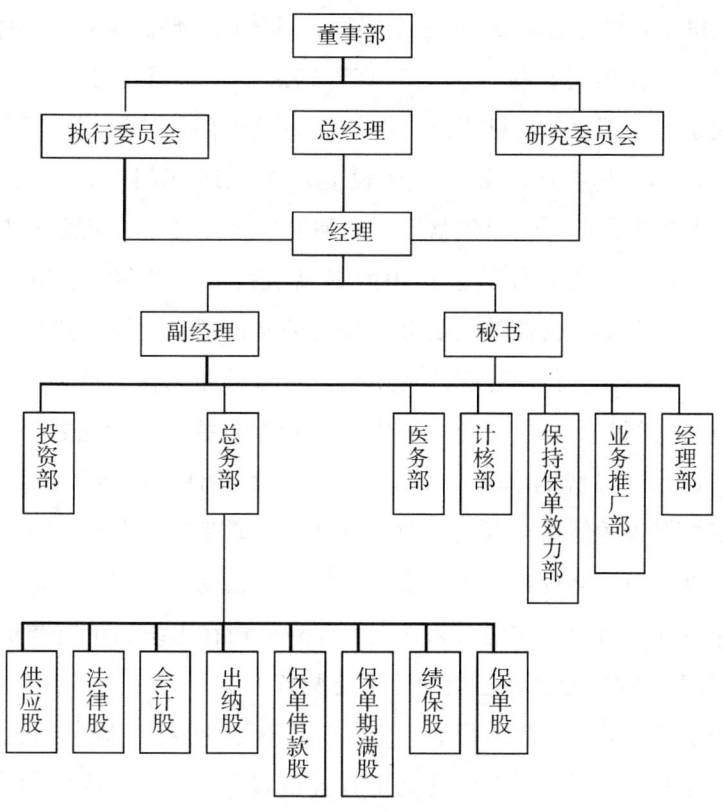

图4-1 人寿保险公司治理结构示意图

在公司治理结构中各部门的权利关系和职能范围方面，他主要从董事会、执行部和具体职能部门三个层面分别进行了分析。第一个层面，董事会。他认为董事会的主要权利应该是"代表股东和被保人直接负责处理公司一切事务，关于人员的进退，薪金的厘订，以及花红报酬的分配等"。①第二个层面，执行部。对于执行部在公司治理结构体系中的重大意义，他

---

① 张似旭. 人寿保险制度的研究[J]. 大夏，1934，1(4)：49-50.

提出"公司的整个政策,是从这里开始实行,同时它是一个中心组织,各部分都是在它的管辖和指导之下",并举例道:"执行部,等于一个电气系统的中央发电所,从这一个基点发出推进的力量,输送到公司的各个部分去,以促进工作的效能"。① 第三个层面,具体职能部门。对于具体职能部门的设置,他提出要在执行部的垂直管辖之下,平行地建立七个职能部门,分别是经理部、业务推广部、保持保单效力部、计核部、医务部、总务部和投资部,其中在总务部下属设立八个股级部门,分别为保单股、绩保股、保单期满股、保单借款股、出纳股、会计股、法律股和供应股。

沈雷春指出,人寿保险公司中的最高机关应为董事会;其次为执行部;再次为营业部。营业部主要负责公司的基础活动,履行经理人员的契约,且监察其工作,任用并训练新招徕人员或分布招徕人员,这些都是公司中最重要的部分,与整个公司的成败有着重要关系。除此之外,计核部是专门负责计算保费比率表,及统计死亡数,并估定准备价值;医务部,专门检查投保人的体格,以定舍取;其他如保单股、续保股、保单期满或赔偿股、借款股、会计股、出纳股、法律股、庶务股,等等,均各有其特殊的工作责任。所以,在他看来,人寿保险公司在组织上相当繁复。

2. 人寿保险事业经营经费的分配与调节

郭雨东②表示,经营经费是一切事业必不可少的,寿险公司也是如此,但各项事业的经营者应当对经营支出有轻重缓急之分,对经费的多少进行事前的决定与预算,强调"经费之调节,为经营者技术之一,经营者手腕

---

① 张似旭. 人寿保险制度的研究[J]. 大夏,1934,1(4):50.
② 郭雨东,黑龙江人。1930年毕业于北平朝阳大学(政治经济学专业),同年留学日本国立东京商科大学,攻读人寿保险学。1936年毕业回国后,进入上海太平保险公司工作,并负责编辑出版《太安丰保险界》(1940年易名为《保险界》),且在《保险界》《保险季刊》等刊物上发表《日本保险业总览》《日本人寿保险事业面面观》《墨西哥人寿保险约款摘要》《法国联合人寿保险公司业绩概况》《欧战时德国寿险经营之方策》等多篇文章,介绍西方保险业发达国家的政策措施,以供国内保险业经营者参考借鉴。郭雨东还与胡咏骐、谢寿天等人联合发起成立了"上海市保险界战时服务团"。他先后就职于太平保险股份有限公司、上海永宁水火保险公司、大安保险公司,并担任中国保险学会第二届理事会理事、保联第一届理事会主席。

巧细之表现，整个事业之休戚与有关焉"。①

根据事业的性质，经费支出的标准可以区分为有限制与无限制两大类。有限制指的是不论事业成绩如何，事业经营经费都应当保持在一定限度以下，不然就会造成损失。无限制指的是事业经费可以根据经营业绩的高低浮动。郭雨东认为，寿险公司经营经费属于有限制的，但同时又指出，不能过分拘泥于此而阻碍寿险事业的发展，可以根据 Zillmer 方法适当借取部分责任准备金用以促进初成立的寿险公司扩大业绩。

那么，寿险公司经营经费应当如何确定？郭雨东在保险费的构成基础上，将寿险公司收取的保险费称为营业保险费，它由纯保险费与附加保险费构成，纯保险费可以根据死亡率以及预定利率计算得出；附加保险费则不太容易确定，它大致包含以下几项内容：新契约费、保险费征收费、死亡调查费、财产利用费、经常费共五项，"然此五大项目概算，异常困难，切实解答，非依专家精算，不克为力"。② 美国的征收标准如下：新契约费为第一年保费的 80%、保险费征收费为继续保险费的 10%、死亡调查费为死亡保险金额的 1.5%、财产利用费为财产额的 5%、经常费为契约金额的 1‰。日本除了在最后一项经常费征收上高于美国外，其他地方大多相同，因为将经常费定为契约金额的 1‰，价格过低，对寿险事业不及美国发达的日本来说，不能维持事业的发展。这几项费用在寿险公司运营期间发生，并且随着保险契约、保险金额的增加，事业发展的扩大而增加。

这五项费用不应当一概依赖于保险费或保险金额或其他类的标准，而应当根据每项费用的性质来具体确定每项费用的标准。新契约费中经理员的佣金、保险费征收费应当依照保险费为标准，死亡调查费、财产利用费、经常费以保险金额为标准。而新契约中的印刷费、保单印刷费等则与保险费和保险金额无太大关系，以保险契约件数更为合适。

---

① 郭雨东. 人寿保险事业经费调节论[J]. 保险季刊，1936，1(1)：46.
② 郭雨东. 人寿保险事业经费调节论[J]. 保险季刊，1936，1(1)：47.

寿险公司在对事业经费进行预算时，要注意逐项综合全面地进行考虑。附加保险费在营业保险费中应当占多大的比例才能维持寿险公司的良好运转，这个比例根据各个寿险公司的经营状况，以及各个保险种类的不同而不同。在日本，各公司的附加保险费大概可以占到营业保险费的28%，如果按照这样的比例，那么营业保险费高的大保险公司附加保险费就高，事业可以顺利开展，但小保险公司营业业绩较低，附加保险费低，无法扩展业绩，只能进一步缩小业绩，而陷入恶性循环，导致事业经营不畅、寿险事业萎缩，"人寿保险事业之不发达，岂保险制度之不善矣？乃经营者不能使之发达而然耳"。①

但是新设立的寿险公司常常会出现这样的状况，怎样解决呢？Zillmer方法为这一难题提供了解决的办法，Zillmer方法是一种保险公司计算寿险责任准备金的方法，该方法允许递延保单获得成本。在保单的第一年，将部分寿险责任准备金用以经营寿险事业。并在以后的5年或10年内，逐渐对第一年减少的寿险责任准备金进行补偿。

从表4-1可以看出，如果只是按照28%的比率抽取保险事业经营经费，那么会造成多达20多万的亏空，公司通过投资收益是难以弥补的，公司业务也会难以开展，从而形成恶性循环，最终导致公司破产。而如果运用了Zillmer方法，从责任准备金中借去20万元，再在以后逐年补上，亏空就只剩几万元了，是完全可以通过投资收益填补的，从而促进新成立的保险公司业绩的发展。

表4-1 运用Zillmer方法前后保险事业发展情况比较

各项收入及费用类别	细分类别	具体数额（单位：万元）	若以保险费的28%确定营业费比例	运用Zillmer方法之后
新契约费	—	1000	—	—

---

① 郭雨东. 人寿保险事业经费调节论[J]. 保险季刊, 1936, 1(1): 49.

续表

各项收入及费用类别	细分类别	具体数额（单位：万元）	若以保险费的28%确定营业费比例	运用 Zillmer 方法之后
保险费	—	40	—	—
附加保险费	—	—	11.2	—
准备金及当年度赔款	—	—	28.8	借用20
营业费	新契约费	30	—	—
	死亡调查费	0.5		
	经常费	5		
	征收费	3		
亏损额度	—	27.3	7.3	

3. 寿险经理员招徕业务的注意事项

沈雷春认为，人寿保险与其他制造商及买卖商迥然不同，"既不虞工人之罢工与原料供给之缺乏，又不受存货多寡，花样新旧，税捐损失，汇兑上落，以及社会好恶等等之影响……人寿保险是以一纸契约与招徕者所凭借之理论耳"。①

那么，寿险经理员应当如何招徕保单，以及在招徕保单的过程中应当注意哪些问题？沈春雷②给予了一定的分析，他指出，寿险经理员既要尽力让人投保，又要在选择主顾时多加考量，以免给寿险公司带来不必要的损失。一般来说，寿险经理员的客户以其生活的阶层及工作圈子为主，因此，投保人对该人群应该比较熟悉。但也要注意进行培训，尽量做到在劝保时，能大致看出一个人的身体状况、财力状况，从而为其制定出合理的保险规划。

---

① 沈雷春. 人寿保险学概论[M]. 上海：现代书局，1934：127.
② 沈雷春. 寿险经理员应如何选择主顾[J]. 保险季刊，1936，1(1)：57-59.

寿险经理员在选择主顾时应当注意以下七个方面。一是要看年龄，要注意在25岁以下、50岁以上年龄段的人投保最多，但身体合格率不及25岁至45岁的人，所以尤其要注意进行体检。对于25岁以下的人，如果身体过于瘦削，则要注意其家族是否有肺痨史。二是要看性别，当时中国的女性由于经济条件不好，且久不运动，一般身体较男性差，因而对于女性投保者，寿险经理员尤其要注意。三是要看身高与体重，谨防瘦削的青年和肥胖的中年人，同时也要注意肥胖的青年人，因为肥胖的人发生疾病的风险高、几率大。四是要注意道德问题，要对投保者的名誉进行调查，结合其投保动机、保额大小和受益人，进行综合的分析，看是否有发生道德风险的可能。五是要看一看其生活习惯，如果一个人抽大烟、酗酒或饮食习惯不健康，那么即使现在身体康健，将来也极易会生病。六是要看投保人的职业，包括其工作方式、工作环境等，这些将来都有可能成为其致病或致亡的原因。七是要注意其是否有家族遗传病等。选择主顾，是公司和经理员两方面都应该十分注意的一个问题。

4. 寿险业资金投资思想

罗北辰认为，寿险业的资金不同于银行业或信托业，有其独特的特点，一是"其支付殆无挤兑之虞，所以比较具有长期而固定的特征"，① 保户投保之后不可轻易退保，一旦退保也不予退还，因此保险公司不会发生挤兑风险；二是寿险业资金的流入比较确定，因为如果投保人中途停止缴纳保费，之前所缴纳的保费都会白白浪费，所以保险公司的收入不像银行业要受到经济发展变动的影响；三是寿险业资金较为集中，"其半数以上集中于所谓五大寿险公司及其他少数有力财阀之手"。②

罗北辰还分析了日本人寿保险公司转变投资态度的原因。他指出，日本人寿保险公司对于股票和公司债投资，持有积极的态度，主要原因在

---

① 罗北辰. 日本人寿保险事业之金融势力——由社债中心而趋于股票投资[J]. 保险季刊，1936，1(2)：43.

② 罗北辰. 日本人寿保险事业之金融势力——由社债中心而趋于股票投资[J]. 保险季刊，1936，1(2)：43.

于：人寿保险公司征收保费，为投保人的生存与死亡提供保障。保费的收取以预定利率为基础，预定利率一般比市面利率低，但在日本大体而言以4厘为中心，与公债利率非常接近；预定利率为寿险公司运用资金的最低标准，一旦营业费用过高，超出附加保险费用，就会产生亏损。因此寿险公司的资金实际运用状况，必须较高于预定利率才可以，所以股票与公司债是寿险公司的较好选择。

第二节 国民政府前期的财产保险思想

20世纪30—40年代，受银行业的大力扶持，中央银行投资中央信托局保险部办理政府机关、国营公用事业的财产保险，并兼营分保业务；广东银行投资上海联保水火险公司；上海银行投资大华、宝丰等保险公司等。我国民族财产保险业的总保险金额、保费收入均大幅增长，但由于华商保险公司的实力限制，以及为分散风险，不得不分保于外商保险公司，财产保险业务仍大部分被外商保险公司占据。

至1933年6月，"上海一埠，外商火险公司有129家，水险70家，资本概达万万元。而华商保险公司仅计22家，绝对不能与外商竞争"。[①]据1937年国民政府对上海保险市场所作的调查报告，中国境内外商保险公司与中国保险公司数量分别为150家、49家，数量比约为3∶1；所营业务"火险业一百七十家，华商仅二十四家，余均外商；水险业外商二十五家，华商二十一家，实际经营者九家。余如汽车保险，华商十六家，实际经营者七家；信用保险，华商四家，实际经营者一家；兵盗保险，华商八家，实际经营者颇少。而锅炉保险、船壳保险、牲畜保险等均系外商所有"。[②]

外商财产保险公司的发展均离不开强大的海外保险集团分保后台。洋

---

① 我国保险业之危机[J]. 中行月刊，1933，6(6)：84-85.
② 陈郁. 二十六年赴沪调查保险业报告[R]. 上海市档案馆藏档，档号Q364-1-32.

商保险公司为遏制华商保险公司发展，规定凡洋商已保的业务，不承认华商有共保之权；凡华商公司承保的业务，有溢出自己所订的限额时，洋商公司不肯接受其余额的分保。这种现象直到1929年太平保险公司联合华商保险企业，加入上海火险公会，才成功与洋商交涉分保与共保问题。但是，中国第一个专营再保险业务的华商联合保险公司也以瑞士保险公司为分保后台。

然而，1931年"九一八"事件后，日本开始全面侵华战争，国内经济状况每况愈下，保险价格逐步下跌，财产保险业发展速度开始减慢。以太平保险股份有限公司为例，"据统计1935年：火险保费收入390621.9元，赔款153777.66元，保费收入和赔款均有所增加，总盈利与上年持平；水险包括船壳运输邮宝等在内共计104969.86元，赔款41667.37元"，"然大部分收入由汽车保险而来，其损失率为38.5%"。①

尽管财产保险竞争力不敌外商保险公司，但华商保险公司的范围得到了进一步扩大，除传统水火险之外，还开拓了信用保险等新的险种，并对火灾保险的评估与经营作了新的思考。因此，财产保险思想也得到了进一步的深化和延展。

一、关于水险思想的进一步发展

随着内河航运业的发达，学者们对于水险的定义逐渐全面且深入，进一步对水险所承载的危险，以及水灾保险契约作了新的分析，不仅与船舶、货物相关，还关乎利益。

（一）水险基本原理概述

1. 水险的定义

学者们认为"水险"是狭义的与海洋运输有关的海上保险，如陈掖神认

---

① 太平保险有限公司. 太平保险有限公司1935年营业报告[M]. 太平保险有限公司，1936：10.

为，海上风险即为"船舶航海中发生不测之事故"。① 郭佩贤则从契约的角度出发，"水险者何，乃保险人与被保险人约定，于保险标的物遭遇水上一切事变及灾害而受损失时，对被保险人负责赔偿之契约也"。②

2. 水险所承保的风险

水险所承保的风险很多，因此其保单描述得非常复杂，用语生涩难懂，"条文之繁复，名词之奇奥，诚有令人莫名其妙者"。③ 以郭佩弦为首的学者将风险归纳为："天然之灾祸，如海难火灾等是"，"人事之变幻，如投弃及船主船员之越权行为等是"，"寇仇之侵犯，如敌舰海盗等是"，"其他之危难，凡一切可以损坏保险标的物之意外事故皆是"。④ 学者们主要探讨了以下风险：

（1）海难。郭佩弦特意指出"海难与海上风险有别"，海难是指"一切航海时所遭遇之偶然意外事变，而非航行上发生之任何危难也"。⑤ 若保险标的物出险并非由于"不测之风云"或"意外之事件"，而是一种必然产生的结果，或使用的损耗，那么就不能称之为"海难"。

（2）火灾。"火灾为海上危险之一种"，⑥ 如果是由于火灾致使保险标的物灭失或损坏，保险人即负有赔偿责任，"固不问失火之原因为由于偶然不慎，抑为使用机器，或为电线走火也"。⑦

（3）投弃。如果保有投弃水险，则损失由保险公司赔偿，日后所得也归至保险公司。当然，如果"货物装载于甲板之上，而其装载既非航运种类，亦非为商业习惯所许者，如货物发生投弃之损失，保险人亦可不负责任"，⑧ 并非所有的船上物品都满足承保条件。

---

① 陈掖神. 保险业[M]. 上海：商务印书馆，1933：79.
② 郭佩弦. 货物保水险之研究[J]. 保险季刊，1936，1(2)：79.
③ 郭佩弦. 水险所保危险之分析[J]. 商学丛刊，1936(2)：10.
④ 郭佩弦. 水险所保危险之分析[J]. 商学丛刊，1936(2)：10.
⑤ 郭佩弦. 水险所保危险之分析[J]. 商学丛刊，1936(2)：10-11.
⑥ 郭佩弦. 水险所保危险之分析[J]. 商学丛刊，1936(2)：12.
⑦ 郭佩弦. 水险所保危险之分析[J]. 商学丛刊，1936(2)：12.
⑧ 郭佩弦. 水险所保危险之分析[J]. 商学丛刊，1936(2)：14.

第四章　国民政府前期的保险思想(1928—1936)

(4)船长船员故意过失。如果是因为船长或船员的故意过失，或越权行为，导致货主或船主遭受损失，保险公司也不承保。构成船长船员故意过失不可或缺的条件是"欺诈手段或犯罪行为"。

(5)战争。《海商法》(1929年)第151条规定：战争之危险，除水险契约有反对之定订外，保险人应负责任。战争风险本质上多与人为事件相关，不同于"海上风险"的意外突发性。

(6)盗窃风险。水险契约中约定的盗窃风险细分为：海盗、流氓、窃贼等，在我国的水险契约中，一般不保盗窃风险，如有实际需要，应作为附加内容添加。如太平保险公司的水险单就声明："凡各船在中国境内江面或沿海或香港水面上(任何出险之前后或当其时)，如遇海盗或偷窃或劫掠(不论武装或徒手)，或于出险时，或因出险关系，船长或船员，或运货仆役，或货物受托人之溺职或教唆，以致货物遭一切直接或间接之损失，本公司概不理赔"。①

(二)关于货物保水险的介绍

1. 货物保水险的范围

货物保险的范围很广，除航行保险外，还包括内河航运保险、铁路轮船水陆联运保险，以及汽车运输保险、飞机运输保险和邮局邮寄保险等。货物保险的标的物——货物可以分为普通货物和纯粹货物，或舱面货物和舱内货物。普通货物指装于杂货舱内的货物，纯粹货物指单一种类的货物；舱面货物是指依照商业惯例必须装在舱面上进行运输的货物，舱内货物是一切除甲板上货物的物品。

中国的水险事业中的货物保险依投保数量的多少依次有平安险、水渍险和舱面险。平安险指保险人对于货物在航行途中出现船舶搁浅、沉没、焚毁或碰撞而受到的全部或部分损失承担赔偿责任；货物水渍险指保险人对于航行中的一切意外所导致的损失都承担责任，"故其范围实包括全损、

---

① 　郭佩弦.水险所保危险之分析[J].商学丛刊，1936(2)：21.

共同海损,以及单独海损在内",① 一般保户投保水渍险时,保险公司会要求其必须为货物投保平安险,一旦货物遭受损失,要按照平安险相关规定赔偿,若货物受了水渍,公司也应当进行赔偿。但要注意的是,货物必须是在运输途中遭受意外受到损失,对于货物原本已有水渍,比如在储藏时受潮或沾染油渍、搬卸途中沾到水渍而索要赔偿的,保险公司经查清后不予理赔。依照水险惯例,一般都是假定货物存放在舱内进行运输,若遭遇意外,舱面货物不在理赔范围内,但法律规定或商业习惯应当通过舱面运输的货物比如危险物、活物等则不包含在内。

货物运送人保险包括货物运送人所运输的货物在装、卸港及码头、航行途中所遭受火灾、转运等意外的损失、共同海损和救助费用等。货物运送人对货物负有首要责任,一旦货物受到损失,货物所有人应当首先向运送人要求赔偿,待查明缘由不在运送人而是出于意外时,由保险公司进行赔偿。

2. 货物保水险的契约条款

普通货物保险契约条款种类繁多,大概可以分为七类:

一是免除保险人责任的条款,如保险人不承担延时责任,不对按商业惯例应存放于舱内但实际放置于舱面上进行运输从而遭受损失的货物理赔,陆运中规定仅对货物因火灾、碰撞等事项承担责任等其他情形。

二是增加保险人责任的条款,比如约定货物所缴纳的关税由保险公司承担,或约定保险公司对船舶航行途中遇到危险后就近靠岸转走陆运途中遇险的损失承担责任。

三是限制某些货物装运的条款。如:果品、肉类、机器、冷藏鱼鲜等。

四是放弃权利之条款。例如,船舶必须有安全航行的能力。这是一种保险默示条款。为保护保险人的权益,保险公司应当声明放弃权利,以承认船舶有安全航行的能力。

---

① 郭佩弦. 货物保水险之研究[J]. 保险季刊,1936,1(2):80.

五是对投保标的货物的估价的规定,货物在目的地的估价不得超过其在起始地的购买价值,货物部分损失或全部损失的估价要根据具体情形决定是以重量衡量还是以价值衡量。

六是战争损失条款。例如,保证货物中立性者、军舰护送者、无战时禁制品装运者,凡因战争、捕获、禁制、扣押等所产生的损失,保险人不负责任。

七是货物在运输途中难免有磕碰,对于此类微小损失,保险公司不进行赔偿。意大利、美国、英国等国家都对微小损失的范围进行了明确说明,中国的货物保险条例也是仿效英美等国设立的。①

以上保险条款是货物保险契约得以公平实现的保证。

3. 货物保水险的期限

中国《海商法》第 148 条规定:"货物保险之有效期内,除契约别有订定外,系自货物离陆之时始,以迄于期的港起陆之时止",包括出发地与目的地货物装上起驳船运送到船上和陆地上。这一规定的保险期,与日本相同、与英国不同的点在于英国货物保险期不包括货物装上起驳船运送至船上这一段时间。之所以将保险期定为离陆至起陆之间,原因在于有的国家货物交割习惯是货物运送至码头或船上才归属于被保险人,在此之前,被保险人没有货物的所有权,因此保险公司没有承保标的物,故不能承担保险责任。

然而,在实际中,保险期因贸易习惯不同,已不能简单而定,出现了一些特殊的条款。其一,仓库至仓库条款,规定保险期是从装载地仓库到目的地仓库,一旦出现"逾常矩之行为",例如,货物到达目的地码头,装载于接驳船上,而接驳船私自延迟卸货时间,保险公司不承担责任。其二,货物如果来自森林,来自农场,来自矿山,则保险期适当加长。其三,有些茶叶保险约定自采摘时起保,羊毛保险约定自剪割时起保。

此外,货物保险的期限也可以适当延长,延长时间各地不一样,有延

---

① 郭佩弦. 货物保水险之研究[J]. 保险季刊, 1936, 1(2): 88.

长3天的，有延长15天的，也有因货物目的地不在码头所在城市而延长30天的，相应的，保费也要适当增加。① 总体而言，"水险之保障，已显因商业之进展而有日益扩大之趋势，以谋适应实际之需要矣"，② 具有较强的实际性。

或许是为了满足时人缺乏保险学理的需求，学者对货物保水险的介绍既全面又详细，涉及范围广，以理论介绍为主。同时也顺应了当时时代发展的需求。

(三)西方国家水险保单种类

胡继瑗对水险保单的种类及演进进行了详细研究，其内容以欧洲各国水险保单为主。

英国的水险契约——劳合保单堪称全世界水险契约的标准，为全世界水险契约创建了轮廓，但劳合保单中的文字与格式一直处于不断的变更修正之中。近代水险业务大约出现于14世纪上半叶，可以追踪到的最早的水险保单在1523年的福劳伦斯即今天的佛罗伦萨，法律中所涉及的水险保单，从这一保单中所规定的保险范围、赔款期限，对投保人利益的保护和对保险人责任的强调可以看到，当时的水险业务契约已经取得了一定成就。英国最早的有迹可循的保单有六种，前两种分别于1547年、1548年成立，后四种分别于1555年、1557年、1559年和1563年成立，这六种保险单受意大利水险保单的影响较大，前两种保单是意大利文字，只有签证处的文章是英国文字，剩下四种虽然是英国文字，但内容依然仿效意大利水险保单。总体来说，这六种保单，内容太过简单，只有船舶名称、保险物说明、航程期限等基本内容，一些危险条款、救助条款均没有，甚至保单上还引用有意大利文字，可见当时的水险保单之简陋。③

法国早期的水险保单成立于1566年，主要是为了向前去印度与南美洲

---

① 郭佩弦. 货物保水险之研究[J]. 保险季刊，1936，1(2)：88-91.
② 郭佩弦. 货物保水险之研究[J]. 保险季刊，1936，1(2)：92.
③ 胡继瑗. 水险保单之演进及种类[J]. 保险季刊，1936，1(1)：66.

的船舶提供保险，这一保单内容虽然不够完整，但也有比较值得注意的地方，比如保单中所提及的保险人可以代替要保人的地位行使权利就具备近代海上保险中代位条款的性质，并且保单对保费收取办法、保险人的赔偿责任都有规定，较意大利与英国的保单更为完整先进。至1598年才有比较接近劳合保单的水险保单出现，但仍然有缺陷。1613年更为先进的保单——老虎保单出现，这是一种在停留条款、救助约款以及危险条款等各方面都比较接近近代保险的保险契约，与1657年东印度洋公司为其货运轮船所举办的"三元保单"在危险条款上极为相似。以上保单都是采用手工制作，从何时开始复印保单的则无从考究。但从1681年开始英国采用复印的方式推行"金羊毛保单"，保单的内容也更接近近代的水险保单，此后经过不断的摸索与实践，劳合保单于18世纪末出现。①

按照保险标的物，水险保单可以分为四类：船舶保单、货物保单、运费保单和利润保单四种。船舶保单根据船舶种类的不同可以分为多个种类，同时还有为整个船队开办的船队保单，也可分为全损保单和各损保单，此外还有为防止船舶停泊期间发生损失的港险保单，以及防止造船或维修船舶发生意外的造船保单等。货物保单可以根据货物水运区域的不同分为河货保单、江货保单等，或根据是否指定某一货物进行投保分为记名保单和不记名保单，还有一种比较特殊的开口保单，在历年货物保单中可占到19%，具有比较重要的地位，开口保单指运输大宗货物的商人于每次货运时向保险公司发出通知即可视为投保，十分便利。运费保单和利润保单大多数情况下作为船舶保险和货物保单的附属而存在，也可单独订立。②

可见，研究水险风险的出发点是保单，对保单载明的可保风险进行解释及说明。国内水险业所用的保险单多半是仿英国制式，保险单是保险实践的重要载体，也是商业契约。学者们的保单研究，一方面显示我国当时的保险思想落后于保险实践的发展，保险实践的发展推动了保险思想的前

---

① 胡继瑗. 水险保单之演进及种类[J]. 保险季刊，1936，1(1)：66-67.
② 胡继瑗. 水险保单之演进及种类[J]. 保险季刊，1936，1(2)：93-100.

进,这也符合近代保险制度舶来的事实;另一方面也体现了我国保险业相关学者对于水险研究的关心。

二、火险经营管理思想

保险公证行是专门承担保险受损产物公正地勘察、定责、检验、鉴定、估损、处理赔案的行业。在保险公司处理赔案时,若保险人不宜直接处理,就会委托第三方——公证行,对受损产物进行检验、估损和核价,并由公证行做出书面报告,以此作为保险人与被保险人协商赔款的依据,以示公正。中国自1927年始,方有自己创办的上海益中公证行。1935年由潘序伦发等发起成立了联合保险公证事务所,[①] 此后各地也有多家民族保险公证行设立。

因此,与火灾风险相关的风险评估、标的损失评估、保险赔偿金额等方面是火灾保险实践的关键,也是学者们讨论的焦点,他们深入理解火灾保险评估要素,提出了不少观点,对火险实务有重大的指导意义。

(一)火灾风险评估方法

诱发火灾的原因纷繁复杂,火灾保险费评估前,需要考察保险标的的风险程度,其衡量标准主要有以下九项:①地方位置及附近的状态;②材料及构造;③使用的目的,"职业之种类,千差万别,因而危险之等级更难明定";[②] ④起火的原因;⑤防火设备;⑥人为或道德危险;⑦沿革的危险;⑧契约时期;⑨大火灾危险。可以说,学者们已经能够厘清火灾保险的风险类型。

其中,关于建筑物发生火灾后赔偿的准度以及进行谈判的方法,王海帆主要结合其多年的火灾保险公证人经验,进行了一些细节介绍。

王海帆[③]认为,建筑物发生火灾要依据毁损程度进行赔偿,以恢复建

[①] 中国保险学会.中国保险史[M].中国金融出版社,1998:89.
[②] 陈掖神.保险业[M].上海:商务印书馆,1933:61.
[③] 王海帆.建筑物火灾损失之审估方法[J].保险季刊,1936,1(2):1-3.

筑物原状为赔偿限度，多以现金方式进行赔偿。如果建筑物全部损坏，以该建筑物的建造价值扣除折旧为赔偿标准；如果建筑物部分损坏，应以恢复火灾前建筑物的本来面目为赔偿标准，所估计的建筑材料价值无需扣除原先建筑物的折旧数额。火灾发生后要防止继续损失，屋顶或窗洞毁损的要及时掩盖，以免屋内财物受损，如果修理方便而且费用低廉，可及时修理以节省临时修理费。灭火后屋内若有水渍，要及时清理，以免屋内家具受潮。发生的临时费用，公证人当予以证明。

  对于赔偿的数额，保险公司要与保户进行沟通谈判，在谈判方法上可遵循以下方法进行，公证人可与保户双方分别开具估价单，并进行商榷。如果无法达成一致意见，而损失又不大，或者急于修理，双方可以就所用材料的种类达成一致，由保户先行修理后，再由保险公司根据实际费用进行赔偿。如果是估计全部损失，公证人可要求保户出具修建原有建筑物的账单，只不过对账单的真伪要多加注意。如果公证人与保户实在无法达成一致，为避免双方走极端，可请专业学者进行评定。有时保户对于建筑材料的价格和建造费用也并不熟悉，往往是根据包工者开的价目而争执不下，公证人也可以与包工的人进行洽谈以加快问题解决的速度。公证人要多积累经验，做到能自开估值单，对损失大小、用什么材料、人工几何都有一个大概的估计，并且要多关注市场行情的变化。如果房屋年代久远、陈旧且已不适合居住，恢复建造较难，材料昂贵，人工工资也高，那么绝不能按照重建的费用价值进行赔偿。

  除此之外，其他的火灾评估多为粗略概述。同时，各华商保险公司并未能形成符合国内实际情况的风险测评表，开展火险实务仍遵照洋商火险公会制定的经验数据和表格，仍没有摆脱从属地位。

(二) 火险经营中的注意事项

  在火灾保险经营过程中，要注意以下事项：

  (1)预防火灾保险犯罪的发生。火灾保险犯罪的动机大致可以分为三类：财政困难；以犯罪为乐，先天有心理问题；满足放荡、无节制的生活。火灾保险犯罪大多表现为放火,"以骗取保险金为目的而放火的人数,约合放火犯总数的百分之二十七",① 进一步可将放火的动机细致地归纳为以下几点：复仇(包括有以往过节、嫉妒愤恨等)、毁灭犯罪痕迹、精神紊乱(包括醉酒、吸食毒品、精神病患者等)、榨取保险金、为获利而被他人收买、借放火之名行盗窃之实等。

大正十五年至昭和五年,日本因人为放火导致火灾的案件数占总火灾案件数的8%,看起来似乎比例并不算高,但日本房屋多以木头建造,非常容易发生火灾,火灾数量大,可见人为放火是火灾保险犯罪的一大特征。在人为放火案件中,多达74%为超过保险,也即超额保险,这意味着火灾保险尤其要关注超额保险,谨防其有欺诈的风险。在放火犯罪者中,未成年者与壮年者占了多数,且男子以16~30岁为主,原因多在于年轻气盛等精神方面；女子以40岁以上为主,原因多在于复仇或者嫉妒等感情方面。放火案一年四季均有发生,春夏季放火案多出于复仇、嫉妒等原因,秋冬季则多因经济方面的原因。由于火灾犯罪多需要事前的计划和一定的知识,因此纵火犯中多以曾受普通教育者为主,而未受教育者少,受过高等教育的人一般有一定的社会地位,因而有所顾忌,犯罪者较少。

对于火灾保险犯罪,一是要加强国家法律法规；二是保险业者应当在订立契约的时候,对于被保险人的资产,社会上的信用、身份、人格,被保险标的物的性质,标的与被保险人的关系等,加以详细的调查；② 三是保险公司要定期派人对投保者投保的动产或不动产进行考察；四是保险业者要对常见的火灾保险犯罪情况有所了解,对加入后不久就发生火灾的、火灾发生前搬运过财物的、火灾现场有明显易燃烧物质的、赔偿过急的、有阻碍消防灭火情形的都要多加注意；五是要对投保者加强伦理指导,从根本上解决这一难题。

(2)注意保险标的的所在地。所保房屋在投保时,保险公司应严格考

---

① 李莫强. 火灾保险与犯罪[J]. 保险季刊, 1936, 1(2)：11.
② 李莫强. 火灾保险与犯罪[J]. 保险季刊, 1936, 1(2)：14.

察其是否符合投保条件，对于"房屋所在地的地位如何，距离自来水管的远近，建筑年代之远近，四周建筑物形状与风火墙多少"，都要充分注意。

(3) 重视分散风险，发展互助保险、再保险。首先，在火灾保险的经营上要加强与同行业保险公司的合作，对于保险金额较大的保险多与同业分保，不但有利于分摊风险，更加有利于保险行业的蓬勃发展。其次，"自留限额表、超额契约再保险和任意再保险对火灾保险公司的经营尤为重要"。①

(4) 公积金提存宜多不宜少。"每届股利初者宁愿减低而多提取公积，而后基础渐固使股利渐增，使公司利于安定地位"，② 说明公积金是保险赔付的后备资金，突发风险容易造成巨额赔付，拖垮财产保险公司。

(5) 火险公司应拥有雄厚的资本。马寄仙认为，"顾客向某公司投保视其资本之厚弱为取决"，旧公司依靠多年的经营已培养了信誉。而拥有雄厚的资本，对公司有利。另外，保险公司应将闲置资本投资于"有保障的公债或著名公司的股票，或给有抵押品的短期放款以收利息"。③ 资本金充足可以增加投保者的信心，是保险赔偿金的有力保障。

(6) 保险金额与保险标的物的价值应保持平准。"保险公司误将各种保险以少保多之生意，昧然收受，未加以详细之估计。每致引起投保者防火图毁之事者"，④ 这种超额保险容易误导投保者逆向选择。

三、关于发展信用保险的思想

1930 年，中国第一信用保险公司在上海成立，自此，华商信用保险开始蹒跚学步。国民政府前期，信用保险业规模非常小，信用保险公司大多数是银行资本投资，鉴于银行业资金流动大，传统保证人制度落后，雇员自身信用缺失会带来严重经济损失，银行成为信用保险的购买者，其中多

---

① 中国之保险业. 当前上海火险问题之检讨(附表)[J]. 经济研究, 1942, 4(2): 108.
② 马寄仙. 经营火险之方针[J]. 商夜月刊, 1928(1): 12.
③ 马寄仙. 经营火险之方针[J]. 商夜月刊, 1928(1): 7-8.
④ 马寄仙. 经营火险之方针[J]. 商夜月刊, 1928(1): 9.

为银行雇员信用保险。学术界对信用保险的研究也较少,大多仅停留在介绍信用保险的定义、效用的层面,也有提及出口信用保险、信用保险贷款等创新思想,但并未做深入研究。

首先关于信用保险的定义。学者大多认为,信用保险是以无形的责任为保险标的的保险,郭佩弦认为,我国的信用保险其实就是"诚实保险",① 王效文则主张,信用保险完全"是以消极利益之损害赔偿责任为保险标的"。② 对比当时学者们的观点可知,当时对信用保险的认识十分狭隘,难免受工商业发展水平的限制,学者们仅依赖对"信用"的理解,推断信用保险的定义,并未探讨信用保险的保险机制。

其次,关于信用保险的效用,当时的学者们一致持肯定态度。从社会的角度来看,信用保险在百业萧条、世风日下、道义消亡的浊世背景下,可以发挥积极作用,纠正人人之间不信任、怀有恻隐之心的社会畸形现象;③ 从经济的角度来看,通过缴纳保费,将不定损失转化为定额损失,契约可以约束双方行为,一旦发生损失,由保险公司进行赔付,比传统的保人制优越。另外,出口信用保险可以为出口商和进口商提供保险证,商人利用保险证来保证商业信誉,让交易方放心发货或购买,如此一来,进出口贸易将得以繁荣。④ 从个人的角度来看,"保人之善而非防范意外风险,鼓励雇主及雇员诚实行为",信用保险向雇主证明此人将来绝无为恶之隐患,为青年立身提供保护。

最后,关于信用保险的评价。第一,信用保险的思想受实践的影响和推动,由于国内的信用保险只开展了雇佣人员信用保险,所以学者们大多探讨了信用保险在雇佣关系中的作用,并未重视它在其他社会生产生活中的作用。

第二,信用保险思想,如"信用贷款法""出口信用证"是具有创新性的

---

① 郭佩弦. 我国应推行信用保险制度[J]. 太安丰保险界, 1937, 3(5): 1.
② 王效文. 论汽车保险与信用保险[J]. 厦门大学学报, 1931, 1(1): 210.
③ 叔仁. 述评: 述信用保险[J]. 钱业月报, 1930, 10(8): 4.
④ 光沛. 信用保证与信用保险[J]. 国际贸易导报, 1936, 8(1): 67-74.

保险思想,然而遗憾的是它们均停留在理论层面,缺少对实践的指导意义。

第三,信用保险机制带有明显的西方色彩,一是它为舶来品,产生于西方资本主义发达国家;二是中国自古以来就缺乏信用评价机制,流传着"不做中,不做保"的谚语,乡间社会依靠的是个人的威信,无形的信用难以估计,因此这一时期的信用保险只能沿袭西方的设计。

第四,信用保险发展滞后,有其主观和客观的原因。在主观方面,信用保险始于近代,是一种全新的保险险种,信用保险理论体系有待完善,个人信用如何划分等级,如何科学地计算保险费,如何利用风险池转嫁信用风险等问题都还没有得到完美的解决。在客观方面,一是国内的信用制度缺失,中国自古以来宣扬的是依靠个人道德的内化作用,积累信用,而非依靠制度设计,故其受众面窄;二是大众对信用保险的认识渠道有限,理解存在偏颇,没能了解信用保险的积极作用,对新事物采取拒绝的态度;三是我国工商实业尚不发达,社会组织与欧美等国家也不同,保证人制度久未改进,信用保险难以开展。

第三节 国民政府前期的社会保险思想

北洋政府时期,西方社会保险理念的引入和传播,客观上促进了中国社会保险思想由传统社会救济向现代社会保险的转变。1927年南京国民政府成立后,军阀混战割据的局面逐渐改变,政府的工作重心逐渐由战争转向经济建设。生产力水平的提高,在带动中国经济进入快速发展时期的同时,也导致我国的劳工生存环境恶劣。1929年,《中华全国工人斗争纲领》中说,在帝国主义的指使下,全国工人阶级受到大规模残酷的资本进攻,"使工人的工作强度无限制的增加;降低工资,克扣工资,滥罚工资,打骂工人,延长夜工",使上海80万工人过着空前黑暗的地狱生活。[①] 其中,

---

① 中华全国总工会中国职工运动史研究室. 中国历次全国劳动大会文献[M]. 工人出版社,1957:285.

女工的遭遇更凄惨，经常遭到羞辱，连结婚、生子都受到被开除的威胁，甚至童工也受到同样的残酷剥削与虐待。① 劳动者对疾病、养老、伤害等劳工保险的要求日益强烈，工人为争取自身利益不断斗争。正如朱斯煌谈到中国劳工问题时说："中国工业虽属落后，而劳工运动之热烈轩昂，决不在其他国家之下。"②为巩固统治基础，缓和阶级矛盾，南京国民政府开始尝试社会保险制度的建设。学者们对社会保险也有了新的深化认识。

一、普办劳工保险的必要性

保险界精英忧国忧民，大力号召要顺应社会潮流，普及社会保险。杨培之指出，中国农民人口数量庞大，但是连年来的兵灾、水灾、旱灾，③导致大量农民流离失所，流入城市成为工人；加上世界经济恐慌，仅1933年失业归国的华侨就以百万计，国内失业人口大大增加。但是，工厂工人生存的基本权益无法保障，如因工受伤者得不到补助，身亡者无法得到抚恤，故罢工经常发生，如"以上海一埠而言，几无一日无工潮发生"，④ 工厂因无法正常运转而亏损，进而停止运行，新工厂鉴于国内的混乱前景而不敢设立，因此国内社会更加不安宁。"人民乃是社会之原素，不能安居乐业及身后无相当保障，社会即致发生病态，国家将渐趋于衰弱"。⑤ 金狮也描述了劳工保险缺乏产生的消极影响："我国劳动者之种种一切痛苦，

---

① 中国李大钊研究会. 李大钊全集(修订本)(第五卷)[M]. 北京：人民出版社，2013：28.

② 朱斯煌. 民国经济史[M]. 台北：文海出版社，1985：375.

③ 例如，据1929年10月10日《大公报》专讯表示，调查显示，一年来，全国仅浙、滇、鲁三省无旱灾。至1930年，陕省已连续干旱3年，其重灾区已无人烟，轻灾区人口数减少50%~60%〔参见：李文海，林敦奎，程歗，宫明. 近代中国灾荒纪年续编(1919—1949)[M]. 长沙：湖南教育出版社，1993：231、268〕。1931年6—8月，江、淮流域发生百年罕见的大水灾，23个省份不同程度地受水患波及，受灾人数达1亿，遭洪水吞没者有370余万人，农产品损失4.57亿元(参见：邓云特. 中国救荒史[M]. 北京：商务印书馆，2011：42).

④ 金狮. 劳动保险之理论与实际[J]. 勇进，1935，4(1)：14.

⑤ 杨培之. 劳工保险概论[J]. 保险季刊，1937，1(3)：65.

如疾病、伤害、老废、失业等无法避免之灾害，而我国政府当局与工商业资方团体，从未一加挫意，提供劳动者补偿之法，使工人不得不自谋补救之道，因而造成怠工、罢工等风潮，使社会秩序受影响，工商业为其阻滞而不能发展"。① 金狮还表示，我国若想振兴工商业，那么"对于劳动问题，必须予以解决。劳动问题之彻底解决，须相当的补救，劳动保险的提倡实施是必能达到的，亦能予以劳动者以莫大之安慰，而除去其无法避免的灾害降临之惶恐心理，以安定工商业之发展。"②

祝世康指出："劳动保险为近代社会政策之一，故又名社会保险，是国家或私人，根据危险分摊之原则，使劳工于偶然发生不测之困难，致其丧失或减少劳动能力与机会时，将其一人所受经济上之损失，由国家或多数工人负担。故劳动保险制度既可救济劳工困难之境况，又可补救资本主义经济之流弊，用意深远，办法妥善，欧美工业先进国家，业已普遍采用，良有以也。"他认为，中国也应尽快举办社会保险以解决劳工之"燃眉之急"，促进社会稳定和增加生产。所以"为今之计，惟有全国上下戮力同心，一方面停止外货之购买，以防帝国主义之侵略；另一方面，创办生产之事业，以充裕人民之生计。欲使社会经济宽裕，必先举办社会保险"。③ 潘公展也认为，中国工业虽较西方各国落后，但近年的劳资纠纷经常发生，给社会带来了很不好的影响，中国劳动者生活本身困苦，再加上外有帝国主义在华进行经济侵略，内受水旱天灾的影响，中国的民族资本主义经济发展落后，工人生活更难增进，而且当时中国的劳动者教育落后，受到一些反动分子的煽动就会罢工闹事，造成生产事业不稳固。要解决这一社会问题，首先应当减少罢工，颁发通令禁止罢工关厂，因为中国的实业如能振兴，劳动机会就能大大增加，失业问题也会减少，这对工人本身也是一件好事。其次应当遵孙中山总理的遗教，在实业发展中实施技术改良，改善工作环境，减少劳工的伤亡、疾病事故的发生。最后，要推行劳

---

① 金狮. 劳动保险之理论与实际[J]. 勇进, 1935, 4(1): 15.
② 金狮. 劳动保险之理论与实际[J]. 勇进, 1935, 4(1): 15.
③ 祝世康. 劳动保险[J]. 民生, 1932, 1(17): 10.

工保险,在劳工发生事故之后加以救济,不使其穷途末路铤而走险,"是以推行劳工保险,以中国现状而言,实为至所必需者也"。①

总结起来,开办劳工保险、普及社会保险的必要性就在于,一是中国劳工数额庞大,是仅次于农业劳动者的第二大团体;二是自帝国主义实施经济侵略以来,奴役迫使中国劳工以实现更大的利润,中国民族实业为与外国抗衡也不得不压迫劳工,置劳工的健康与性命于不顾,且工资低微,致使中国的劳工生存于水深火热之中,一旦发生事故则毫无应对之力;三是国人经济条件艰苦,体力薄弱,迫切需要在各方面有所保障;四是连年来中国灾害频繁,进一步恶化工人的生存环境;五是大量工人失业,中国人民困苦,发生意外后无法保障基本生活。劳工罢工滋事不断,一方面扰乱了社会秩序,另一方面也阻碍了经济发展。为此,为劳工提供保障,普遍实行社会保险是一国发展到一定阶段所必需的。

二、关于社会保险基本原理的研究

(一)社会保险的内涵

社会保险的理念,最早出现于17世纪末,欧洲有学者提倡增进工人之利益,以救济工人经济损失为目的,实行与工人切身利益相关的疾病、损伤、衰老、残废、失业等保险救济。北洋政府时期,学者对社会保险的认识比较单一,国民政府前期,学者对社会保险的含义有了进一步的了解,但对社会保险不同层面的认识存在不同。

萧立②、张法尧③、言心哲④等人均对中国社会保险的内涵进行了论述,但他们一般将社会保险等同于劳工保险,如卢正表示,"劳动保险,就是以保险的方法来救济劳动者因负伤、疾病、老衰、残废、死亡、失业

---

① 潘公展. 试办劳工保险[J]. 保险季刊, 1937, 1(3): 3.
② 论我国应推行劳工保险[J]. 银行周报, 1936, 20(19): 75.
③ 张法尧. 社会保险要义[M]. 上海: 华通书局, 1931: 1.
④ 言心哲. 社会保险浅说[J]. 民鸣月刊, 1932, 4(2): 56.

等生出经济上的损失而不能负担的"。① 言心哲则认为："社会保险又名劳动保险，为缓和阶级斗争，救助资本制度劳动阶级困穷的社会政策之一。此种保险制度，足以促进社会幸福、增加物质生产。"②陶百川认为："劳动保险的意义，就是说国家或私人，对于现代这些借工资生活的劳动者，因为偶发的事故，减少或丧失劳动能力与劳动机会，因而将其时一人所受的经济损失，分配于大多数人的负担中。这便叫做劳动保险制度"。③

不同的是，张明昕认为，近代社会保险包括疾病、负伤、生育、残疾、养老、死亡、失业等，并指出其存在狭义与广义之分。狭义的社会保险只包含疾病和衰老保险；广义的社会保险则保障民众的生老病死。张明昕还指出了社会保险的三大意义：①能补偿人民因为意外、疾病或残疾等所受的薪资上的损失；②为死亡者家庭提供保障；③能够在投保者衰老、没有劳动能力时提供养老金。从这个层面上讲，他认为，应将不以盈利为目的的任何一种保险都称为社会保险。④

陈稼轩则将社会保险定义为"就多数人所自觉之同一危险，而此危险乃由偶然发生，被其损害者亦为少数人，因此多数人谋分担其经济上之损失，而组织团体或公司，征集要保人加入"。⑤ 他同样也将社会保险分为广义和狭义，只是内容与张明昕有所区别，他认为广义社会保险以全国的民众为对象，狭义的社会保险以劳工为对象，也就是说，劳工保险的实质就是社会保险，只是二者的范围不同，并且近年来各国的社会保险正在趋于向广义方向发展，二者之间的界限正在逐渐模糊。

此外，学者们对社会保险中不同类别险种的涵义与界定，也存在一定的差别。以健康保险为例，健康与疾病相对，在一定条件下可以相互转化，"健康"一词仅指身体各系统器官处于功能正常，无病痛与虚弱的

---

① 卢正. 劳动问题纲要[M]. 广益书局，1929：87.
② 言心哲. 社会保险浅说[J]. 民鸣月刊，1932，4(2)：56.
③ 陶百川. 中国劳动法之理论与实际[M]. 大东书局，1931：230.
④ 张明昕. 简易寿险与社会保险[J]. 保险季刊，1936，1(2)：25.
⑤ 陈稼轩. 劳工立法之社会保险问题[J]. 保险季刊，1936，1(2)：60.

第三节 国民政府前期的社会保险思想

状态;疾病指身体失常或者精神衰弱,是由于身体内在原因而非明显的外来原因所引起的。从狭义上讲,部分学者将健康保险又称为疾病保险,不包含伤害保险,仅指普通疾病,不是因外部工作所造成的。张法尧指出:"疾病保险,又叫做健康保险,是对于不因业务上事由得短期间疾病及负伤的保险"。① 但是,从广义上讲,部分学者认为,凡劳工遭受身体疾病或死亡等灾害均属于健康保险范围,包括疾病保险与伤害保险在内。牟鸿彝认为,劳工因工作环境恶劣等外部因素的影响以及自身工作疏忽、劳累过度等因素导致的疾病或死亡均属于健康保险的保障范围。② 子熙也认为,劳工因业务关系遭遇灾害或者遭遇特种业务疾病,虽不是雇主的错误,但在法律上雇主需负担直接的赔偿责任,此为健康保险制度。③ 屠隐哲指出:"健康保险之宗旨,即所以保障所有工业工人,以免除灾害、疾病及死亡之经济困难",④ 所以所有劳工均应为健康保险的被保险人。陈定闳同样表示,健康保险应包括疾病保险和灾害保险两大类,因为保险者和被保险者存在经济关系,健康保险有利于降低灾害事件发生的概率,降低保险费用,因此灾害保险也属于健康保险的范畴。⑤

可以看出,当时学者对社会保险的概念辨析还不够清晰,甚至还有将社会保险与商业保险混为一谈的现象。但是,可以发现,近代的社会保险与劳工保险,其实质是相同的,劳工保险就是指狭义上的社会保险,而至于失业保险等则是劳工保险或社会保险的具体险种。同时,近代的社会保险与现代意义上的社会保险内容相比,存在重叠之处,只是现代的社会保险内容更为完备,覆盖范围也更为广泛。

---

① 张法尧. 社会保险要义[M]. 上海:华通书局,1931:14.
② 牟鸿彝. 健康保险概论[J]. 健康杂志,1930(2):6-8.
③ 子熙. 劳动保险之重要与种类[J]. 勇进,1934,3(5):624-628;1934,3(7):670-671.
④ 屠隐哲. 健康保险[J]. 工业安全,1935,3(3):271.
⑤ 陈定闳. 健康保险论:中国社会卫生问题[J]. 医事公论,1936,3(12):4-7.

(二) 社会保险对个人的效用

在当时，中下阶级家庭对于疾病带来的医药费用最难以负担，且普通民众对西医缺乏了解，一旦患有疾病，多迷信旧习，或因为经济困难，选择低价的中医治疗和不就医，导致错过最佳治疗时间而断送生命的现象屡见不鲜。疾病的发生，轻则使人患病、暂时无法正常工作；重则导致残疾、死亡，给本人及家庭带来精神上的痛苦，或因失去家庭主要的劳动力，造成更严重的经济损失。正如《太安丰保险界》"保险情报"专栏所言："以社会经济之衰落，一般生活之艰难，无论个人或每个家庭间，均有不堪疾病医药费之担负，而感觉无力就医及治疗之痛苦，以致直接丧失个人之幸福。"①

国民政府前期，关于社会保险对个人的意义，学者有了新的认识：对于劳动者本身，社会保险是灾害的救济、经济的补助。

第一，保障劳动者的基本利益。社会保险的首要目的就是保障劳动者及一般低收入者在遭遇意外事故时的基本经济生活需要，吴耀麟、张法尧②等都认为劳动者在受到伤害时可以通过社会保险得到救济，如吴耀麟表示："劳动者有危险发生，就依其灾害的程度，分别贴偿其损失。"③陈定闳也认为，健康保险实施的目的，在于保全劳动力，疾病时给予疗养给付，使劳工迅速恢复健康。④

第二，保护劳动力资源，社会保险的施行有利于维持健全的劳动力及恢复被损的劳动力资源。

第三，维护劳动者的自尊心。吴耀麟认为，社会保险不同于慈善事业的救济性质，它可以维护劳动者的自尊心。⑤

---

① 提倡健康保险组织中国保健社[J]. 太安丰保险界，1936，2(21)：6.
② 张法尧. 社会保险要义[M]. 上海：华通书局，1931：36.
③ 吴耀麟. 社会保险之理论与实际[M]. 上海：大东书局，1932：28.
④ 陈定闳. 健康保险论：中国社会卫生问题[J]. 医事公论，1936，3(12)：4-7.
⑤ 吴耀麟. 社会保险之理论与实际[M]. 上海：大东书局，1932：29.

第四，社会保险具有教育的作用。吴耀麟认为，社会保险可以促进人们养成储蓄的习惯和相互关爱的美德。①

此外，吴耀麟认为，社会保险是改善劳动关系的第一步，也是资本家对劳动者的妥协，因此可以缓和阶级冲突，维持暂时和平的状态。

三、关于社会保险运营方式的研究

（一）实施社会保险的方案

1. 实施社会保险，要进行大力宣传

当时中国人民普遍受教育程度较低，对于保险缺乏基础的认识，要普及社会保险，必须使广大民众认识到保险的好处，社会保险才能得到大力推行。潘公展指出，实施劳工保险首先要进行宣传："欲谋推行，先须普遍宣传，使朝野间均有此项感觉，然后实际施行方少阻碍"。② 他还表示，可以先在上海进行劳工保险的试办。因为上海为中国工业最为发达之地，上海的劳资纠纷与社会问题自然也比较多，如果由上海先行实施劳工保险的话，"全国亦必闻风而起，举为响应"。③

2. 开办社会保险，应当由国家强制开办，渐进实施

社会保险的具体开办方法，陈稼轩、关可贵等人简略提及了中国社会保险针对范围较广，强迫劳工参加社会保险，应由国家设立专门的机构。而潘公展则作了更为翔实的介绍。他认为，劳工保险必须强制实行，并且由政府机关开办。因为中国劳工大多受教育程度低，工资不高，糊口尚有困难，如果劳工保险可根据劳动者意愿自行参加，那么指望他们深谋远虑地参加劳工保险以为未来生活提供保障定然难上加难。"倘采用自由保险制度，则参加者必难踊跃，救济工人之目的亦不易达到"。④

---

① 吴耀麟. 社会保险之理论与实际[M]. 上海：大东书局，1932：30.
② 潘公展. 试办劳工保险[J]. 保险季刊，1937，1(3)：3.
③ 潘公展. 试办劳工保险[J]. 保险季刊，1937，1(3)：3.
④ 潘公展. 试办劳工保险[J]. 保险季刊，1937，1(3)：5.

第四章 国民政府前期的保险思想(1928—1936)

如果采用强迫保险制度，由国家制定法律强制推行，则全部劳动者均能参加，保险公司经济力量雄厚，财政基础稳固，救济事业才能顺利施行。

劳工保险由私人保险公司联合举办还是政府举办，两者互有利弊，但大多数学者都支持国营的观点。吴耀麟认为国营社会保险的优势有："①国家有信用；②组织整齐；③复有营利的性质"。① 潘公展认为，只有政府举办的劳工保险才能真正做到公正严明、不以盈利为目的。如果由私人联合举办，那么"关于事业之基础，经营之方法，盈余之处理，均须由政府规定方案，实施监管"，② 因为劳工保险与普通保险事业相比是极其不同的，前者以保障国计民生为重点，后者则更注重盈利。

在实施方式上，均主张渐进实施。祝世康建议："先采用近切之伤害保险，次及疾病保险，然后老年保险，最后采用失业保险。盖伤害保险较易实施，可先采用。至于失业保险颇难推行，惟有于其他保险已显成效后，再行使工人强制保险也"。③ 潘公展认为，先从疾病、失业、死亡三项入手，然后渐渐增加保险种类，保障劳动阶级的基本生活。

(二)关于社会保险的责任主体

祝世康、潘公展等主张劳动保险费用应由被保险者、雇主两者负担，国家只需负责规划、监督。如李葆森认为，雇主应该负担部分保险费用，理由在于，健康保险能够保全劳动者的健康，保持劳动者的劳动能力，提高劳动效率，雇主会享受到劳工健康保险带来的利益，且伤病的原因与职业有很大的关系，从道德方面来讲，雇主理所应当参与劳工健康保险事业，并负担一部分保险费。④ 潘公展认为，由被保险人、雇主与国家三者共同负担的方法是各国劳工保险中最普遍与最公平的，假使做不

---

① 吴耀麟. 社会保险之理论与实际[M]. 上海：大东书局，1932：41.
② 潘公展. 试办劳工保险[J]. 保险季刊，1937，1(3)：5.
③ 祝世康. 劳动保险[J]. 民生，1932，1(17)：10.
④ 李葆森. 劳动保险法ABC[M]. 上海：ABC丛书社，1931：56.

到这样，保费也应当根据中国的实际国情征收，不能过高。祝世康提出"国家目应促进劳动保险之发展。惟提倡之时，亦不必代筹保险之经费，只须经济方面，负担一部分之责任。劳动保险，即可奏效"，① 他还表示，各国劳工保险中，依据职业危险原则，不论伤病是否由于雇主的疏忽，工人偶然或故意致伤，均可由雇主承担赔付责任。② 该主张在一定程度上是受到苏联的影响，苏联作为社会主义国家，支持国有资本，抑制私人资本，但在当时的中国，私人资本占主体，能提出此种见解，确实难能可贵，这也体现出南京国民政府前期保险思想兼容并蓄的重要特质。

因为社会保险的推行，在我国尚属创举，所以并没有统一的规定和要求，对于社会保险的具体运营方式，学者们大多采取折中的办法，根据实际的需要，采长去短，而最终的理论方案不仅需要得到国家的认可，还需要接受实践的检验。

第四节　国民政府前期的保险立法思想

清政府的没落，以及北洋军阀的割据、南北争战，各种法令、政策都没有得到有效的贯彻实施。"民族保险业的发展，亟需制定一部全国统一的、切实可行的保险法规。"③ 1927 年，南京国民政府成立后，"鉴于保险事业故关国计民生"，④ 为进一步规范保险业发展，着手重新修改、完善相应的保险法规，并将保险法编入了民法典。1928 年 9 月，国民政府金融管理局制订了《保险条例草案》（共 9 章 29 条）。⑤ 1929 年 12 月 24 日，立法

---

① 祝世康. 劳动保险之经费问题[J]. 劳工月刊，1932，1(4)：39.
② 祝世康. 劳动保险之经费问题[J]. 劳工月刊，1932，1(4)：35-42.
③ 中国保险学会. 中国保险史[M]. 北京：中国金融出版社，1998：69.
④ 桂裕. 保险法论[M]. 台中：三民书局，1981：5.
⑤ 全国经济会秘书处. 全国经济会议专刊[M]. 上海：商务印书馆，1928：96-100.

院第 68 次会议决定将《保险契约法(草案)》原开头变为第一条,明确将保险契约制度编为保险条款,其余条款内容不变,顺序依次递增,并更名为《保险法》(共 3 章 82 条),包括总则、损害保险、人身保险。虽然立法院删掉"契约"二字,但从目录内容来看,这依然是一部保险契约法,也是近代中国第一部较为完整的保险法规。因其为草创,故于 1935 年,由立法院商法委员会另行起草,"不佞当时受聘为驻沪商法专门委员,承当局谬采虚声,以寝馈商法数十年之经验,实司笔政",① 于 1936 年起草完成,经实业部和上海市保险同业公会的十余次逐条讨论后,于当年 10 月 17 日呈报院会,该次修正案"系参酌目前事实,及菲律宾之新法",② 立法院第四届第 80 次会议讨论,其中第 67 条受民法委员会审查时未予通过,遂于 11 月 27 日的立法院第四届第 81 次会议上通过,并由国民政府公布于 1937 年 1 月 11 日。《保险业法》《保险业法行政法》也经讨论后于同日公布。

1936 年 5 月 10 日,国民政府颁布了《简易人寿保险法》(共 38 条),是近代中国最早的一部关于人寿保险的专门法规。不久,邮政储金汇业局保险处在该法基础上拟定了《简易人寿保险章程》(共 9 章 71 条),其经行政院修正后,于 1935 年 9 月 12 日以院令公布,包括内分总则,契约之成立,保险费之缴纳,保险金额之给付,契约之变更,保险契约的效力之终止、停止、回复及其解除借款,团体契约和附则。③

同时,关于劳动者阶层的保险法规也得以公布,如《陕甘区域内之临时劳动法》(1927 年)、《广东省整理保险事业暂行条例》(1928 年)、《劳动法典草案》(1929 年)、《工厂法》(1929 年)、《保险公司暂行管理办法》(1930 年)、《整理保险公司暂行章程》(1930 年)、《强制劳工保险法草案》(1935 年)等。④

---

① 中国通商银行. 五十年来之中国经济:中国通商银行创立五十周年纪念册[M]. 1947:200.
② 沈春雷. 中国保险年鉴·1937[M]. 上海:中国保险年鉴社,1937:8.
③ 沈雷春. 中国保险年鉴[M]. 上海:中国保险年鉴社,1936:231.
④ 周华孚,颜鹏飞,等. 中国保险法规暨章程大全[M]. 上海:上海人民出版社,1992:4-389.

南京国民政府先后公布的这些法规条例,是业界相关学者在借鉴西方国家经营,并结合国情进行思考,以及不断试验后的结果。它们的内容愈发详密,结构愈发严谨,逐渐涉及保险业的方方面面,尤其个别法规的贯彻实施在中国保险法制建设史上有着重要的地位。

一、保险立法因素考量

(一)保险立法体例的选择思想

世界各国保险立法体例主要有分别立法和合并立法两种模式。清末的保险立法借鉴日本模式,采用分别立法体例;在沿袭该体例基础上,北洋政府时期的保险立法更新了德国模式,以《保险契约法草案》为典型;国民政府前期,保险立法仍沿用了分别立法体例,但是,在民商法的编订体例上,南京国民政府打破了过去制定统一商法典的做法,将原属于商法中的保险法、公司法、海商法等划出商法典,分别制定成单行法,其他部分商法内容则根据实际情况编入民法典,这种民、商法杂糅的编订方式也成为"民商合一"的编订体例。虽然保险法制定时间并不长,但仍将其单独罗列出来,除了因为保险法具有特别的性质外,也是为了能在交易上更加安全迅速,保证公平合理。而且,保险行规习惯变化很快,须随时根据实际情况修改法律规条,单行法规更易方便行事。

关于保险法体例的编订,是对西方各国已有成例的参照,从中选择了适合本国国情的编制体例。"关于保险法之编制,各国法例大别为二:其一,以单行法行之,其二,以商法典中定之。前者如德、瑞、英、美各国之保险法是;后者如日、意两国之商法是。至海上保险,则因受路易十四海事条例之影响,东西各国,多以之编入于海商法中焉。我国对于商法编制,昔采法典主义,商行为草案关于保险部分之规定,仅分损害保险与人寿保险两章,又于损害保险章中,列举火灾保险与运送保险之二种,共计不过五十七条,完全仿照日本商法之例而定者也。八年十二月三十日公布之新保险法则仿德、瑞诸国之例，以单行法行之……保险法之编制，似较商草为进步，以人身保险得包括人寿保险，伤害保险，疾病保险等一切关于人身之保险于其内也。"①余国雄也认为，《保险法》之前的保险立法"系采日本商法法例"而成，而修正后的《保险法》是在"前此民商两法，分离而立，兹则合并为一，其不能合并者，若公司法、票据法、海商法、保险法等，则分别订成单行法"，也就是更多的"仿德瑞两国立法例也"。② 在此之后，1935年立法院通过的《简易人寿保险法》也是采用日本立法体例。

保险立法体例继承了大陆法系国家保险立法体例的传统，而毗邻中国的日本成为首要之选，不管是在人文地理上还是风俗习惯上，日本与中国都有许多相似之处，移植日本的保险立法体例不失一种明智之举。这也符合大陆法系国家保险立法体例的传统。对于具体模式选择上的思索，充分体现了学者们注重联系当时中国民族保险业的具体状况，更加强调保险立法的实用性、科学性。综合而言，当时学术界关于保险立法体例的思想是符合世界主流思想的。

此外，对于海上保险体例之规定，有学者认为："海上保险，向例均附属于海商法中，与一般列于海商行为编之保险，分别规定，不相统一。在于采取商法法典编制之国家，因商行为与海商法同属于商法典之范围，次序难有先后，而应用当无不便，而今日我国对于商法法典既不编订，而各种商事法规，均以单行法行之，则同为一种财产保险，而将火灾保险与海上保险(即水险)分别规定，不仅对于编制体例，不甚妥善，即于法律应用，亦觉未便也。即就各国保险法规之编制体例言，除法日等国商法以外，其他如菲列宾等保险法，亦有水火两险并列规定者，至学者之论保险法，常将水火两险相提并论，更无论矣"。③ 所以对于海上保险的立法编制体例还有待思考和斟酌，寻找一种适合国情的编制方式。

---

① 王孝文. 评保险法之编制[J]. 法令周刊，1930(10)：2-3.
② 余国雄. 修正保险法案之我见[J]. 中行月刊，1937，15(1)：17.
③ 短评：保险法有修改施行之必要[J]. 太安丰保险界，1936，2(3)：1-2.

(二)移植西方保险立法思想

1927年4月,由北洋政府聘请的法国顾问爱斯嘉拉拟定《保险契约法草案》(共4章109条),内容包括"保险法则""损害法则""人身保险"和"终结条款"四个方面,甚为完备与详细,是以前颁发的任何一部保险法所不能比拟的。该草案在保险契约法中借鉴和参考了法国和德国保险立法的相关内容,并根据当时的国情确定了严格监管的方式。这是中国首次采用了保险契约制度,明确规定了保险人与被保险人的权利和义务,将订立契约双方的关系以平等的法律方式予以规定,这也是法制观念近代化的进步表现。"要保人者对于保险人为要约人,亦即与保险人对立之契约当事人,也不论自然人与法人,均得为要保人,如以他人之被保险利益为保险之标的,或为他人之利益而订立契约者,则对于保险人单付保险费之给付,如以自己之被保险利益,或身体之伤害,付之保险者,则对于保险人,一方固负给付保险费之义务,而他方则为被保险人或受益人,亦即所谓义务人而兼权利人也。"①这种权利与义务的关系既是保险契约的基本要素,也是法律制度的基本体现要素,平等的法制观念在保险契约上得到了深刻体现,亦逐渐深入人心。同时,这种保险契约制度也引入了保险利益原则,它是保险合同生效的重要要件。例如,《保险契约法草案》第四条规定"为他人利益订立之保险契约虽该他人承认,在危险发生之后,仍享受其利益",就是对保险利益均等原则的体现,这也是西方各国保险立法的基本原则。

但在起草《保险契约法草案》的过程中,有学者明确强调在参照西方保险法律的基础上,应结合中国国情,有选择地加以参考借鉴,像德国、瑞士都采取强制执行契约,订立契约双方没有自由修改契约条件的权利,而法国虽以强制条文为主,但附加有解释或补充契约当事人意思的条文。各

---

① 王效文. 中国保险法论[M]. 上海:中华书局,1930:38.

国采取的执行方式虽各有差异，但坚守的保险原则是相同的，即"保障被保险人之利益，制止保险人之专权"。在我国尚属初立保险契约，应结合中国国情，持鼓励支持态度，不可一味照搬他国的保险条例。正如吕岳泉所说："我以为国情各有不同，宜于甲国的未必也宜于乙国，他们德、日之所以能采取干涉主义者，因其保险事业已经发达的程度，故得畅然推行，无所阻碍。现在中国保险事业，还很幼稚，全靠政府的提倡，人民的赞助，才能日趋于发展，不然政府法规多一味限制，常因治外法权的关系，施行于华商的并不能同时施行于洋商，结果反致束缚国人自营的公司业务的发展。"①所以，由此看来，在保险立法初创之时，不仅要积极学习、借鉴西方保险立法的成功经验和立法思想，更要结合本国国情，在保险内容的制定上有所创造，才能行之有效。这表明，我国保险立法已经由被动接受"西学"的方式逐渐转化为主动初创的思维模式。

(三)限制外国保险业的立法思想

为了稳固民族保险业日渐兴盛的发展局面，打破西方国家长期垄断中国保险市场的局面，迫切需要通过法律的途径来保护民族保险业的发展。吕岳泉后来指出："我国自营的保险事业，尚在幼稚时间，以国际商业竞争的激烈，处境更异常艰难，所以，今日政府欲提倡工商事业，必须特别从维护国人自营的保险事业入手"。② 诸耕鍟同样表示："外商银行在华势力甚大，吸收华资，投资外商事业，使整千整万有用之华资，多为外人所利用，其弊端之深刻，固不待智者而后知。而外商保险事业，在华势力尤大，吸收华资，投资外商事业，其害较诸在华外商银行，有过之而无不及，而常人多漠然不之觉也。"③所以，为了维护华商保险的利益，对外国保险公司在华业务应做一定的监督与限制。

---

① 吕岳泉. 立法当局对保险事业应有的注意[J]. 华安，1933，1(4)：9-10.
② 吕岳泉. 立法当局对保险事业应有的注意[J]. 华安，1933，1(4)：9-10.
③ 诸耕鍟. 立法院通过保险业法之感想[J]. 兴业邮乘，1935(36)：9-12.

1931年6月，行政部向各省发布"国有财产企业保险应由华商承保令"，并表明，因上海保险同业公会"为官有财产如需水火保险，请一律归华商公司投标承保"案件，因其未明示，以华商公司投标为限，致最后结果不尽如人意，"系为杜塞漏卮，挽回环境利权起见"，如遇此等情形，可"前据实业部呈请到院，当经通令，遵照在案"。① 1936年11月，经多次讨论修订通过的《保险业法》（共7章80条），其"最重要之焦点，厥为中国保险业与外国保险之区分"，② 其中第十条规定"外国保险公司，在中华民国领域内，设立分支机构或委托代理人或经纪人时，应呈实业部批准，并依法登记"；第二十条规定："外国保险公司之经纪人，依前条规定，其领有执业证者，其营业范围，以通商口岸为限，并不得委托他人在内地代为经营或介绍业务"。③ 此项规定在一定程度上限制了外商保险公司的展业范围，洋商经纪人只能在通商口岸招徕业务，这有力地保护了民族保险业的发展，同时也防止了资金外流。对于人寿保险，因其"有储蓄之性质，其所积存之责任准备金，为数颇巨，且保险契约之期间甚长，甚至以终身为条件，如准予华洋合资，难免权操外人，所有资金，必将投放于国外"，因而规定"人寿保险之股东，须全体为中国人"。④ 王效文同时指出："立法院所拟之保险业法第一次及第二次之草案，均有保险业之股东或社员，应以有中华民国国籍者为限之规定。在立法者之意，无非欲借此以保护纯粹华商之保险业。俾得与洋商之保险业相抗衡。以保险业法草案中，尚有其他条文，专为保护华商之保险业而设者也。"⑤

---

① 周华孚，颜鹏飞，等.中国保险法规暨章程大全(1865—1953)[M].上海：上海人民出版社，1992：129.
② 中国通商银行.五十年来之中国经济：中国通商银行创立五十周年纪念册[M].1947：200.
③ 周华孚，颜鹏飞，等.中国保险法规暨章程大全(1865—1953)[M].上海：上海人民出版社，1992：168-169.
④ 沈雷春.中国保险年鉴[M].上海：中国保险年鉴社，1936：24.
⑤ 王效文.保险业法中之几个重要问题[J].法学杂志，1935，8(3-6)：32.

第四章　国民政府前期的保险思想(1928—1936)

对于监督外国保险业的理由，郭雨东作了详细说明：①外商保险公司征收的保费，有汇往其本国或投资于他国的可能，导致该国资金流出；②保险业先进的国家，容易侵入保险业落后国家，垄断该国保险事业；③法律与习惯差异，容易滋生纠纷；④两国发生战争时，保险利用者可能丧失习惯权益；⑤订立契约愈多，与国人利益关系越紧密，倘若发生政治冲突，经济利益会有所屈服。① 基于此，有必要对外国保险业实施监督，但不能过于严格，以免影响国际道德、通商义务、两国交情等。同时，郭雨东介绍了各国的监督政策，例如，英国系保险事业发达国家，对外政策主要采取放任主义；法国受观念影响，其政策有时宽于英国，但对人寿保险严格依照"人寿保险公司监督法"(1905年)第7条第3项②规定予以限制；日本对外政策大体采取保护主义，其法令监督政策规定，按经营险种收取不同的保证金。而针对我国保险事业发展落后的情形，对外政策上宜采取保护主义，但就我国保险业法而言，保护色彩并不浓厚。我国保险业法对外国保险公司进行了相关规定，其中较为重要的是第20、22、23、24条，其中，第20条将外国保险公司营业范围限于通商口岸，除此之外，其他皆享有同等待遇。然而，因当时我国保险意识薄弱，能了解保险利益的民众大多限于通商口岸较有文化的人，同时，只有通商口岸的大都市才有招徕巨额水火险契约，可见，该限制对于外国保险公司营业并没有造成太大影响。因此，郭雨东认为，我国对于外国保险事业的监督政策"过于宽大"。③

这些都是当时保险立法思想中提倡限制外商保险业思想的体现，但由于执政当局的不坚定性和西方列强的强制干涉，实施效果较差。虽然限制外商保险业的条款没有得到很好的执行，但却得到了许多爱国志士的一致

---

①　郭雨东.外国保险业监督论[J].太安丰保险界，1937，3(1)：5-6.
②　该项规定："凡以经营人寿保险为目的之外国公司，不问在法国或法国属地阿尔及利亚(Algeria)所订立之保险契约，其资产中除不动产外，须将其残余之全部，提供于主管机关保管之"。
③　郭雨东.外国保险业监督论[J].太安丰保险界，1937，3(1)：7.

好评，赢得了广大民众的支持和倡导。学者诸耕锃在评价保险业立法中，提道："保险业法有取缔外商在华经营人身保险事业，及不准公司兼营财产保险与人身保险之规定。其蓄意何在，就管见所及，约略可述……我国立法诸公，明察斯理，及时挽救危局，遂于保险业法中，有限制外商之规定，是亦取缔外国经济侵略之一良策也"。①

二、对保险法规的评价

（一）对《保险法》（1929年）的评价

1929年南京国民政府颁布《保险法》，从起草、制定、修改到最后的公布，每一个环节都是谨而慎之、反复斟酌的。内容上，在继承北洋政府时期颁布的《保险契约法草案》的基础上有所发展和调整，依然沿用保险契约制度，并规定了保险法的适用范围，但是并没有对保险契约作具体的阐述，只规定了保险契约的时效期，"保险契约应以保险单或临时保险书写之，变更保险契约或恢复停止之契约效力时，保险人于接到通知后，十五日内不为拒绝者，视为承诺。"②对于保险种类的设置，在先前的商行为草案中曾作过统一规定，仅有损害保险中的火灾保险、运送保险与人寿保险三种，而财产保险中的海上保险归类于"海商编"中。而本法重新设定了保险种类，除了损害保险中的火灾保险，以及人身保险中的人寿保险外，新设置了损害保险中的责任保险与人身保险中的伤害保险，责任保险代替了原来的运送保险。对此种险种的更改，有学者对此评价道："我国保险法损害保险章中之分类，所以不傲日本法之例，而以责任保险，代替运送保险者，盖以送保险原系责任保险之一种，其范围实较责任保险为狭，代以责任保险，则凡信用保险，汽车保险等类，皆得包括于其中，于实际上应

---

① 诸耕锃. 立法院通过保险业法之感想[J]. 兴业邮乘, 1935(36): 9-12.
② 王效文. 保险法释义[M]. 上海：上海法学编译社, 1937: 15.

用，较为便利也。"①但王效文认为："……改人寿保险为人身保险之一点而论，保险法之编制，似较商草为进步，以人身保险得包括人寿保险、伤害保险、疾病保险等一切关于人身之保险于其内也。然自其删除运送保险，而代之以责任保险之一点而观，则又未免有所未合。盖损害保险不止一种，分别列举本嫌烦赘，商行为草案仿照日法之例，特为规定火灾保险与运送保险之二种，已觉不妥，而保险法又将运送保险删除而代之以责任保险，尤为不当。夫责任保险既须分别规定，则其他如运送保险、盗劫保险、汽车保险等之一切损害保险，亦应一一加以规定，方为完美。"②

虽然该《保险法》的制定被寄予了厚望，但它的颁布却迎来了保险界专家众说纷纭、参差不齐的评价。这很大程度上是由于制定该《保险法》的步伐没有跟上日新月异的保险行业的发展步伐，远远落后于当时保险的实际发展情况，所以这部保险法也一直颁而未行。在双方契约上，该保险法并没有将被保险者的损失赔偿全部归纳其中，与实际操作想要达到的效果有所差别。王效文认为："保险之目的，惟在损害之赔偿，而损害之发生，不能离人物，故论保险法之编制当以瑞士之保险法为最优，我国保险法关于保险种类之规定，敩日法而不采瑞例，不得谓非立法上之失策也。"③针对这一现状，有学者提出："保险法公布以来，六年于兹，迄未施行，以至保险当事人间所定之契约条款，无所依据，不得不以英美通行之票据保险单，作为一般保险契约之条款，然因习惯不同，翻译不易，偶有疑难之事发生，保险当事人间，即不免彼此隔阂之处，虽在事实上保险公司常有退让以求适当之解决，然因于法无据，终非长久之道也……（已颁布保险法）对于保证特款及保险权利等项均无明文规定，内容似嫌简略，欲求实际上之适用，实有修改之必要也。"④

---

① 王孝通. 论我国修正保险法[J]. 信托季刊, 1936, 3(4): 155-160.
② 王效文. 中国保险法论[M]. 上海：中华书局, 1930: 29.
③ 王效文. 中国保险法论[M]. 上海：中华书局, 1930: 30.
④ 短评：保险法有修改施行之必要[J]. 太安丰保险界, 1936, 2(3): 1-2.

（二）对《简易人寿保险法》（1935年）的评价

为了更好地规范简易人寿保险的发展，邮政储金汇业局搜集各国关于人寿保险的法律章程，发现与我国简易人寿保险相类似的外国保险立法有：英国的《工业保险法》，法国的《平民保险法》，德国的《国民保险法》以及日本的《简易生命保险法》等。经过详细考察和筛选，最终认为最速成、效果最显著的当属日本的《简易生命保险法》。1931年秋，邮政储金汇业总局①参照日本《简易生命保险法》而拟定了《简易人寿保险法》草案，由交通部转呈立法院审核，但因"九·一八"事变与"一·二八"事变而暂搁，1933年再次呈报。1934年9月，邮政储金汇业局保险处股长张明昕奉交通部命令，远赴日本考察简易人寿保险制度等。② 回国后，他撰写了《日本寿险业务概况》《考察日本简易寿险报告》（1935年）等报告和著作，向国人介绍了日本简易人寿保险（小额人寿保险）的发展概况，包括其意义、组织、特点和方法等，他认为，中国情形与日本相近，日本所用方法均可为中国效仿，提出自己对中国实施该险种的意见；同时附录中列入《简易人寿保险法》《日本简易寿险法》等法规4种。他表示"其应为我国效法"。③ 其中，第七条"被保险人之免验身体"颇受争议。

随后，邮政储金汇业局拟定草案交由交通部审查，经过半年以上的调查修正，最后呈交立法院进行最后的审核，在召开多次会议讨论后，国民政府立法院于1935年5月10日修订并通过了《简易人寿保险法》（共38条），其中，第十六条规定，受益人享受利益，取决于保险人死亡时间距保险契约成立时间之间的长短。这基本上是维持了原草案的内容，除了第五条保险金额原拟定为50元至900元为限，决议改为50元至500元为限。

---

① 1930年3月，邮政储金汇业总局成立，在成立初始，就设有保险处，只是当时的保险处只限于保险信函、箱匣。
② 朱家骅.交通部指令第15922号[J].交通公报，1934(601)：29.
③ 张明昕.保险讲座：日本寿险业务概况[J].人寿季刊，1935(9)：22-23.

《简易人寿保险法》的制定不仅受到平民百姓的欢迎，而且得到部分保险界学者的高度好评。学者王辅宜对该法案评价道："此制之创立，可谓法良意美，无可疵议。惟事之成败，半取决于法，半取决于人，欲急起直追，媲美于先进诸国，尤不能不切实当其事者之精勤努力，以创法意，此又不独斯业为然也。"但是又因为没有一个良好的施行环境，"现当外患内乱，纷起叠乘之际，地方不治，民生凋敝，徒有良法，亦难从容实施，此固无可论言，然而无论如何，障碍终究一时，一地之现象，国家事业之建设，计划决不能因是而停顿。且中国之大，法律未曾不可分区分期逐渐推行。区区之见，以为于最末一条，付政府以伸缩之权，俾得斟酌实地状况，定其缓急足矣。"①由此可见，如果当时有一个和平安宁的社会环境，保险法必定能获得良好的实施效果。

三、保险业监管思想

保险事业法是一种用于监督和管理保险事业的行政法规，故又称为保险事业监督法。它与社会保险法、保险法施行法共同构成了保险公法体系，立法的初衷都是为维护和规范民族保险业的健康发展而设立的。保险业最初是由私人买办成立经营的，虽然初始势头良好，但逐渐受其行业性质影响，常因投机破产而使广大投保人蒙受损失。而国家一方面因其发展时间短、规模小，并未投放太多的精力对其进行特别管制，另一方面，也试图效仿西方国家采取自由放任主义模式，不对其进行太多干涉，给予其足够的空间放任其自由发展。这种放任主义模式在当时显然是不符合中国国情的，因为没有雄厚的财力作为后盾，以及缺乏妥善的经营管理，民族保险业的发展势必困难重重。所以，大部分学者都比较支持国营保险业的经营模式，借助国家的力量促使其更好地发展。这是因为"保险不仅强固个人之生存力，抑且强固国民之团结力，不仅奠定交易、企业及个人生计

---

① 王辅宜. 简易人寿保险制度之创设[J]. 交通杂志，1932，1(2)：93.

上之安全，抑且赖以供给生产资本，助成产业之发达。不仅加强社会连带之法则，和缓贫富之悬殊，抑且发挥人类互助之本能，达到共存共荣之目的。其结果直接对国民经济既有密切关系，间接对社会文化亦有重大影响"。①

(一)保险监督的必要性认识

德国著名保险学者波斯(P. Boss)对于保险监管的必要性曾提出："国家对于保险事业之监督，一方面系基于增大保险事业对于国民经济之社会的意义；另一方面，乃为调整业务部内部之不调和，借以健全保险事业之发展，故各国自十九世纪后半期起至二十世纪初期，纷纷制定保险监督法，借以建立国家的保险监督制度。"②学者王辅宜也积极支持并主张创建简易人寿保险事业监督机制："简易人寿保险事业，关系中下资产阶级之生活问题，普遍全国。其基础之稳固与否，影响社会经济者甚大。且其性质为一大规模之社会事业，故须有相关之监督机关，而监督之权，又不宜完全操之于政府之手。故草案第三十六条，特设监察委员会，且规定监察委员会名额中，至少三分之一须非现任官吏，而富有学识经验及资望者，俾业务得以公开，而信用因之益著。"③郭雨东则从三个层面分析了保险业监督的重要性：①保险事业的经营，不是依据精密的数理，其基础不易牢固，一般科学知识肤浅的民众，对此易缺乏判断力；②保险契约，尤其是人寿保险契约特别长，一经成立，非经过悠久之岁月满期或危险事故发生时，关系不能中断，倘国家不加干涉，多数被保险人之利益均无保障；③保险事业在国际商业市场占有很重要的地位，若自己国家经营不善，他国就可能取而代之，所以保险事业幼稚的国家，容易被保险事业发达的国

---

① 陈顾远. 保险法概论[M]. 南京：正中书局，1947：6.
② 陈云中. 保险学[M]. 台北：五南图书出版公司，1984：190.
③ 王辅宜. 简易人寿保险制度之创设[J]. 交通杂志，1932，1(2)：93.

家所压迫,譬如,当前中国的保险事业大多操于外人之手。① 显而易见,为了保证民族保险业的健康发展,采取一定的保险监管措施是非常有必要的。

郭雨东还提出了保险监督的三种原则:①准则主义。只规定保险业者于一定时期,以一定方式,发布其营业成绩,这就要求该国的保险思想必须普及,保险事业基础较为牢固。②公示主义。国家先以法律规定保险业者的部分准则,这就既给予了保险业者一定的自由,又能避免投机者的产生。③干涉主义。国家不仅预先规定保险业者的准则,而且在必要时,对保险营业实体,行使直接监督权。这三种各有优劣,具体应该采取何种监督政策,应根据该国的经济状况、文化程度来决定。他认为,在当时私有制社会里,国民经济发展非常重要,一旦经营失败,立即会影响社会安全。因此,他建议,在保险事业基础尚不牢固,保险教育未普及的中国,以实行干涉主义为一良策。②

(二)关于保险监督组织的探讨

在设立保险法规的同时,南京国民政府也设置了许多监管保险业的立法机构。1927年11月,南京国民政府在财政部内设金融监理局,并在《金融监理局组织条例》中规定,由该局第二科具体负责对保险业的监管,即"关于交易所、保险公司、信托公司、储蓄公司、储蓄会及交易所经纪人之注册及其业务审核事项"。③ 1928年,《保险条例草案》的第22条再次重申了金融监理局的监管权,金融监理局可呈请财政部,对有违反法令、损害社会金融或损害投保者利益等行为的保险公司,予以解散或停止营业等处分。

---

① 郭雨东. 论列强保险事业监督政策[J]. 保险季刊, 1936, 1(2): 19.
② 郭雨东. 论列强保险事业监督政策[J]. 保险季刊, 1936, 1(2): 19-20, 23.
③ 周华孚, 严鹏飞, 等. 中国保险法规暨章程大全(1865—1953)[M]. 上海: 上海人民出版社, 1992: 89.

关于保险业监督机构，究竟采取何种组织，保险业形成了两种意见，一是主张实业部应组设监督委员会；二是主张实业部应设置专员。主张前者的理由为：保险事业繁琐，"非一人之力所能处理，须集多数人之才能，方能措置裕如"。主张后者的理由为：从效率层面讲，采取专员制较委员制敏捷。①《太安丰保险界》对此发表评论，并指出，保险业监督事宜，如审核登记、核定保费、检查财产、核准转账契约等普通职务，由保险业监管，实行专员制。只有《保险业法》第 14 条中规定的"保险业经前条第二项检查后，认为由违背法令或其资产不足清楚债务，并返还责任准备金或必须期间内，依法改正，或变更执行业务之方法，并为保护要保人被保险人或受益人之权利，得令其停止营业或解散之"，与保险业本身关系较巨，不能由一人专员独自完成，但遇此相关事项时，可以聘任专家若干人，组设评议会辅之，则可免除专员制的弊端；如果保险业之监督采取委员制，至少要 3 人以上，且须富有学识与经验，而符合该条件的人是否愿意，亦是问号；同时，在保险机关草创之时，各项经费尚无着落，若还要向监督委员会发放薪酬，该笔费用是否适宜以及是否能够支付，都存在问题。②

四、劳动保险立法思想

西方社会保险理念的传入为中国社会保险立法提供了理论基础，而劳工问题则是工业化进程中推动社会保险立法的社会动因和现实基础。虽然出现了多次向工厂资本家要求增加工资和休息时间，改善工作环境等的罢工斗争，但是因缺乏组织性，取得的成效并不显著，并没有从根本上解决劳工的问题。随着无产阶级队伍的不断壮大，他们联合社会各个阶级进行斗争。在劳工阶级不断的罢工斗争下，资本家不得不妥协，答应劳工部分或全部要求。劳工阶级的罢工运动也引起了国民政府的重视，为了尽快恢复经济生产，其响应劳工阶级的要求，将社会保险立法提上了议事日程。

---

① 监督保险业之专员制与委员制[J]. 太安丰保险界，1936，2(2)：2.
② 监督保险业之专员制与委员制[J]. 太安丰保险界，1936，2(2)：2.

（一）劳动立法中的注意事项

孙中山先生提出："中国工人地位低微，乃由于中国国家地位的落后；工人所受的痛苦，乃由于整个国家受各个帝国主义种种压迫所生的痛苦。因为近百年来，列强帝国主义者借不平等条约来剥削我们人民。我们受此等'卖身契'所束缚，无形中已变为列强的奴隶，几乎失去改革政治、发展实业的能力与自由……中国劳工问题，自始便联系在民族解放运动之中，而成为民族革命的一支主力军。这是中国劳工问题的一个特殊性，也是实行劳工政策须注意的重要一点。"[①]1928年10月，国民政府成立了立法院，全国重要的法律都先由中央政治会议议定，再交由立法院起草通过后，呈请国民政府公布施行。关于劳工立法的原则，政治经济会议规定为："三民主义的立法必须立于社会公共利益平衡的基础上，第一，对于社会之安定者，即人民生命的安全，公众身体的健康与秩序的维持，经济生活的安全和保障，都是社会生活所必需的条件，为了社会生存和人民的福利，法律必须加以保护；第二，对于社会中的团体和制度者，人不能离开社会而生存，为求生存之有合理的进步及更经济的生活，遂有家庭的、学术的、宗教的、政治的、经济的等种种社会集体。这些社会集体，只要没有违反整个社会与国家的公共利益，而且兼足以增进整个社会、国家的福利，法律都该给予鼓励和保障。根据上述理由，所以将社会之安定列为立法之第一方针，经济事业之保障发展为第二方针，社会各种利益之调节、平衡为第三方针，把此原则应用于具体问题，则会使社会的生产日增，经济的生活日裕。用三民主义的立法原则来讨论劳动问题，以法律约束生产家与劳动者，在相互有利的范围中，可以使再生产不断地发展，从而保障社会全体的福利。"[②]

1930年，章渊若介绍了英国劳工立法的历史和现状，他表示，通过对

[①] 朱子爽. 中国国民党劳工政策[M]. 重庆：国民图书出版社，1941：7-8.
[②] 朱子爽. 中国国民党劳工政策[M]. 重庆：国民图书出版社，1941：50、51.

英国社会立法史实的分析,我国在社会立法方面应注意以下几个方面:

(1)适应时代的需要。社会立法在近代立法上占有重要位置,因为法律是某种时代的反映,是适应时代的潮流。但是工业的发展以后,社会组织愈发复杂,经济状况剧烈变化,自由主义的经济已经暴露出很多缺陷,已经不适应时代精神和社会发展的需要。社会立法是国家干涉主义修正的结果,是客观时代所需要的补救消极和预防社会病状的一项工作。

(2)防患于未然。"社会立法的重要与发展,虽须视各国经济状况而应有程度之差异",但"亡羊补牢"终归不如"未雨绸缪"。尽管中国经济状况不如西方列国,但当局管理者仍有必要注意和实行两大原则:"不要等人民吃着了苦,然后手忙脚乱地想办法";"要在人民没有呼号的时候,先为杜绝病痛的来源"。①

(3)因时制宜。他以英国的史实为例,如1819年,皮尔氏(Pells)在"工厂法"中提议禁止童工,禁止一切毛纱纺织厂雇佣童工,却遭到了广泛的反抗,因为这断了童工的生路,直至1833年,该提议才落实。这就是时机不够成熟所致。同样,章渊若认为,中国现在生产落后,企业不发展,如若此时照抄别人的成法,则在实际上苦了人民、害了民族。

(4)由零碎到完整。他认为,若没有系统的法律,则往往会顾此失彼,从而在"失彼"的时候忽略了人民实际的苦痛。故我国立法者应注意此点,在编订法律时,须兼筹并顾地作出周详体贴的考虑。

(5)从粗制到精密。即律文的含义要严密精到。"我们的笔订律之先,务必加以一番精细的观察,周详的思考,以及实地的调查"。②

(6)从消极的救济到积极的保护。前者为治标的办法,后者才是自救的法门,积极的保护需要注意两点:"工人智识能力的提高"及"工人社会地位之增进"。不能照抄各国的老文章,中国"后来居上的立法者"更需谨记。

(7)节制资本,平均地权。"这是民生政策,是解决社会经济问题的最

---

① 章渊若.英国之社会问题与社会立法[J].东方杂志,1930,27(10):39-41.
② 章渊若.英国之社会问题与社会立法[J].东方杂志,1930,27(10):39-41.

轻便而最中要害的办法"。① 英国的社会立法者曾注意到这两点,但未有实际的效果。他表示,如我国的社会立法能在此方面防患未然而对此两点加以注意,则不仅能使社会受福无疆,而且能在世界社会立法史上大放光彩。

因此,彻底解决中国劳工问题具有一定的难度和复杂性,这就需要既深刻了解中国国情,以及劳工问题的发展现状,从而提出相应的解决办法;同时,可以借鉴西方的经验教训,但不能一味地照抄西方成文。

(二)劳动保险立法内容

1.《劳动法典草案》所体现的劳动保险思想

1929年2月,《劳动法典草案》(共7编21章863条)由劳动法起草委员会编撰完成,该法案的出台,标志着近代中国社会保险立法进入了草创阶段。该草案的第七编为劳动保险,并分为伤害保险和疾病保险两章,因老废保险和失业保险非当时所急需,故未被纳入。伤害保险(第一章,共148条)与疾病保险(第二章,共116条)的内容,均包含总则、被保险人、保险人、保险给付责任、危险率及危险预防、保险费、罚则、诉讼和附则。主要涵盖伤害、疾病、生育三个层面,具体为:

第一,关于强制保险制度的范围,如伤害保险中从事工业、矿业、建筑业、陆上及内河之运输业等行业的劳动者,疾病保险中有工资收入的劳动者,除特别规定的,都为强制保险的对象。

第二,关于保险给付的范围和方式。伤害保险给付给的范围包括医疗疾病津贴、残废年金、遗族年金和丧葬费;疾病保险给付的范围包括疾病给付、分娩给付、丧葬费、家族扶助等。

第三,关于保险费用的分担比例。地方疾病保险社之事务费由政府负担,事业疾病保险社之事务费由政府对于各社每年津贴500元。保险社为

---

① 章渊若.英国之社会问题与社会立法[J].东方杂志,1930,27(10):39-41.

支付疾病保险给付及其他法令规定之费用征收保险金，保险金之计算方法为各被保险人之标准工资乘以保险金率。强制被保险人之保险金由本人及其事业主各负担1/2，任意被保险人之保险金由本人负担。保险金率除为充足正常给付之必要外，不得超过标准工资之4.5%。①

第四，关于保险组织和实施的具体内容。保险社在设立前须形成章程，由政府制定并提出，还要征得有关系之事业主及劳动大会的同意。代表大会由伤害保险社及疾病保险社中的事业主或其代理人及被保险人各方选出代表并形成组织。同时，还规定了理事会的选举方式和职责、财务的管理办法、监督的权限和内容以及刑责的具体实施等内容。

《劳动法典草案》是我国第一部较为完整的劳动保险法规，它借鉴、吸纳了国外社会保险立法的基本理论和经验，劳动法典的编撰参照了德、法、英、日等国的成法草案以及国际劳工会议的决议，并"介绍学者之理论，参照我国特有之习惯，准诸党义，考诸统计，折中于劳动中心主义与资本中心主义之间，于不妨碍产业之发展或存在之限度内，予劳动者以相当之保障，即以促进劳资之协调"。② 同时，吸取了之前立法失败的经验，结合近代中国产业落后的实际情况，考量了大众的实际状况设置相应的保险法规。比如在被保险人方面，既划定了强制保险范围，又规定了任意被保险人；在保险费用给付方面，采取分项目费率，伤害保险与疾病保险分别制定不同的保险费率。除此之外，还采用劳动保险与社会救济相结合的原则，争取让劳动人民都享受到应有的利益保障。该法案首次将伤害保险、疾病保险编入保险法案中，无疑是近代社会保险实践的一次重大进步，但是该草案在内容上缺少养老、失业保险等项目，在形式上也不具有独立性，而且由于种种原因，这一法规并未实施。

2.《工厂法》所体现的劳动保险思想

1929年12月30日，南京国民政府公布了《工厂法》，其中规定："凡

---

① 吴耀麟. 社会保险之理论与实际[M]. 上海：大东书局，1932：257-258.
② 吴耀麟. 社会保险之理论与实际[M]. 上海：大东书局，1932：228-256.

用汽力、电力、水力、发动机器的工厂,平时雇用工人在30人以上者适用工厂法。每六个月应将工人名册,工人伤病及其治疗经过,灾害事项及其救济,退职工人及其退职之理由等,报告主管之市政府或财政府。"①该劳动法主要内容包括童工女工、工作时间、工资、工作契约、工人福利、工厂安全与卫生设备、工人津贴及抚恤、工厂会议、学徒以及刑则等。这是国民政府正式颁布的第一部劳动保护法规,虽然没有对社会保险作专门的规定,但是有近似于社会保险的内容。该法规多来源于《劳动法典草案》,但其中删去了专门规定的有关劳动保险的条款,而仅在第45条对劳动者伤病或死亡作了相关规定,如"在劳动保险法施行前,工人因执行职务而致伤病或死亡者,工厂应给其医药补助费及抚恤费"。② 同时,该法存有诸多不足,如:天朗认为,《工厂法》"范围极狭,并且没有强制使资行方履行的规定",只是限于条文规定,劳工仍旧难以得到保护。③

该法颁布后,地方劳工行政机关与资方团体提出了一些修改意见。如上海市社会局认为:"按本法所举发动机及人数之限制,系并举的而非联属的。推其意似任何工厂必同时具备此两条件方可适用本法。但查本市区内各工厂,其无发动机而人数在30人以上者,及有发动机而人数略低于30人之限度者,为数当亦不少。此两种工业究竟适用本法与否似应有明白规定。按工厂工人除直接生产者外尚有非直接生产者,如门丁、庖工、杂役等是。而原文于'雇用工人'四字之含义并未指明,将来事实上恐易滋争端也"。④ 还提出"本条所请'执行职务'四字含义甚广,如工作时因药品或机器爆裂而致伤病死亡,固由于执行职务,而某种工厂之工作,可以促成肺痨,则肺痨亦因执行职务而起,故此四字,似应有较为切实之规定。又如工人因工厂意外灾变而致伤亡,而此项灾变,并不发生于执行职务之

---

① 吴耀麟. 社会保险之理论与实际[M]. 上海:大东书局,1932:155.
② 吴耀麟. 社会保险之理论与实际[M]. 上海:大东书局,1932:210.
③ 天朗. 创办劳动保险的研讨[J]. 勇进,1934,2(4):341-347.
④ 王莹. 各地修改工厂法意见[J]. 劳工月刊,1932,1(1):25-26.

时,则此项伤亡工人,是否即无须给以医药抚恤等费。又工人因执行职务而致伤病死亡,其原因或由工厂设备不全,或因工人自身忽略错误,或因其他工人失职而遭波及,是否无分轻重,概由工厂依照本条负给费之责任,亦应有规定"。①

这些修改意见,涉及面广,涵盖《工厂法》77 条条文中的 36 条,和《工厂法施行条例》的 4 条,均被各资方团体陆续呈送至实业部。其中,较为集中的意见是有关工人名册呈报、工作时间、禁止女工夜工、工人休息与休假、女工产假工资、工人津贴与抚恤、工厂会议代表资格等内容。从各方的修改意见来看,都是为争取自身利益而要求的修改:地方劳工机构希望法规能够切实可行,避免劳资纠纷;资方解释自己的困难,希望缩小《工厂法》的实施范围,减少有关给付的负担。而劳工则希望扩大保障的范围,增加社会保障的给付,以保障基本生活。

在此种情况下,国民政府实业部征集各方意见,与工厂法委员会共同研究,根据国内实际情况,对《工厂法》进行了重新修订,于 1932 年 12 月重新公布了《修正工厂法》和《修正工厂法施行条例》。在实施范围方面,适用《工厂法》之工厂,仍定为平时雇用工人在 30 人以上者,但将"仅限于使用汽力、电力、水力发动机器者之工厂"中发动机器的"汽力、电力、水力"六字删去。《工厂法施行条例》规定《工厂法》所称工人,系指直接生产或辅助其生产工作之工人而言,其雇用员役与生产工作无关者,不在此限。

在女工生育保险和工伤保险方面,修正为"女工分娩前后休息时间,仍定为 8 星期。但休息期间的工资,若女工入厂不足 6 个月,则减半发给。实业部所拟草案中之'职业病',被认为无规定的必要,予以删去"。② 并对《工厂法》第 45 条中的津贴、丧葬、抚恤等给付方式稍微做了修改:"一、伤病及残疾津贴至少每半月一次;二、丧葬费于工人死亡之翌日,一次给予其家属;三、抚恤费于工人死后一月内给予工厂法第四十六条规

---

① 王莹. 各地修改工厂法意见[J]. 劳工月刊,1932,1(1):71.
② 修正工厂法[J]. 纺织周刊,1932,2(46):1292.

定之受领人。"①同时规定:"在劳动保险施行前,工人因执行职务而致伤病或死亡者,工厂应给其医药补助费及抚恤费";"但工厂资本在5万元以下者,得呈请主管官署核减其给予数目。"②

经过修改后的工厂法规,是南京国民政府花费气力最大、得到推行并取得一定成效的劳动法规,在一定程度上对工人的生活起到了保障作用。学者李振发对其评价道:"工厂法,是为解除工厂劳动者工厂生活中所受之弊害而制定之法律,工厂劳动者所受弊害甚多,大体可分为三类:一因工厂劳动者在某种条件下劳动之结果而起者,例如,劳动时间之过长,和幼年及妇女之彻夜劳动而生之弊害。二是由于工厂之建筑设备而起者,例如,危险之机器装置而无适当之预防设施,与工厂之光纤不足而使用瓦斯硫酸等药品,或厂屋中之空气流通与缺乏卫生设备。三是由于厂家之压迫操纵而起者,例如,不时之解雇,工资之低减。概括以上之弊害,其影响所及,不特攸关劳工之福利,亦且有害于公共卫生,有碍于国民教育,甚或紊乱社会之良善风俗,扰乱社会之安定秩序,工厂法之制定与实行,拒容忽视。是故工厂法者,乃保护劳动者,增进其福利与地位,一方面谋生产效率之增进,另一方面造成健全之国民生活基础之立法也。"③然而,它仍然遭到许多工厂主的极力抵制和学者的批判。如,陈稼轩指出,"工厂法之四十五条,其条文之简单,与范围之狭窄,并不足为劳动保险法施行以前之救济,已甚鲜明","然在今日高唱经济建设之中国,若提议此项法规之编撰,似不合时宜。然一究社会之实际,则其需要之迫切,实在一切法令之上。况我国既已批准外国工人与本国工人关于灾害赔偿应受同等待遇公约之草案,就该约第三条之规定,中国亦应'于三年之内制定以保险或其他方法规定工人灾害赔偿之制度',故即就对外方面言,亦宜有详明

---

① 实业部劳动年鉴编辑委员会.民国二十一年中国劳动年鉴(第五编)[M].台北:文海出版社,1990:69.
② 颜鹏飞,等.中国保险史志[M].上海:上海社会科学院出版社,1989:258.
③ 李振发.工厂法述评[J].劳工月刊,1935,4(1):1-6.

具体之社会保险法，始能完成国际之义务"。①

3.《强制劳工保险法草案》所体现的劳动保险思想

据1935年实业部中央检查处发表的当年全国工业灾害统计结果，工人死伤人数为5629人。但这一数字被同期出版的《工业安全月刊》质疑为失实，认为实际数据应为其4倍，即22568人，也就是说，全国工人中每20人有1人死伤。

面对如此严峻的劳动保障问题，国民政府决定对社会保险立法制度进行完善，遂命令实业部以《劳动保险草案》(1929年)为蓝本，编撰完成《强制劳工保险法草案》(共8章50条)，旨在设立保险制度，以救济工厂及矿业工人由职业发生之疾病伤害死亡及非职业疾病分娩等所受各险(老年及失业除外)。该草案分为总则、被保险人、保险人、保险给付、费用负担、审查请求及诉愿、罚则和附则，内容涉及医疗、工伤、疾病、生育等保险。在保险对象上，"凡工厂矿场受雇之人，均应参与两种强制保险即伤害保险和疾病保险，但未满1个月的临时工人或年薪超过千元以上的工人除外"；在保险费上，由工人和业主各负担一部分；在保险待遇上，"一旦遇有伤害疾病时，由保险社依照规定条例，分别给予下列各项津贴：伤害津贴、残废年金、养病津贴以及生产津贴，依照当时情形而定"；对于保险组织，平时雇用工人在500人以上的工厂、矿场，政府将令其单独组织，或联合组织保险社，其组织章程依照规定原则拟定，须先呈请核准，方能发生效力。② 这是南京国民政府时期较为完备的一次社会保险立法尝试，是第一部社会保险单行法规。

《强制劳工保险法草案》在保险种类及保险项目的设定上沿袭了《劳动保险草案》的大部分规定，但是在部分内容上作了修补，是对社会保险法的不断修正和完善。这主要体现在：首先，法案的名称及保险范围的划定

---

① 陈稼轩. 劳工立法之社会保险问题[J]. 保险季刊, 1937, 1(3): 75.
② 颜鹏飞, 等. 中国保险史志[M]. 上海：上海社会科学院出版社, 1989: 293-294.

都突出了强制社会保险制度的立法原则；其次，调整了保险费的分摊比率，伤害保险由雇主完全承担改为分担80%，疾病保险费由与被保险者平均分摊改为60%，虽然一定程度上增加了被保险人的负担，但是从中国当时社会的实际情况来看，资本家势力强大，为了能让雇主接受此方案的规定，保险费的改动不失为一种比较合理的保险费分担办法，增强了可实施性；最后，由国家直接参与管理保险业务改为监督及指导之责，实现了保险法案的独立性。《强制劳工保险法草案》从其规定和术语上看，都与现代社会保险法的范畴相近，但是在立法院的审议中没有通过。之后抗日战争爆发，这部草案最终未完成立法程序，以搁浅告终。

此外，1931年6月，国民政府颁布了《中华民国训政时期约法》（共8章89条）。其中第四章第42条规定："为预防及救济因伤、病、废、老而不能劳动之农民工人等，国家应施行劳动保险制度。"①1931年12月29日，国民党上海市政府当局公布实施《上海市工人待遇通则》（共30条）。第22条规定："在劳动保险法施行前，工人在厂因执行职务而致伤病确有实据者，雇主应负担其医药费，在医疗期间3个月内，不得解雇，并须每日酌给平均1/3至2/3之津贴。"第23条规定："前条伤病工人死亡时，雇主应给予30元之丧葬费及平均工资1—2年之遗族抚恤费。"②但此通则遭到雇主与工人的反对，上海市政府于1936年7月8日重新修正并颁布了《修正上海市工人待遇通则》（共31条），新增一条规定："雇主为工人储蓄保险或其他各种利益得提存工资之一部分，但应征得工人同意并详拟办法呈候社会局核准。"通则最终才得以实施。

4. 关于人力车夫的劳动保险思想

人力车是民国时期大城市最主要的交通工具，人力车夫主要来自农村，大部分为失业或无技能的农民，他们一旦遭遇疾病或死亡，家庭生活就会陷入困顿之中。当时上海公共租界区内有大量人力车夫，租界工部局

---

① 颜鹏飞，等. 中国保险史志[M]. 上海：上海社会科学院出版社，1989：242.
② 颜鹏飞，等. 中国保险史志[M]. 上海：上海社会科学院出版社，1989：248.

为维持社会稳定，保障财政收入，于1935年2月6日成立人力车夫互助总会，并规定在租界内凡持有人力车夫执照的均为其组织会员，以此来缓和人力车夫的情绪。1936年5月1日，上海市公共租界人力车夫互助会设立保险委员会办理车夫团体寿险事务，其险种可分为死亡保险和伤害保险两种，被保险人为全体会员。这在当时被视为"在我国中先具有社会保险形式的保险组织"。① 该保险委员会机构精简节约开支，经费来源完全由车夫缴纳，征收办法为：车主每月初按每辆车先垫付会费1.5元，交由保管委员会保管，车夫遇险，由保委会赔付，是车夫自己为自己提供保险。② 该会订立保险办法规定"凡登记车夫，每人保险赔款，为国币四十元，车夫因任何原因死亡者（触犯死刑者不在此例）或因遭意外危险及其他原因致失去双肢，双手双足，或一手一足者或致双目失明者，或致一目失明及一手或一足终身残废者概赔全数。凡因遭受意外危险或其他原因致一目失明者，或一手或一足终身残废者，赔款半数，且赔款极为迅速，在可能范围内，必须在二十四小时内给付之"。③ 据统计，上海市人力车夫互助会从1936年7月开始营业，在四年中共受理案件1562件，赔偿约6万元。1937年1月9日，南京市人力车夫福利会修正通过了《筹备南京市人力车夫福利事业计划大纲》，其中规定：①酌办人力车夫失业救济；②设立人力车夫养老基金；③举办人力车夫团体保险，以及免费保产及接生、免费供给自来水、资助丧葬费用、设立人力车夫代笔处等。④

抗日战争胜利之后，该业务与战前规定不同，要求车夫上交额外基金，因车夫负担不起，此项业务即停办。人力车夫保险因其保险自理的形式，被视为"实开我国劳动保险之先声"。但是从实质上讲，人力车夫保险是一种互助保险，其没有政府的参与，算不上严格意义的现代社会保险，

---

① 陈煜堃. 社会保险概论[M]. 南京：经纬社，1946：23.
② 吴至信. 中国惠工事业[M]. 上海：世界书局，1940：15-20.
③ 上海车夫互助会保险事业[J]. 国际劳工通讯，1936，3(12)：183-184.
④ 颜鹏飞，等. 中国保险史志[M]. 上海：上海社会科学院出版社，1989：330.

只是颇具社会保险的雏形。

(三)完善失业保险法规的思想

失业是全世界劳动界中的一件最普遍、最痛苦的事。失业者的人数一天天地增加,特别是经济发生变动之时,各国失业人数则是惊人的激增。关可贵将失业分为三种类型:缺乏劳动能力、懒惰不愿意工作、想要工作并努力寻找却无法找到工作。① 其中第三种类型有就业意愿但失业的原因在于以下几点:一是生产过剩,产业革命以后,生产能力大幅提升,但是人们的消费能力有限,产品滞销,工厂盈利低,负担不起工人工资,就会大幅裁人;二是季节转换,有些工作易受季节影响,如农业种植、建筑业等只能在特定季节进行生产;三是经济周期,经济周期发展,繁荣与景气并存,经济低迷时失业就会增多。这在一定程度上反映了西方经济学在中国的传播已经较为普遍。

失业对个人和社会安定以及经济发展方面的影响在于,失业会让个人颓废堕落,易滋生犯罪,造成社会发展不稳定,减少民众收入,降低社会购买力,导致工业发展落后。对于失业问题,目前常用的方法有四种,一是改善工厂的行政法,限制雇主随意解雇工人,二是由国营企业吸收调剂失业人口,三是设立公立或私立的职业介绍所,四是制定失业保险法,前两种是以预防为主,后两者是以补救为主。由于工人大多穷苦,存储不多,等待职业介绍所介绍工作时无法保障生活,因此失业保险法的建立相当重要。

当时的失业保险法大致有四种实行方式。一是自动实行方式,也就是工厂为解决工人生活问题而建立工会,实施失业保险,由工人缴费,这种形式的失业保险缺乏普遍性,而且工人的负担也会较重。二是任意的实行方式,由政府发起,外界慈善团体予以资助,含有慈善的性质,普遍性不高。三是公共资助方式,由政府发起,各工会代理举办,对于保费的缴纳及

---

① 关可贵. 失业保险法之发展概况[J]. 保险季刊, 1936, 1(2): 46-59.

赔付金额的多少具有随意性，这种制度具有一定的优点，但对于工会不发达的地方则难以实行。四是强制方式，政府举办，强制加入，由政府、雇主、投保者个人共同负担保费，并且对投保进行了一定的规定，比如保费缴纳要满一定期限才可得到失业补偿，补偿时也必须查明失业原因，若是罢工引起则不赔付，而且赔付的金额也要以日常工作为限，避免滋生懒惰。

同时，关可贵认为从世界部分国家失业人数变化中也可以看出各国的失业保险法的推行发展速度。1919年，推行失业强制保险的国家，仅有英国一国。英国的强制范围限于某种特殊工业的工人，当时强迫被保险人的人数约370万人左右，合计世界被保险人也不过500万人。1919年纽约国际劳动大会之后，各国相继于20世纪二三十年代设立了较为完善的失业保险法规，强制失业保险事业发展飞快，参与失业保险的人口激增，此前失业保险人数一直维持在较低水平。1936年各国参加失业保险的人口数目，如表4-3所示。因此，关可贵认为，中国必须实行强制失业保险，才能进一步促进社会保险事业的发展。

表4-3 1936年各国失业人口数目①

国家名称	参加失业保险人口数目(人)	国家名称	参加失业保险人口数目(人)
德国	16 738 000	英国	12 100 000
意大利	2 600 000	波兰	1 033 000
苏俄	10 000 000	瑞士	150 000
丹麦	628 000	芬兰	不详
荷兰	388 000	挪威	42 000
法国	200 000	捷国（捷克斯洛伐克）	1129 000
合计：44 492 000			

① 关可贵. 失业保险法之发展概况[J]. 保险季刊，1936，1(2)：50.

学者祝世康也指出:"今日中国之谈劳工者,只知工厂中工人之苦,不知失业者之苦,千百倍于有业工人。且工厂之工人为数甚少,至失业之人,则在数万以上。欧美各国救济失业之根本办法,为分配公共事业之工作,使工人得常受雇。今吾国对于经济建设问题,已甚重视,可解决部分失业工人问题,但在劳动法内,同时应规定一种职业介绍,建设总所于南京,分所各县……除此介绍所之外,另有治标办法,即劳动保险制,是按劳动保险之范围甚广,包括伤害保险,灾害保险,卫生保险,老年残废保险,以及失业保险。英国在1912年采用强制失业保险后,成效卓著。吾国劳动法亦应参照各国制度规定一种保险方法,使失业工人不致因生计艰难流为盗贼,至于劳动法通过以后,执行问题亦颇为重要,故在立法之时,应先详加规定,以免于施行时发生阻碍。"①

第五节 国民政府前期的保险思想特点

一、新兴保险理论增多

中国的银行业投资于保险业,民族保险业得到了快速发展,同时,保险经纪人、保险公证行兴起并得到发展,学者对相关保险理论的认识得到了深化,并产生了一些新兴保险理论。例如,水灾保险涵盖风险较多,危险发生的情况较为复杂,因缺乏实际经验,学者对保单及其契约条款的研究较多;火灾保险的保险标的物众多,群众防火意识强,因而火灾保险有一定的基础,故学者广泛地探讨分析火灾保险的可保风险,提出估计火灾保险损失的科学方法。此外,学者在借鉴国外先进理论和实践经验的基础上,结合国情,开办了适合中国民众的简易人寿保险险种,其保费低、投保便利,能满足人口中占大多数的中产以下民众的保障需求。1930年,信

---

① 祝世康. 对于劳动法之意见[J]. 国货评论刊, 1929, 2(9): 25-27.

用保险首次在中国出现，打破了传统保人制的弊端，能免除纠纷，有助于社会稳定与进步。以上均表明，当时保险业务的繁荣和保险理论的创新，展现出中国保险理论的近代化色彩。

二、保险立法进入实质阶段

近代中国民族保险业的"不可内生，只得外求"特征，注定了中国缺乏"本土"新型社会经济制度的运行规则，从而决定过去的保险立法思想基本局限于简单的模仿与移植西方保险既已成文的模本，而不可能有更多的自主创新。随着民族保险业的发展，政府和学界对保险立法有了足够重视，保险立法思想日渐成熟，对保险业种种条件的硬性规定和严格要求越来越丰富，不能不说中国社会经济正在向法律化、正规化迈进。

在社会保险方面，《劳动法典草案》(1929年)中有关社会保险的内容占了一整编，其开创了社会保险立法的先河。《强制劳工保险法草案》(1932年)的内容也较为完备，十分接近现代意义上的社会保险。在商业保险方面，在北洋政府时期《保险契约法草案》的基础上，对《保险法》(1929年)作了调整和完善，规定了适用范围、保险契约的时效期，重设了保险种类等。《简易人寿保险法》更是一部专门法规；《保险业法》《保险法》《保险业法施行法》等先后经历多次讨论修改后，均于1937年1月11日得以公布。"我国保险法规，至此乃粗具规模焉"。①

由此可见，南京国民政府在商业保险、社会保险的制度建设方面作出了多种努力，虽然大多处于草创阶段，保险条例内容存在缺陷，例如，受各种因素的制约，《工厂法》的适用对象仅限于城市大型企业的劳工。但是，这些均表明国民政府对保险法规的积极探索进入实质阶段，它算是保险立法进程上的一大进步。尽管因法规中的部分条款涉及中国境内外国保险公司的利益，而遭到外商保险公司的反对，再加上战乱等原因，许多法

---

① 中国通商银行. 五十年来之中国经济：中国通商银行创立五十周年纪念册[M]. 1947：200.

规均未付诸实施,但南京国民政府的这种主观努力及其给保险业带来的希望、鼓励与支持意义却是不容忽视的。

三、保险思想已逐渐"本土化"

国民政府前期的保险思想,也有对国外保险理论和经验的借鉴,但其参考模式已由完全的移植,向"本土化"模式的渐进转变。例如,1929年颁布的《保险法》就是民族保险立法积极向西方学习的体现。"该法取范法国,故法系之成分居多。然在我国,既无固有之法系,可资因袭,且事属草创,诸多未备。故吾国保险界众认英国法例较为完善。但究竟孰优孰劣,要在保险学者与专家之参酌损益,以期能适合我国之现状。"①可见,学者们在学习西方先进保险立法经验时,并不是一味地照抄照搬,而是在参酌国内民族保险发展现状的基础上,有所选择地学习借鉴。在当时民族保险业不发达的情况下,积极向西方成熟保险市场学习的思想是值得我们肯定的。这不但可以借鉴西方保险立法中的经验,实现民族保险立法的跳跃性发展,还可以吸取西方国家在保险立法过程中的教训,使民族保险立法少走弯路。

---

① 沈雷春. 中国保险年鉴[M]. 上海:中国保险年鉴社,1936:23.

商保险公司,并通过中央信托局垄断战时兵险业务、强制保险公司缴纳巨额保证金等手段攫取保险业利润,挤占了民办保险公司的市场份额。不仅如此,中央信托局也顺势加强了其在保险界的垄断地位,例如,1944年,由国民党政府财政部拨款10亿元法币在中央信托局产险处设再保险科,集中办理再保险业务。中央政府创办的保险公司资金雄厚,并与国家政权相结合,几乎包揽了当时主要经济命脉的各种保险,逐渐成为华商保险业中的主干力量。据统计,在1949年前夕,上海保险业有262家保险公司,其中外商63家,属于官僚资本经营或为官僚资本控制的保险公司有175家。① 同时,1946年开始,军费猛增,国统区工商税收和各种名目的捐款增多,保险开支亦剧增,保险公司不得已而提高费率,这就使保户望而止步。这致使大部分保险公司资产亏损严重,先后被迫倒闭。

第一节　国民政府中后期的人寿保险思想

受战争影响,人寿保险业务受到极大打击,新业务难以开展,人寿保险业务接近停滞状态。同时,随着日本军事力量的入侵,其保险业务,特别是人寿保险,也大量进入中国保险市场,中国民族人寿保险业受到排挤和打击,在抗战中艰难生存。

对此,国民政府采取了各种新措施来应对战时的困难。1941年,中央信托局保险部改组,成立了中信局人寿保险处,人寿保险处举办了公务人员及厂矿职工的团体保险、国民寿险、终身寿险、储蓄寿险等业务,逐渐扩大了寿险的业务。其中,具有中国寿险业革新之举的保险业务——团体寿险,② 保费由投保单位和参与保险的员工共同负担,这一举措解除了抗日战争中人寿保险日益萎缩的困境,并且成为国民政府税收收入的重要来源之一。1943年,政府颁布《战时保险业管理办法》,保护人寿保险业务在

---

① 颜鹏飞,等. 中国保险史志[M]. 上海:上海社会科学院出版社,1989:430.
② 罗北辰. 民元来我国之保险业[J]. 银行周报,1947,31(23):2-7.

战争时期的发展。至1945年8月,抗日战争胜利结束,人寿保险业才得以逐渐恢复元气。尽管民族保险业获得了短暂的发展机会,但是保险市场被官僚资本保险机构所控制,加上接踵而来的内战,国民政府出现巨额财政赤字,为解决其财政困难,国民政府不得不发行大量货币,如表5-1所示,导致物价飞涨、货币贬值、通货膨胀严重、全国经济萧条,人寿保险业再次陷入艰难险途,正如萧定才所言:"新成立之契约每年件数加多,保费收入遂亦随之增加,但受货币之剧烈贬值,其收入保费之实值亦愈低。"①保险公司面临停业或半停业的困境。

表5-1　1948—1949年国民政府金圆券发行概况

时间	金圆券发行额(亿元)	增发指数
1948年8月31日	5.44	1.00
1948年9月	12.02	2.21
1948年10月	18.50	3.40
1948年11月	33.94	6.24
1948年12月	83.20	15.29
1949年1月	208.22	38.28
1949年2月	596.44	109.68
1949年3月	1960.60	360.40
1949年4月	51612.40	9487.57
1949年5月	679458.00	249000.37

一、关于人寿保险的进一步分析

(一)关于家庭团体寿险的必要性分析

在我国人寿保险业中,不少投保者(特别是守旧之辈)已同意进行投

---

① 萧定才.邮政简易寿险浅说(上)[J].储汇服务,1948(81):11-13.

保,但要求体格检验时,立马表示拒绝,因而体格检验要求已在一定程度上影响了人寿保险业的发展,① 但是团体寿险较受欢迎,除一般实业机构有待受雇之人而予以投保之外,还在于团体保险未要求被保险人进行体格检验。例如,美国新创一种家属团体人寿保险,目的在于保障家属安全,其办法则避免了体检的麻烦。据其办法规定,凡40岁以下的投保者,其个人保额不超过3500美元,可以免去体检;16岁以下的儿童,要求免体检者,保额不能超过1000美元。以此按照中美汇率换算,颇为可观,我国可以此为借鉴,投保家庭寿险者,可享受免检的便利。同时,家庭团体保险可以使一家人都能获取保障,均可享受保险金额的利益,可免去一些利益冲突;对于保险公司,则既可减少体检手续,又能增加保险招徕容易程度,因此,推行家属团体寿险,对保险公司与被保险人均有利,"为保险事业与社会经济计,实有举办之必要也"。②

(二)关于人寿保险的性质与种类

1. 人寿保险与储蓄的关系

关于人寿保险与储蓄的区别与联系,慕莱、③ 关可贵④进行了详细介绍,其中,慕莱指出,人寿保险的目的在于保险、储蓄,它可通过缴纳保费实现储蓄或投资的功能,即具有储蓄的功用。也就是说,保险既具有储蓄的效能,又能实现储蓄所不能达成的目的——保障。首先,人寿保险,期满还款,加派红利,与银行储蓄到期还本付息一样。若储户中途不幸身故,寿险公司会履行保险契约,依额赔偿;而银行非但无赔偿,在还款时还会设种种限制。其次,有效的人寿保险具有一定的标准价值,如遭遇不测,不啻保险公司代其完成储蓄目的;如未达到相应时间,则银行储蓄截止。再次,银行储蓄属自愿,由储户任意处置;人寿保险公司则收取保

---

① 社评:我国有创办家属团体寿险之必要[J]. 太安丰保险界,1938,4(2):1.
② 社评:我国有创办家属团体寿险之必要[J]. 太安丰保险界,1938,4(2):2.
③ 慕莱. 人寿保险与储蓄[J]. 太安丰保险界,1938,4(8):1-2.
④ 关可贵. 人寿保险是储蓄吗[J]. 保险月刊,1941,3(7/8):74-76.

费,使保户履行一定义务,否则保单易失去效力。又次,保险单除前3年外,往后现金标准价值,保单有明文规定允许抵押贷款,使保户实现资金融通的可能;而银行储蓄,若有一时之需,则可提取款项。最后,人寿保险的利息可与银行储蓄利息相媲美。

关可贵表示,储蓄是私人经济行为,是以个人主义为中心的,不需要努力提倡,也能自然形成和发展;人寿保险是共同经济的行为,是以互助合作为中心,需要花费精力去研究提倡,因此,人寿保险需在社会文化高度发展的情况下,才能产生和发达。他认为,在文化程度较高的社会里,人民对寿险的功用有更深切的认识和需要,人寿保险自然会比储蓄更为发达,1936年美国全国寿险资金额(2475000万美元)高于全国储金总额(2200000万美元)就是最好的例证。①

2. 人寿储蓄保险

关于人寿储蓄保险的原理,林绳祐②作了详细介绍。储蓄保险又被称为两全保险、生死合险、养老保险、资富保险,它的意义在于:在保险企业有效期内,被保险人一旦死亡,在公司固要照数赔偿,即被保险人在契约满期时尚属健存,亦须给予还款。也就是说,既谋求了保障,又得到了相当的利益。其表现期限有10年、15年、20年、25年不等,短期可实现储蓄目标,长期则可实现防老意义。

人寿储蓄保险的利益主要有三点:①促进节约美德。储蓄保险可强制一般奢侈的人实行节俭,可使一般意志薄弱的人坚持储蓄,是促进节约的唯一良方。②确定养老基金。若投保60岁或65岁储蓄保险,则到期满时可得一笔巨款,实现晚年优越的生活。③提供特殊用途。投保储蓄保险可以预防住宅等房产被抵押而不能偿还的风险,有帮助青年创业之功用,等等。但是,储蓄保险存在投保期限较长、保费较高等缺点。

储蓄保险主要分为三类:加倍储蓄保险、折半储蓄保险、儿童储蓄保

---

① 关可贵. 人寿保险是储蓄吗[J]. 保险月刊,1941,3(7/8):76.
② 林绳祐. 人寿储蓄保险[J]. 保联,1939,1(10):12.

险。加倍储蓄保险又称作双倍还款保险、倍额两全保险,它与普通储蓄保险存在两点差异,一是被保险人在保单期限届满时仍健存,则公司给予加倍保险金额;二是保险费的缴付与被保险人年龄大小无关。折半储蓄保险即投保人在保险期满前死亡,保险公司照常足额赔偿;若到期仍生存,则保额折半。关于儿童储蓄保险,其名称不一,如儿童教育保险、教育年金保险、儿童教育及婚嫁保险,种类繁多,保险期限以 5~20 年最为普遍,其效用主要有三点:①大学教育赖之以完成;②婚嫁所需有备无患;③供应资金有利于立业。用人寿保险来创业,好于任何储蓄或投资,因为人寿保险可使儿童自小养成节俭习惯,又可保障其所有产业不会因家长去世而受到影响。①

(三)关于保单问题

抗日战争时期,除受战时经济特殊影响之外,我国寿险业出现严重亏损的原因还在于保险单失效率较高。以简易寿险契约为例,根据有关资料记载:抗日战争初期,其失效件数较多,计 0.8 万余件;抗战中期后逐年减少,到 1942 年仅有 0.05 万余件。然而,到 1943—1945 年却逐年激增,分别增至 0.24、1.6、7.6 万余件。② 这一问题引起了学者们的关注与探究。

1. 保单失效的影响

关于维持保单效力的重要性,刘桂西、③ 陈克勤、④ 沙古痕等探讨了保单失效的情形,及其对寿险业的影响。其中,沙古痕指出,根据我国各寿险公司一般情形而言,保单发给之后的 2~3 年,保户致保单失效或退保者不在少数,其中少数是因为对人寿保险缺乏正确认识,大多数的原因则

---

① 林绳祐. 人寿储蓄保险[J]. 保联,1939,1(12):13-14.
② 吴静,崔静. 抗战时期简易人寿保险业展业研究[J]. 保险研究,2016(07):125.
③ 刘桂西. 寿险保单效力持久之重要[J]. 太安丰保险界,1937,3(17):10-12.
④ 陈克勤. 恢复保单效力之研究[J]. 太安丰保险界,1938,4(10):3-5;1938,4(11):8-10.

在于保户经济能力薄弱；经理员招徕寿险时，因情面而答应购买保险，缴纳保费1次；保户不信任公司或不满于保单条件而停缴保费；保户因职业或其他原因至偏僻地方导致无处收取保费或其故意停缴保费，等等。① 而保单失效会有损公司对外形象与信誉，故为避免此类恶劣影响，一方面，公司对经理员应加以训练与养成，使其明了寿险制度的原理、效用，以及在招揽业务上的一切责任；另一方面，公司应调查保单失效或退保的原因，尽力纠正以使保户满意。逸度也提出了自己的看法，他认为，有效保额的多少决定了人寿保险业的发达程度，而保单保费的停缴，不仅会影响经理员收入，而且对寿险公司而言，新生意始业费用较多，约占首年保费的80%，其支用大多借用于此后保费收入，若保单不能继续有效，则该笔费用无法弥补。②

此外，关可贵、③顾君长分析了寿险保单对于当事人、保险公司、经理员的影响程度，并表示保单失效主要受心理上、服务上、经济上的影响。其中，顾君长表示，寿险保单失效率过高会产生四个方面的影响，一是"犹之漏卮不塞，载入载出，纵不至于涸竭，亦难有进展之望"；二是新契约的招徕，恒较维持旧契约费时费力，失效率过高，将招致时间与人力的损失；三是新契约的开支，如招徕费、医务费、调查费、事务费等，远高于旧契约，失效率过高，将致巨额金钱的损失；四是失效者过多，会引致众多人对人寿保险的不满或轻视，且"此种人既未能感受其利益，则其在社会中之反宣传"，会影响整个寿险业的发展。观察各国人寿保险业的进退，均是以有效保单额是否增进为依据，而不以新契约额的多少为判断。因此，他认为，维持旧契约的效力，不仅是为保险业或全体被保险人的利益考虑，而且是为免除各个被保险人的经济损失，与避免其受益人失去保障着想。④

---

① 沙古痕. 寿险保单失效或退保问题的检讨[J]. 保险月刊, 1940, 2(4): 83.
② 逸度. 如何维持寿险保单之效力[J]. 保险界, 1941, 7(1): 11-12.
③ 关可贵. 保持寿险保单效力之基本对策[J]. 保险界, 1941, 7(2): 3-4.
④ 顾君长. 维持寿险保单效力之管见[J]. 保险界, 1942, 8(1): 5.

2. 关于维持保单效力的方法

维持保单效力的方法有积极预防保单失效和保单失效后进行补救两种，其中，预防工作是最重要和收效较好的办法，其基本原则有二：一是于承保之前，对于有望保户慎加选择，对其状况详细调查，妥善分析其需要，然后推销最适当的保单；二是投保后，与保户保持适当联络，并给予持续服务，提高保户对公司的满意度，以便及时了解确因困难而需要调整保单的情况，从而根据保险公司对于保法之调整原有险种规定，作出协调。以上原则，保险公司也应对经理员随时加以督促。关于补救办法，保单上虽有明文规定，但保户受个人能力限制，或不明手续而错失良机，经理员此时应以服务人群为宗旨，推测失效缘由，为保户筹划补救方法，让保户践行保单恢复效力。或许公司有规劝保户从而使失效保单恢复效力的办法，但其效率仍不及经理员的直接努力。逸度认为，我国当前保单失效问题较为严重，已成为我国寿险业发展的一大障碍，国内寿险界应对此保单失效问题引起足够重视。①

同时，基于溯源分析，关可贵提出了保持保单效力的教育工作原则的五种纲要：①使一般民众对于人寿保险产生深刻与透彻的认识，引起其根本上的需要；②使一般民众明了人寿保险公司是福利人群事业的机构而非孳孳为利的商店，并了解其工作对于民众的价值，使民众对其产生尊敬与信仰；③使被保险人知晓寿险保单乃保障家庭幸福的证券，无论任何原因或身处任何困难地位，皆不能放弃这一幸福证券；④使经营寿险的从业员（包括经理员）通过给予被保险人满意的服务，使被保险人对公司产生好感、竭诚爱护；⑤使被保险人常常得悉其投保公司之一般营业状况，使其安心信赖；公司应时时搜集关于保单失效之悲痛事件并告知被保险人，使其触目惊心、坚定意志。② 前两项为保单售前教育工作原则，可联合寿险同业共同设法实施，如举办宣导工作，包括出版刊物、公开演讲；举办福

---

① 逸度. 如何维持寿险保单之效力[J]. 保险界，1941，7(1)：12.
② 关可贵. 保持寿险保单效力之基本对策[J]. 保险界，1941，7(2)：3-5.

利工作，包括举行卫生展览、设立医药服务等。后三项为寿险公司与被保险人的售后关系的教育工作原则，因寿险公司不同而略有差异，但均需注意与被保险人联络感情、沟通消息、训练经理员及职员、设立研究部并罗列各项研究材料，以供参考。

3. 关于次单的效用

一般人寿保险均要求对保户进行身体检查，但是人的身体是强弱不一的，部分人群过去或现在患病或尚处恢复阶段，将来有健康的可能，针对此类人群，沈雷春认为，保险公司的补救措施就是发给次单（也称次健保单）。① 他表示，次单的内容要依据人身强弱程度而定，其分为四种：①变更保法；②减少赔偿；③增加保费；④延期承保。一般而言，次要保单的发行，存在一定困难，故经理员接到公司通告时，应向保户探寻并详细说明发给次单的原因与利益，并须暗示被保险人所处境况的危险，实数倍或数十倍于所减少的利益；切实声明，若身体恢复健康，且经医生检验，可换取最健保单。沈雷春表示，次单并不会致被保险人吃亏，它实质上与普通储蓄保单相同，它还可提醒被保险人注意卫生、预防疾病，提高恢复康健的可能性。② 这可能是当时人寿保险业发展受阻的情况下扩大寿险业务的一个途径，而且从现代来看，这种次单具有一定的灵活性，考虑了不同健康状况的人们，以充分发挥人寿保险的保障作用。

二、人寿保险业经营思想

（一）扩张人寿保险事业之注意事项

在战时条件下，国民经济受损，民众身体、寿命均存在不确定性，为确保人寿保险业的发展，保险界采取应对措施以扩展相关业务。对此，郭雨东发专文论述了人寿保险业扩张所需的重要条件。一方面，要扩张人寿

---

① 沈雷春. 寿险次单的效用[J]. 太安丰保险界，1938，4(2)：5.
② 沈雷春. 寿险次单的效用[J]. 太安丰保险界，1938，4(2)：6.

保险业，在地域上应注意考察文化水准和同业状况。因为，"在资本主义尖端的工业社会，在大地主大资本家的压迫之下，倘非其榨取手段上必要的劳力，殆无生活之把握，所以在此种社会，保障人类基金生活安定的保险事业，尤其是人寿保险事业，始能充分发挥其效用"，"此证之英、美、德、法、意、日诸国，信不误也"，因此，人寿保险营业区域的选择，必须以工商业是否发达或者教育是否普及来决定，而当时，我国汉口、四川、云南、西安、贵州等地，既为新兴工业汇集地，又为抗日战争中教育之大本营，因而是发展人寿保险业较有希望的地区。① 同时，供给与需求是一般商业市场在自然经济条件下决定商品价格的两大动因。倘若当地人寿保险事业的需要、供给已达饱和程度，则除非自己的公司，对于被保险人有特别的利益外，不宜重复设立。所以，"人寿保险公司，在扩张营业以前，对于欲扩张地点同业状况之考察，实不可能忽略"，否则，"保险契约之招徕"将面临同业的激烈竞争，恐得不偿失。②

另一方面，应注意人事上的问题。我国缺乏各种人才，若我国在经营人寿保险事业时能解决人事问题，则事半功倍。特别是契约的成立，是对经办人的信用的注重，因此，"人寿保险事业的成败，关系于人事问题，至重且大"。郭雨东认为，人寿保险事业在人事上应注意分为内勤和外勤两个层面。一是内勤，特别是负训练责任的人员，研究人寿保险事业对于国家社会建设的贡献，同时训练从业员、经理员，让其了解人寿保险由来及其自身所负使命，直接或间接唤醒一般民众对于人寿保险事业的认识，因此，负研究训练责任的人员，要对人寿保险学理自有心得，对于训练技能自有素养。二是外勤，即经理员，以招徕契约为专责，该类人员自身行为、学识、地位乃至信用程度，均与职务有着密切联系。因此，外勤人员初步最好采用副业经理员制，广泛聘请教育界及当地素孚众望的人士担任。同时，在其他方面，更应积极训练中学程度以上的专业经理员实地活

---

① 郭雨东. 扩张人寿保险营业之重要条件[J]. 太安丰保险界，1937，3(22)：1.
② 郭雨东. 扩张人寿保险营业之重要条件[J]. 太安丰保险界，1937，3(22)：2.

动，相辅相成。①

此外，郭雨东还研讨了合理的寿险经营的四个表现：职员人才化、经营科学化、投资稳健化、利润均沾化。第一，职员人才化为经营寿险事业绝不可忽视的先决条件。郭雨东指出，"寿险事业之经营，其发达与否，并非资本大小的问题，完全是人的关系"，因为寿险事业的基础，在于数理统计，如死亡表的制作、保费的计算，均要求对保险数学与保险统计有深刻的研究。而且欧美等先进国家，经理员的训练、被保险人的身体检查、资产的运用、会计的整理等，均依赖于专门人才，因此，"第一先揭出专门人才化的主张，作为寿险事业的奠基"。② 第二，经营科学化分为事务组织和事务原则两方面，事务组织中的内部组织与外部组织的权限、报酬、营业区域，等等，均应有一定的标准予以规定，以便寿险事业经营的统制监督；在事务原则上，无论实行何种经营主义（保费主义、高率分红主义），无论同业竞争如何激烈，保费的计算都要基于统计事实，经理员不能因同业者竞争而评论他公司长短。第三，投资稳健化，此为寿险业者保护被保险人利益的要谛，以及寿险业者自身的益寿延年剂。第四，寿险业不发达的国家，分派红利保单易受被保险人欢迎，但为招徕保单，只以分红保单为口实，有时却加重了被保险人负担，或并非实际给予同等利益，致使被保险人失望，解约频发，阻碍新保险契约的招徕，故主张保险人与被保险人利益均沾化，完成"人人为我，我为人人"的使命。③

(二) 寿险公司经理员之素养与地位

"不论何种事业，均以资本与人才二者为构成要素。而人才之得当与否，则尤视资本为重要。"④可见，重视人才的使用和培养是所有具有发展前途的民族资本企业的必备条件。沈雷春就强调了人寿保险业中经理员的

---

① 郭雨东. 扩张人寿保险营业之重要条件[J]. 太安丰保险界，1937，3(22)：3.
② 郭雨东. 合理的寿险事业之经营[J]. 保险月刊，1940，2(7)：150-151.
③ 郭雨东. 合理的寿险事业之经营[J]. 保险月刊，1940，2(7)：151.
④ 孔涤庵. 论中国之保险业[J]. 银行周报 1928(42)：11.

重要性。他指出,"寿险公司倘无经理员的宣传招揽,不足以成服务社会的使命,顾主无经理员为之指导计划,不足以达成其保障之目的"。① 他还提及了成功的经理员所需具备的条件:①圆滑;②热情,对寿险事业有深切的了解,对保险有坚定的信念;③勤勉;④事务上的智识,对人寿保险以外的保险情形,要有相当的认识,研究保险费用与利益分配,以及其他同业的状况;⑤通达人情世故;⑥注重服装,"因为缔结保险契约之成功与否,大部分为对方个人的印象所支配"。② 张登瀛同样认为,经理员应具备的要素有:勤奋、智识、道德、专心、技术、忍耐、热心、信仰、合作。③

王荫萱提出,当前,大部分民众对人寿保险缺乏了解,甚至产生很多曲解与误会,这除了与我国当前保险教育的不普及以及经济贫乏有一定关系以外,人寿保险业的经理员也应有一定责任,因为部分经理员利用不合理的招徕办法求取保户。他认为,经理员是培植人寿保险事业的园丁,其工作对于人寿保险事业的前途有着举足轻重的意义,因而应以科学合理的方法去推进与发展,经理员自己应运用自己的知能,去应付环境、改变现状,努力将人寿保险的知识,忠实地灌输给社会,使此种为福利人类的事业,得到社会人士的了解,从而产生兴趣与需要。④ 除政局不稳、民智未开以外,严传绪认为,我国人寿保险事业难以推进的主要原因还在于我国寿险经理员的地位太低,致使国民对人寿保险疑信参半,为此,他提出,"灌输之道,惟有设法提高寿险经理员之水准"。⑤ 严传绪还指出,欧美各国,均视寿险经理员为高尚与自由的职业,在社会中占有重要地位,须具备一定资格,经过相当训练,依法登记,给予执照,相较之下,我国寿险

---

① 沈雷春. 经理员的重要性及其成功之条件[J]. 太安丰保险界,1937,3(22):3.
② 沈雷春. 经理员的重要性及其成功之条件[J]. 太安丰保险界,1937,3(22):4-5.
③ 张登瀛. 寿险经理员成功的要素[J]. 保联,1939,1(13):5、9.
④ 王荫萱. 论经理员对于人寿保险事业应负的责任[J]. 保险月刊,1940,2(7):156.
⑤ 严传绪. 提高寿险经理员地位之我见[J]. 保联,1939,1(10):5.

情形混乱,经理员之中不乏对寿险一知半解,或只顾自身利益而不顾保户利益的人士,因此,为施予补救,有必要实行规定资格、登记给证,提高经理员的地位。其中,规定资格,即要求寿险经理员系大学毕业或大学肄业,且须经过寿险原理、招徕方法等方面的训练;登记给证,即具有较好信誉者,在缴纳规定保证金后,由公会登记给证。①

可以说,在保险人才缺乏的当时,已认识到在保险经营中对保险经理人的保险知识与观念的训练与培训的重要性,具有一定的先进性和科学性。

(三)人寿保险资金投资思想

郭雨东认为,人寿保险业在金融界的地位并不减于银行或信托业,甚至在某种情形下,如长期放款过之于银行、信托业。② 人寿保险的保费主要有纯保费、附加保费,营业开支仅依赖于附加保费,其纯保费除了给付当年度已发生保险事故者的保险金之外,余额应作为责任准备金,则人寿保险公司或相互保险社须将其累计的庞大责任准备金善为保管运用,则其保管运用之方法,为人寿保险业经营者最重要的问题之一。对此,世界各国均在保险法规中规定了人寿保险业投资范围,但实际上均视各国特殊环境与临时经济状况而有所变动,例如,德国对于股票、公司债等的投资及各种事业的放款,既限制了投资种类,又严格限定了投资各种类的数量。因此,人寿保险业投资与保险政策相关,而保险政策的确定,又以产业政策为转移,所以人寿保险业的投资对象是由产业政策根本决定的。也就是说,产业政策所需资金,仅赖于固有的金融机关供给大小,则保险政策对于股票、公司债等的投资,应设有适当的限制。日本产业发达于近代时期(尤其是欧战以后),产业方面所需资金,仅赖于一般金融机关则每感供不应求,因此,人寿保险公司由产业革命伊始,直接与事业金融发生关系,

---

① 严传绪. 提高寿险经理员地位之我见[J]. 保联,1939,1(10):5.
② 郭雨东. 美德日人寿保险业投资之比较[J]. 太安丰保险界,1938,4(16):3.

与银行并肩为产业资金提供机构,其投资对象偏于利益较好的股票和公司债。在经济不景气时,美国、德国主要以不动产抵押放款为主,日本则以股票、公司债等有价证券为主。前者侧重于安全性、稳定性;后者侧重于高收益性。① 通过比较研究美国、德国、日本等国人寿保险业投资梗概,发现各国投资均是受特殊环境所决定,我国人寿保险业也应结合实际国情,予以考量。

郭雨东指出,寿险业利益主要来源于死差益、利差益和费差益,其中最为重要的来源为利差益。一般经营者,为谋求事业急速发展,投资对象为股票、公司债券等,而此类市价波动剧烈,尽管不能绝对避免,但须严格限定其投资限额。寿险公司资产的特色在于长期放款,因而其投资对象的利息要求不一定很高,只求收益恒久,市价波动稳定,以求营业永久,保户安全。② 郭雨东表示,虽然我国保险法对人寿保险资金的运用作了相关规定,但是其仅能适用于日常,而在特殊情形下的战时状态,未必可行,例如,欧战期间,德国学者对保险业监督法予以强烈抨击,政府因而放开了私营保险业投资政策。基于此经验,他提出了人寿保险业战时投资建议:

第一,外国投资。战时投资对象,仅求维持名义价格,已不能保障资产安全,必须使实际价格不发生变动,不对营业方法产生不良影响。"外国投资,在外国通货不与本国有同样膨胀之情形下,其投资物实际价格,极易保证,故人寿保险业,限于战时,以此种投资为得计";③ 关于普通外国投资,分为外货有价证券和外国有价证券。前者指本国在外国市场,以外国货币为本位发行的有价证券,如外货国债、外货公司债等,后者指纯粹外国,以该国货币为本位发行的有价证券,如英国国债、美国州债等。外国有价证券,不仅因距离证券市场过远,处理麻烦,而且利率较本国低,故人寿保险业若投资于外国有价证券,以投资于外货有价证券为佳。

---

① 郭雨东. 美德日人寿保险业投资之比较[J]. 太安丰保险界,1938,4(16):5.
② 郭雨东. 合理的寿险事业之经营[J]. 保险月刊,1940,2(7):151.
③ 郭雨东. 人寿保险业战时投资之方略[J]. 太安丰保险界,1938,4(2):3.

第五章　国民政府中后期的保险思想(1937—1949)

更进一步地讲，在实行严格汇兑管理，防止资金外流时，此种外货有价证券投资，为购买本国发行的有价证券，可不受汇兑限制。因此，本国是否在外国有发行的国债、公司债，是能否实行此类投资的先决条件。

第二，新兴工业的股票或公司债投资。战乱情况下，敌人一般会破坏对方主要城市的工业生产等，以摧毁对方抵抗力，同时，由于交通堵塞，进口货物运输受阻，国内商品供不应求，物价飞涨，因此，为充实国防，获取利益，一般会重新选取安全地带，建设复兴民族工业，故可投资此类工业股票、公司债。尤其是在当时的"焦土抗战"政策下，沿海各省国防军事工业尽毁，那么政府会对新兴工业的地点选择、制造品销路等进行规划，故投资此类工业较为安全且有利可图，此可为人寿保险业战时投资目标的一种。

第三，地产投资。战争期间，重要口岸的营业地、住宅地，难免受战火轰炸、敌人抢劫等，其价格必然下降，此时以低廉价格买进，待战后，缘于交通建设、地理位置接近海口或江河城市，复苏较快，价格可恢复至以往标准水平。[1]

胡咏骐同样认为，投资不同于投机，投资是在一定的原则下对资产进行运用，而不希冀过分的利润，因而不必去冒风险。他还提出了投资的五大原则：安全的保证——先决条件；分散的运用；适当的生利；灵活的变现；可售的市价。[2] 他还指出，寿险公司的投资是在欧美先进国家几百年的精细研究下，依据这五大投资原则，作出了更严密的规定，以打牢基础，同时，根据我国《保险业法》的规定，我国寿险业资金与责任准备金仅限运用于银钱业存款、信托存款、以担保缺失值有价值证券为抵押之放款、以人寿保险单位抵押之放款、以不动产第一担保之放款、对于公债库券及公司债之投资、对于不动产的投资，且不得超过资金与责任准备金总额的 1/3，其中投资于国内领域的不得少于 80%。[3] 他还表示，1929 年经

---

[1] 郭雨东. 人寿保险业战时投资之方略[J]. 太安丰保险界，1938，4(2)：4.
[2] 胡咏骐. 寿险公司投资的分析[J]. 人寿季刊，1940(28)：4.
[3] 胡咏骐. 寿险公司投资的分析[J]. 人寿季刊，1940(28)：5.

济严重不景气，美国约有 300 家寿险公司，均幸免于此，这主要归功于寿险公司投资严谨的缘故。由此，他得出结论，寿险事业的成败以管理是否合法为枢纽，而在管理上占有重要部分的是投资的运用，故倡导人寿保险业资金的投资以"必求稳健，不求厚利"为旨愿，建立不被威胁利诱的信心。

三、人寿保险的宣导思想

陆士雄认为，我国人寿保险事业不能长足开展的原因，是人们不懂得人寿保险的含义及其基本原理，仅知道需要每年投钱购买和维持一纸保单。① 他发现，尽管美国人寿保险事业已如此发达，但其退保仍较为激烈和普遍，寿险的宣传文字均可见于展览会、"人寿保险周"运动、菜单、草坪等处，故可得出结论，美国人寿保险事业达到如此固若金汤的地位，得益于宣传工作的辅助；尽管美国寿险事业已如此发达，但各公司仍花费巨资，辅以新颖材料，以及动人的姿态，去推进人寿保险的宣导工作。相较之下，我国寿险事业尚处幼稚阶段，需要大量、多倍的宣导工作予以辅助，而且，宣导工作具有一定的价值与意义。陆士雄表示，人寿保险事业有益于个人、社会和国家，我国在推进人寿保险时，应以自尊的作风、超雅的方式、真诚的事理，去宣扬寿险的利益，启迪人民的需要。可见，推进人寿保险事业，具有宣导的意义及教育价值。同时，宣导好比播种，有了播种再去耕耘，就会有收获，因此，宣导工作是发扬本业的先锋，也是繁荣我国寿险事业不可缺少的事件。

第二节 国民政府中后期的财产保险思想

在全国经济向西转移的热潮中，财产保险业重心从上海转向重庆。一方面，上海火险经营每况愈下，分保业务完全中断。上海 95 家协约国的火

---

① 陆士雄. 人寿保险的宣导价值及其方式[J]. 保险月刊，1940，2(4)：82.

险公司停业之后，华商保险公司未能取而代之。华商火灾保险公司数量少，因各种原材料断绝，工商业停顿，保险量减少，再因物价统制，保额降低，因此新旧火险公司经营都很困难。① 另一方面，为保障产业西移，国民政府大力鼓动重庆中小业者向中央信托局投保战时兵险，保险标的从粮油扩展到门市商品，费率给予一定折扣。得益于带有垄断性质的战时兵险，中央信托局的保费收入迅速攀升。在外商财产保险公司方面，经营近况举步维艰。到20世纪40年代中后期，所有外国保险公司进入中国市场必须向保险公会登记，获批准后才能进入，经营活动必须遵守各项国内保险法规，彻底取消了外商保险公会的特权和统领权，所有洋商保险公会被解散，洋商保险公司需加入华商保险公会。虽然此举限制了外商保险公司在国内保险市场的活动，导致外商保险公司数量明显减少，然而从其保险金额来看却与华商保险分庭抗礼，国人仍然倾向于选择洋商保险公司投保。

　　这一时期的保险业务虽然总体有所萎缩，但四川盐运保险、战时兵险表现较为突出，相比其他保险险种，其营业性收入稳中有升。1920年9月，重庆盐业银行开业，组织同业开办盐载保险，经过近十年的发展，已逐渐成熟，保险收益十分可观。随后，国民政府为抢占保险收益，规定盐运保险不再由四川盐运银行独营，必须出让40%的业务组成中央、中国、太平洋和中农盐运保险管理处，以上保险管理处均由四大家族保险垄断资本控制。1942年，受三联、裕国两家保险机构凭借押汇、人事关系与川盐银行保险部竞争川盐保险地盘的影响，盐运业务一度中断。1937年开办战时兵险时，年保费收入为73万元，到1944年，保费收入达到15621.1万元，八年间共承保物资总额达国币70亿元。同时，为了保障物资转移和工商企业财产转移，国民政府特协商办理战时运输兵险，后又为维持当地商业的正常秩序，保障经济发展，在重庆开展陆地兵险。为了扩大战时兵险

---

① 中国之保险业：第六章——当前上海火险问题之探讨(附表)[J]. 经济研究，1942，4(2)：98.

的保险范围，中央信托局一度降低保险条件，加上国民政府特权的强制影响，战时兵险业务发展迅猛，也为恢复和繁荣内地经济、增强抗战力量作出了积极贡献。

一、关于火灾保险思想的进一步发展

（一）火险的损失评估方法

火险与人寿保险不同，其危险发生的所在地不同，标的物的性质不同。火灾保险应按标的物的损害程度赔付保险金，因此保险赔付不能高于实际损失。陈寿曾从保险理论方面入手，主张具体情况具体分析，按标的物的种类分述火险损失的计算方法。例如，衣服类，以市价为标准，按使用年数予以扣减，能修缮则修缮，维修费由保险人负责；房屋类，以修理或重建价格估算；零售商店货物类，以遇险时的进价为基准，加运费，扣除商店佣金计算；堆栈内的货物，以紧随危险发生之后的市价为基础，并且保险人应注明于保险单上；工厂中的原料、机上原料及制成品，以原料进价加上人工费计算；机器类与衣服类相似，按遇险后市价扣减折旧计算。①

对于火灾保险保险标的物的损失估计，要体现一定的公平性。由于火灾保险是赔付实际损失，所以按照标的物损毁程度，对损失的价值估计成为理赔的关键。其一，要严格按照火险损失分摊原则定赔；其二，适时聘请公估行或拍卖行来估计损失，以示公正。②

（二）火险公证人应当注意的其他一些问题

王海帆作为火险公证人，从业以来，深感公证人受公司的委托，对保户的损失予以估计，是连接公司与保户双方的纽带，其责任之重大不言而

---

① 陈寿曾. 火灾保险赔偿问题之检讨[J]. 光大闽声，1939(2)：13-14.
② 陈寿曾. 火灾保险赔偿问题之检讨[J]. 光大闽声，1939(2)：15.

第五章　国民政府中后期的保险思想(1937—1949)

喻,故作《兼行火险公证人职务以来之回顾》一文,以便对实际工作中遇到的问题予以总结。保险公司与保户订立契约,约定保险金额,但在实际操作中,一旦出险,保险公司的赔付以实际损失为准,而非保单上所记载的保险金额,为此双方经常会有争执,保户希望能多赔付,而公司以盈利为原则,为避免亏损,不可能无限制进行赔付,此时就需要公证人进行调和,评估确定保户损失以及应当赔偿的金额。公证人在评定保户损失时应当慎重、公正、不偏不倚地进行评估,不可有所偏袒,而使任意一方蒙受损失。

对于解决问题的时间长短,没有统一的规定,富有经验的公证人应当学会在最经济合理的时间内处理完成,若用户的合理要求可以尽快解决,则不能拖延以影响公司声誉。若事件尚未调查清楚则不能作出迅速、草率的处理。公证人应当耐心认真,对于并非恶意欺诈,只是因为不明保险事理的一般保户,公证人应当予以解释,善加处置,不能采用高压手段。在实际工作中,许多保户在明白保险赔偿制度之后就不会漫天要价、执意争执了。但是,不同于一般保户,商业保户经常锱铢必较,极尽讨价论价之能事,此种情况下公证人要运用特殊手腕,态度果断,将赔付最高限额告知对方,使对方知道赔付的大致梗概,知难而退,不再漫天要价。对于恶意欺诈、提出种种无理要求之人,公证人应当就具体事件进行具体分析,若拖延时间对公司没有影响,公证人可尽量拖延时日不予解决,同时适当采取一些高压手段,指出其要求的无理之处,如其要求赔付的财物公证人不熟悉,可邀请专家或估价员进行商议;若拖延时间对公司无益,公证人应当尽快与保户谈判,以诚恳的态度循循善诱,使保户坦然承认。公证人要注意的是在结果尚未落定之前最好不要向公司汇报,以免最终结果与预测不符而影响保险公证人在公司的名誉。

若因公司疏忽而出现投保额超过投保标的的实际价值,或经济困难时,较易出现保户蓄意纵火骗保的情况。对于这种情况,可出示公共团体如救火会、警察局等的证明或自己主动查明真相,当然这并非易事,保户既然蓄意纵火,势必有所准备,但公证人若认真观察,结合自身经验,也可以从一些细微之处查出端倪。火灾之后，因受刺激，保户可能不能接受公证人提出的赔偿额度，故可以暂停谈判，待保户精神恢复正常后再解决问题；若无法确定赔偿数额，双方争持不下，则可以邀请专家或者第三方进行公断，依然无法解决者可以向公司报告，由公司另想办法予以解决。

(三) 火险责任限制

火险损失发生后，"实际损失之全部价值并不一定即为保险人应对于被保险人所负赔偿之数额，盖保险人须注意保险金额与标的物之总价值是否相等"。[①] 当保险金额大于保险标的总价值时，则称为超额保险；当保险金额等于保险标的总价值，则成为足额保险；当保险金额少于保险标的总价值，则称为不足额保险。

针对超额保险，陈寿曾提出"超额保险亦为不正当之保险"，原因是"在超出财产总值的部分付之保费，即等于在虚有财产上缴纳保费"。虚有财产没有任何发生危险的可能，所以超额保险不合理。

(四) 火险保单条款解释

国民政府中后期，"海上各保险公司，不论华商洋商，其所出之火险保单，一律载有标准之基本条款，此项基本条款，凡二十条，系刊于华洋保险业同业公会之火险营业章则内，为会员公司所应遵用者也"。[②] 条款由英国伦敦海外火险委员会制定，起初为英文，后经保险同业合作翻译为统一的中文条款，原文的词语构造、行文结构同法律条文相仿，晦涩难懂。学者们出于向社会公众宣传财产保险、保护投保人利益的目的，纷纷于保险学论著中用浅显易懂的语言解释火灾保险保单条款，并结合火灾保险利益原则说明各项条款的设立原则。潘垂统将二十条基本条款大致分为四类，并对此做出评价："此项基本条款，或订定保险公司责任之范围，或

[①] 陈寿曾. 火灾保险赔偿问题之检讨[J]. 光大闽声, 1939(2): 14.
[②] 潘垂统. 火灾保险单基本条款条文之大意[J]. 银行周报, 1946, 30(41): 7.

阐述保险失效之原因事项，或列举赔偿请求之应办手续，或说明赔偿金之额之计算基础，其性质之重要，不言可知"。①

二、水火险的再保险思想

在现代保险制度中，再保险占据了重要的位置，离开再保险，保险公司的经营和保险业的发展寸步难行。民国初期，外商保险集团通过控制分保后台，不仅攫取了大量的保险利润，而且达到了垄断中国财产保险市场的目的。起初，外商保险公司组成的外商保险公会等组织不接受华商保险公司的分保请求，民族保险企业的资本有限，承保能力弱，保险业务无法广泛开展或承保大型的保险项目。直到民国中后期，银行资本纷纷投资保险业，民族保险公司数量激增，华商保险公司才商议建立华商分保集团，所有保险业务尽量先在国内分保，超额部分再通过国外保险集团分保。在全面抗战时期，水火险企业联合同业组成再保险团的实践，具有明显的时代特色和珍贵的理论价值。学术界方面，关于再保险思想的研究与再保险实践几乎同时开始，研究焦点主要集中在再保险基本原理、再保险分类和再保险的效用、再保险的法律意义等方面。

（一）再保险的基本原理

1. 再保险的含义

再保险是相对于原保险而定的称呼。潘祖永给的定义是：再保险者乃是一种实务，为一保险人将其保单之全部或部分责任转让给其他保险人。② 在再保险中，前者称为原保险人，后者称为再保险人。邓东明从保险双方角度出发给出了更为直白的定义：保险公司以其所承保营业之保险金额，再向别家同业保险公司要保，自处于被保险人的地位，而达

---

① 潘垂统. 火灾保险单基本条款条文之大意[J]. 银行周报, 1946, 30(41): 7-8.
② 潘祖永. 水险制度之再保险问题[J]. 保险季刊, 1937, 1(3): 160.

到分散风险的目的。① 可以看出,再保险契约的双方都是保险公司,是公司对公司的保险行为,与原保险"个人对公司"的形式不同,其实质是风险共摊。

2. 再保险的分类

从实务角度出发,按照华商保险公司普遍采用的方式,保险业将再保险分为任意再保险和超额契约再保险。超额契约再保险是保险公司依靠其厘定的自留限额表,与保险公司订立再保险契约,再保险公司以其接受线数的多少表示承保实力。② 李志贤认为"超额契约再保险,较之其他再保险方式,既经济而切实用也"。③

线数(liner)也决定了分保公司的营业。前述线数有多重含义,一指"单位",二指"倍数",三指"再保险公司接受的分保额"。再保险公司的线数代表了其接受分保的限额,超过限额的保险契约,分险公司须利用任意再保险契约,继续向其他公司分保。那么,任意再保险是指"公司遇有超额时,得分险于任何再保险人之谓也"。④ "任意"是指仅分险人能自由选择再保险人之意。由于任意再保险手续繁杂,并且一旦分险金额过大,"要之及其麻烦而常不易一时将余额分尽耳,故火险公司依赖任意再保险而营业,如未订立契约再保险,则其营业甚为困难焉"。⑤ 任意再保险和超额契约再保险是分保超额保险契约的良方,然保险公司应将两者结合使用,唯有此才能最大程度地发挥再保险的作用,将超额风险完全转嫁。

还有学者将再保险分为额定契约再保险、再重保险、相互保险等。⑥ 其中,额定契约再保险,"额定"指一固定的成数,其区别在于没有"限额

---

① 邓东明. 再保险[J]. 保联,1939,1(7):2.
② 中国之保险业:第六章——当前上海火险问题之探讨(附表)[J]. 经济研究,1942,4(2):106.
③ 李志贤. 火灾保险之再保险[J]. 保险月刊,1940,2(9):197.
④ 李志贤. 火灾保险之再保险[J]. 保险月刊,1940,2(9):197-198.
⑤ 中国之保险业:第六章——当前上海火险问题之探讨(附表)[J]. 经济研究,1942,4(2):107.
⑥ 李志贤. 火灾保险之再保险[J]. 保险月刊,1940,2(10):220-221.

表",以一分险最高数额为限定。再重保险,指再保险人将所承受的部分再保险,再分让与第三者。其手续为与第三者订一再保险契约,其与再保险额以再重保险的单位数、承保单位数之间的比例为计算依据,其性质类似于额定再保险。相互保险,是指数公司组成一个组合,将各公司所承保的保额、保费进行集中求和汇总,再按照额定的分数,分配给各公司。各公司之间须先订立互保险契约,分配额定。"又为协定再保险之变体"。①

3. 再保险得以发展的缘由

英美各国以及中国的保险法规中都将再保险定性为合法的保险制度。近代再保险制度在中国保险业中占有重要地位,原因在于:第一,近代物质文明的进步与生活程度的提高,每一危险的保险金额,辄远距离,恒非一公司所能独立承保;② 第二,近代企业大多将大宗货物集中在一条船上运输,一旦发生危险,保险公司需赔付巨额款项;第三,水险发生的概率不像寿险一样有死亡统计表作根据,难以预测,因而水险中的再保险会更发达;第四,保户就整个航运过程投保,但保险公司对易出现风险的地方则想要进行分担;第五,保险公司对于未决危险,必须有最低额公积金。如某公司因特殊损失或其他运用,以致发现营业过量的情形,其公积金将低于法定比例,那么,保险公司为维持其营业地位,唯有再保险办法,将其所承保危险的一部分进行转移,减少责任,从而与其公积金相匹配。③

(二)再保险的效用

吴锦诗指出,再保险可使直接保险人尽量运用平均法则,获得经营的稳定,也可承保己力不及的危险,为保户提供便利。具体而言,其效用体现在四个方面:

一是提高保险技术的运用。保险主要运用大数平均法则,将"无定"的风险化为"有定"的保额。而大数法则的运用,须扩大危险对象范围,须各

---

① 吴诗锦. 相互再保险论(上)[J]. 保险界,1942,8(1):8.
② 邓东明. 再保险[J]. 保联,1939,1(7):2.
③ 潘祖永. 水险制度之再保险问题[J]. 保险季刊,1931,1(3):160-161.

保险金额大体略同。同时，保险人洞悉某险种潜伏危险的严重性，必先求于再保险于协定保障，从而保全保险公司。因此，再保险有利于保险业的稳定，有利于保险公司剖解、分配与整理所承保的风险，从而实现保险技术的充分运用。①

二是有利于公司理财。首先，联合准备。一般情况下，保险公司须预留一定的准备金，以防危险的发生，再保险则为其提供了后盾，使保险人有了多重准备的保障；其次，减轻成本。按照经济学原理，高收益往往伴随着高风险，保险公司若要分散风险，须提高保费，但在激烈的保险市场竞争中，该方法会使需求减少，增加成本。而再保险为保险公司提供了第二重保障。此外，保险公司发行大额保单的成本低于数个小额保单，再保险则为保险公司发行大额保单提供了便利，无异于减轻了其成本。再次，增加利益。例如，再保险公司对于再保生意，须向原保险公司支付一笔佣金，若该笔佣金能够弥补招徕费用和营业开支，则有利可图。最后，重整公积金。例如，美国各州法律大多规定保险人必须视其未决定的危险比例，维持一定的公积金，若因投资失败致使公积金减少，则可以利用再保险的方法以资弥补，将危险转嫁给他人，如此，既可摆脱一部分责任，又可因再保险佣金而重整公积金。② 以上表明，再保险具有使保险公司实现裕本、节流、开源、复兴的功用。

三是便于业务管理。第一，再保险为保险公司发现大额保单提供了可能，从而减少了保户投保、赔款审核等的繁琐手续，增加了保户的好感，有助于保户与保险公司关系的维持；第二，保险公司与再保险之间的相互关系，有助于促进同业合作，同时再保险公司以其经验、意见供保险公司参考、借鉴，促进保险公司承保方案的改进与优化；第三，政府法令一般对保险公司承保的保险金额大小有一定的规定，但向同业投保再保险的部分，不在限制范围内，那么，保险公司可以在遵守政府法令的同时，遇到

---

① 吴诗锦. 论再保险之效用[J]. 保险界，1941，7(8)：4-6.
② 吴诗锦. 论再保险之效用[J]. 保险界，1941，7(9)：9-11.

超过其资本金、公积金的10%的保险金额,可以将溢额部分向同业再保。①

四是实现自给。吴锦诗认为,一国应极力避免对国外保险的仰给,避免保险受制于他人而使资金外流。国家保险自给,"必先有再保险制度而后可,良以经济势力之滋长",②若本国不健全再保险制度,则保险业难以充分发挥其效能,一国不求保险自给则已,苟欲求之,当自先求完善再保险制度。

(三)再保险的法律意义

1. 关于再保险的要义

一是从法理上讲,再保险是合法的保险;二是按照经营方式,再保险是真实的保险;三是再保险成立于保险公司与保险公司之间,私人不得为再保险契约当事人;四是再保险契约虽因原保险而成立,但其本身属于独立的保险契约;五是再保险契约并未造成再保险人与原被保险人之间的关系;六是保险人对所保标的物的损失负赔偿责任,"其所欲再保者,亦即此责任也"。③ 也就是说,再保险契约是以原保险契约所载明的一切条款为依据,"遵照原保险单之约款及条件办理,如需赔款,当即赔款"。④

2. 关于再保险责任的性质

按常理,若原保险人赔偿责任一旦确定,赔款自然随之给予。但是,若遇到原保险人破产的情形,原保险单保险事故发生时,原保险人因破产而不能履行赔偿义务,那么,再保险人的赔偿义务是否应该继续履行?其赔款依据又如何界定?对此,学者有两种看法。

一种看法认为,再保险既然属于责任保险契约,再保险人的责任理应以原保险人对被保险人有无赔款责任为依据,原保险人已无力量完成其对被保险人的义务,固不能影响再保险人契约上的责任。

---

① 吴诗锦. 论再保险之效用[J]. 保险界,1941,7(10):10-11.
② 吴诗锦. 论再保险之效用[J]. 保险界,1941,7(10):12.
③ 吴诗锦. 再保险法律观(上)[J]. 保险界,1941,7(5):5-6.
④ 吴诗锦. 再保险法律观(上)[J]. 保险界,1941,7(5):6.

另一种看法认为，再保险是赔款契约，按照赔偿原则，"原保险人所得取偿于再保险人者，应以其本受赔于原保险人，原保险人又焉得取偿于再保险人哉？"①同时，按照以往案例，法院判决应以原保险人所实付于被保险人的金额为再保险人赔偿的准度。

针对这两种说法，吴诗锦认为，第一种说法更在理。他指出，再保险以损失赔款责任为保险标的而订立的契约，"是再保险之为责任保险"，不能因原保险人财力限制而不给付保险金额。他还提出，为避免类似论断分歧，美国责任保险单特附订"破产约款"声明："被保险人破产时，公司不得解除本单非为原保险人破产当已给付赔偿之责任。"对此，我国《保险法》第68条"责任保险人于被保险人对于第三人负损失赔偿责任而受赔偿之请求时负赔偿之责"，第72条"保险人于第三人由被保险人应负责任事故所致之损失未受赔偿以前，不得以保险金额之全部或一部给予被保险人"，也未能给出明确答案。而且，再保险契约无有关破产条款的规定，尽管如此，根据责任保险的性质，以及赔款原则，原保险人所能取偿于再保险人，不得超过其本人实负损失赔偿责任，同时，原保险人再保险的目的，在于将己力所不胜任的危险转让他人承保。其原保险契约在前，再保险契约在后。此外，根据再保险的要义，原被保险人与再保险人之间不存在相互契约关系，按照破产清算原则，原被保险人并没有优先取偿权，那么，再保险人不会对其未偿部分给予优先赔偿。②

三、发展农业保险的思想

国民政府中后期，农村经济凋敝，生产力低下，加上受到天灾人祸的冲击，无论是粮食产量还是养殖业状况，均不尽如人意，在城市化和工业化快速发展的背景下，农民生活潦倒困苦。究其根本，防灾手段有限、农业技术落后是导致农村经济无法长足发展的重要因素。我国自古就是农业

---

① 吴诗锦. 再保险法律观(中)[J]. 保险界，1941，7(6)：4.
② 吴诗锦. 再保险法律观(中)[J]. 保险界，1941，7(6)：4-5.

大国,农本思想一直占据主导地位,农村经济对于国民经济的影响极为明显。国民政府意识到此之后,于20世纪30年代后期,开展了一系列农村合作化的工作,以期振兴农村经济。发展农业保险一度成为农村工作的重中之重,政府不仅在一些地区推行以耕牛保险为主的家畜保险实验区,学术界也不断探索有关农业保险的思想。

(一)农业保险基本原理概述

1. 农业保险的定义

学者主要从广义上定义农业保险,涵盖了生产资料与生活资料两个方面。如,黄公安认为,"农业保险即为农民因害怕经济、生活、前途及其农业上的财物有偶然的危险发生,而采取的有计划的补偿方式。"①张德粹认为,"农业保险者,乃以农业上或农业者之财产,职业及身体等为保险之标的物,使偶然事变所发生之损失,可由虑及同种损害之人共同分担损失"。② 彭莲棠则从契约的角度出发,提出了最为深刻的定义,他认为"农业保险即农业经营者因共感业务上、财产上、身体上之危险,其本身自动或由第三者组织一种互助企业团体,约定某种事故发生时,该团体以赔偿方式使被害团员之损失恢复其全部或一部之经济组织"。③

学者们的定义,一方面反映学术界对于农业保险的认识逐渐深化的过程,从黄公安的"有计划的补偿方式"到彭莲棠的"契约经济",农业保险作为财产保险的分支,也是一种商业行为。另一方面,由于农村劳动者是从事农事的主体,劳动者有为人身安全保险的客观需求。总体而言,当时的学者们对于农业保险的定义已近完整,认识比较准确。今日的农业保险专指农业生产方面的保险;另外,农村保险指包括农业劳动者的生命财产安全和农业生产方面的保险。

2. 农业保险的种类

关于农业保险的种类,学者均认为农业保险应注重物的保险。彭师勤

---

① 黄公安.农业保险的理论及其组织[M].上海:商务印书馆,1937:2-3.
② 张德粹.农业合作[M].上海:商务印书馆,1944:122-123.
③ 彭莲棠.中国农业合作之研究[M].上海:中华书局,1948:212-213.

曾在《合作与保险》中写道："农业保险范围分为五类：农业火灾保险，农业气象危害保险，植物病害及虫害保险，动物病害及病毒传染病保险，其他如盗窃与物价低落等保险。"①以黄公安为代表的学者们提出了不同的见解。他们认为，对人的保险，如人寿保险、养老保险、疾病保险等保险行为对农民维持经济生活的安定有直接或间接的关系。并且农业经营本身，对于农民是否拥有完整的人寿保险和疾病保险的组织，直接影响了农业经营的兴盛与衰败。因此，他们认为，农业保险不能离开对人的保险。除此之外，还有学者提出了一些新的险种。如彭莲棠认为，农业危险不仅有天灾，还有人祸，因此提出了农业兵险；彭师勤提出"农作物保险中应设有物价低落保险，用来赔偿因人的直接或间接因素造成农产价格的跌落所造成的经济损失"。② 这些观点都是基于当时的社会状况而提出来的，具有时代特色，然而基于经济落后、国内战事不断等原因，这些新的想法最终并没有实现。

在众多的保险种类中，大部分学者主张应当首先开展的是家畜保险，特别是耕牛保险。叶德盛认为，在中国开展农业保险"以牲畜保险一类之耕牛保险，为时务之急"。③ 耕牛保险在当时是符合社会实际，又简便易行的保险业务，因此得到了较为广泛的实践。

3. 农业保险的效用

(1) 从一般农业者的生活角度，农业保障可安定经济生活。

黄公安认为，农民无法预知福祸，一旦灾难降临，如受疾病、死亡或其他天灾人祸等意外事故的伤害，大之足以引起家庭的破产，小之足以引起精神的痛苦或郁闷。如果防患于未然，提前保险，则可避免临事前的慌乱，生活必将安定无忧。④

(2) 从农业整体的角度，农业保障可安定农业经济，促进农业技术

---

① 彭师勤. 合作与保险[M]. 上海：中国合作学社，1935：33-34.
② 彭师勤. 合作与保险[M]. 上海：中国合作学社，1935：35.
③ 叶德盛. 吾国应速推行保险合作事业[J]. 合作评论，1948，8(5)：7.
④ 黄公安. 农业保险的理论及其组织[M]. 上海：商务印书馆，1937：9.

提升。

我国农业技术落后,农民看天吃饭。水旱、虫害、瘟疫的流行足以废害农业,使得农民颗粒无收。所以,如果农民投保水灾、旱灾、虫害或家畜保险,即使遇到危险,仍有保险金赔偿,可使农业收益不会因意外灾害而严重流失。张彦凤认为,家畜保险还可使全国家畜减少死亡率,改进质量,在保险公司的严格监督和帮助下,农民可以挑选优种,兽医的治疗手段得到提高,间接提升了农业生产各环节的技术水平。①

(3)从国家的角度,农业保险可减轻财政负担,维护社会治安稳定。

一方面,面对农民农产损失,流离失所,国家不得不赈济补救,1937年因水灾政府已拨款近7000万元,年复一年必将导致国库困顿。利用农业保险,通过开展自助和自救活动,可减轻国家赈灾救济的财政负担。另一方面,迫于生活压力,无家可归的农民可能会铤而走险,做出种种破坏社会秩序的行为,扰乱社会治安。如果遭遇灾祸后有保险金赔付,生活可以保全,不至于冒险做犯法勾当,社会则可避免种种不祥之事的发生。

4. 农业保险的经营方式

农业保险的经营大体上可以分为私营与国营,私营主体包括公司和合作社。国营制度是指由公法团体(如省、市、县、区或乡村的自治团体)经营的农业保险,多含有强制性,旨在振兴农村经济。公司制度是指由集合资本家或私人资本组织的保险公司开展的农业保险,完全以盈利为目的。合作社制度是指通过农民组织保险合作社的办法,办理相互保险,具有完全自由性质,纯粹出于共摊风险、救济社员的目的。

由于农业保险成本高,利润微薄,道德风险高,多数商业保险公司并没有动力参与农业保险市场。当时的大部分学者都赞成通过保险合作社的方式经营农业保险,它的好处大致有如下几点:其一,减少农民保费负担,抗拒经济损失和经济剥削;其二,中国本有"寿星会""防老会"等原始合作组织,农业保险合作社在此基础之上发展,符合实际;其三,农业保

---

① 张延凤. 我国家畜保险问题之探讨[J]. 财政评论,1940,3(5):71-72.

险的保费收入可以为信用合作社提供流通的资金,而保险单则可以作为农户申请贷款的担保,降低贷款的风险;① 其四,使农民养成自助、自救、自立、自卫的能力,发挥互助合作的精神;其五,最能体现保险制度"我为人人,人人为我"的精神。

然而,完全互助性质的保险合作社在实践中也有无法避免的缺陷,如合作保险经营人才的缺乏,农民保险知识浅薄,强制性的缺乏导致业务难以开展,等等。因此,以袁稚聪、叶德盛等为代表的学者主张应由政府主导,由国家自上而下强制推行,可以使农业保险配合国家的农业政策,并由国家提供相应的技术人员和资金支持,组织统一、收效迅速。然而,彭莲棠、张延凤等人主张农民自办农业保险合作社,由国家监督指导,必要时给予人力、物力协助,建立从地方到中央的农业再保险体系,给予一定的资助金并减免赋税。② 还有的学者提出了由政府或国营机关入股保险合作社,为其提供资金支持。

总体而言,当时的学者们已逐渐认识到了农业保险的政策性特征,不能以盈利为目的,必须以"共享盈利,共担风险"为目的,政府从制度层面加以辅助,以农民自主的合作组织为主体。

(二)农业保险合作的实践及其思想

1. 农业保险合作的实践及其特点

全面抗战开始之前,南京金陵大学农学院曾与中央农业试验所、上海银行等联手,在安徽和县的乌江镇小规模试办耕牛会和耕牛保险,当时的耕牛会仅以融通耕牛贷款为目的,耕牛保险由耕牛会组织的联合会办理,既没有再保险机构,也不采用危险均分的合作制度,完全以企业模式经营,因此,该耕牛会并非合作互助组织,而是以营利为目的的类银行机构,此耕牛会正是保险合作社的雏形。

---

① 朱华雄,王芸. 国民政府时期农业保险合作思想与实践[J]. 经济思想史评论,2007(2):296.

② 张延凤. 我国家畜保险问题之探讨[J]. 财政评论,1940,3(5):73.

(1)四川省北碚家畜保险社。

农本局与四川省签订合作书,规定由农本局家畜保险经理处,或县金库合作,组织开展四川省内的家畜保险。1939年,农本局在北碚三峡实验区(相当于一个县)设立家畜保险经理处。家畜保险社最初只办理猪仔保险。据统计,截至1939年12月11日,北碚三峡实验区家畜保险登记投保生猪176头,检查投保生猪129头,投保合格生猪72头,保险金额为1832元,保费收入为91.65元,再保险生猪43头,再保险金额为1341.6元,再保险费为67.08元;[①] 截至1940年10月,北碚三峡实验区家畜保险登记投保生猪1199头,检查投保生猪1093头,投保合格生猪742头,保险金额为53834元,保费收入为1736.06元,再保险金额为43067.2元,再保险费为1381.8元。[②] 虽然起初家畜保险发展快速,然而北碚三峡实验区的建设最终还是因为保险标的物的减少而终止。

(2)广西省办理的家畜保险社。

南京政府迁都重庆之后,农本局为振兴广大农村经济,与广西省联手设计家畜保险的制度及试办工作。广西省家畜保险社仅办理耕牛保险,并规定凡是六个月以上的耕牛一律强制保险,其投保和赔偿手续与农本局辅导的家畜保险社大同小异,初步保险金额主要依照评价委员会所订额投保,县保险社请求再保险时,额度为原保险额的60%,耕牛的保险费率以3.5%为基准,各地可按照当地耕牛死亡率及其他情形,上下酌情浮动。如果耕牛因患传染病及其他内外科病而死亡,可按投保金额的80%赔偿。

农业合作保险的实践最主要的特点有:一是经由自上而下的程序;二是完全强制性的家畜保险;三是经营品种较为单一。保险险种的单一化导致保险风险过于集中,这种做法违反了保险的分摊原则。

2. 农业保险合作思想

虽然保险合作机制设计完整,建立了从地方到中央的保险与再保险合

---

① 张延凤. 我国家畜保险问题之探讨[J]. 财政评论,1940,3(5):76.
② 陈祖贻. 一年来峡区家畜保险之概况[J]. 北碚月刊,1941,3(9):18.

第二节　国民政府中后期的财产保险思想

作社,然而由于种种原因,以上两个保险合作社的实践最后都没有成功。学者们从中对我国农业保险合作进行了深刻的反思。首先,张延凤认为,我国初办农业保险,农民资本薄弱,初办之时必定入不敷出,因此国家应给予农业保险事业资本帮助。① 其次,彭莲棠提出了18条农业合作保险的建议,并创造性地提出"农业合作保险应同时兼营多种保险",② 各种风险可以相互补偿,水灾、旱灾、虫害、火灾等风险不可能在同一地区同时发生,因此,兼营性质的农业合作保险可以分散风险。国民政府时期推行的农业保险合作,由于各种原因最终没有大规模地实施,但其发展过程中所形成的特点,值得总结与借鉴。

(1)农业保险合作的特点。

农业保险合作是民间各种力量在探索农村经济复兴的过程中,通过借鉴西方经验和互相博弈而选择的一种组织形式。这些农业保险合作组织在目的、宗旨、章程和制度设计上都带有明显的西化色彩,同时在中国特有的国情下又具有自己的特点:

第一,农业保险的品种设计符合当时的保险需求实际。纵观上述保险合作社,农业保险的品种较为单一,它们主要经营的业务均为牲畜保险,而且是大牲畜保险。这大体上是符合当时的社会实际情况的。首先,农业保险作为一个新生事物,在农村还没有得到普及,开办农业保险必须从简单处入手,牲畜保险(特别是大牲畜保险)比农作物保险更为简单易行。其次,开展家畜保险(尤其是耕牛保险)的观点,得到了当时大部分学者的认可。因为耕牛保险不仅可以直接保障农民的经济损失,而且间接有利于牛疫的预防和优良畜种的推广,同时还可以通过耕牛保险来发展农业贷款业务。

第二,保险合作业务不完全独立。无论是乌江耕牛会还是临川鹏溪的耕牛保险合作,原本作为保险合作的补充的信贷业务,往往"喧宾夺主"地

---

① 张延凤. 我国家畜保险问题之探讨[J]. 财政评论,1940,3(5):83.
② 彭莲棠. 中国农业化合作之研究[M]. 上海:中华书局,1948:218-220.

成为主营业务。农民对于生产性资金的需求比对农业保险的需求更迫切,保险业务通常要和信贷业务捆绑在一起,才能为农民所接受。

第三,农业保险合作的经营业绩差强人意。虽然各试验点所采取的保险方式不尽相同,但结果却惊人的一致,即均因亏损而告终。这是主、客观原因共同作用的结果,从客观上讲,农业保险本身就是一种经营风险大、赔率高、盈利水平低的保险业务,需要政府给予一定的政策和资金支持,民间经营或商业化经营往往会造成亏损。从主观上讲,作为一种较为新颖的农村经济形式,农业保险并没有在农村获得广泛的认可,它的推广在很大程度上依赖于地方政府或民间组织的外力推动和与信用业务挂钩所带来的生产资金的吸引力,而它对当时经济恢复的作用是间接的。

(2)农业保险合作的评价。

首先,失败的结果不能说明过程的无效性。我们并不能因此而否定当时农业保险合作试点在理论和实践上的价值。在理论上,当时学者们关于农村保险合作思想的谈论和宣传,丰富了当时的农村建设思想,为当时复兴农村经济提供了一种新的思路。在实践上,关于农业保险合作的实践,在有限的时空范围内给农民提供了一定程度的保障,对于农作物和家畜的改良都作出了一定的贡献。

从结果和效用上讲,国民政府中后期的农业保险合作与同时期的其他合作形式相比,尽管显得稍嫌稚嫩,但它一直处在一个不断完善发展的过程之中。当时的农业保险合作组织尽管运作得不够成熟,但是一直处在一个自我发展和不断完善的过程之中。若假以时日,农业保险合作是会得到发展的。

同时,我们必须认识到,当时农业保险合作之所以没有成功,并不是由于这种合作制度本身的缺陷,而是由一些外部因素所决定的。农业保险作为一种为农产品提供风险保障的制度设计,在当时的农村并没有产生迫切的需求。

当今,我国社会稳定、经济繁荣,农业生产事业有了相当程度的发展。农业保险作为建设社会主义新农村一个不可或缺的部分,日益引起学术界的重视。而半个世纪前学者们对于农村保险合作思想的探索和尝试，对当代仍具有启示意义。

四、发展战时兵险的思想

战时兵险是战争时期的一种特殊保险手段，主要负责为已投保的保险标的因为战时关系受到的损害进行赔偿。国民政府财政部拨款1000万元，自1939年起相继举办陆地兵险和运输兵险业务，并与有关方面联合设立兵险审核委员会。战时运输兵险是保障运输途中的财产或人员，而战时陆地兵险的标的是处于静态的存栈货物、建筑物和生产工具及原料。"这项业务开办七年以来，共收入保费为法币7.1亿元，盈余3亿元"。① 起初，学者们对是否应该开展战时兵险展开了激烈的争执，然而不可否认的是，开办战时兵险对恢复生产和繁荣后方经济，增强抗战力量，起到了一定的积极作用。

(一)战时兵险的产生背景

抗日战争爆发以来，上海的经济秩序被打乱，国民政府出于挽救工商业、保护生产物资和留存抗战实力的考虑，组织了一大批企业向西迁移。重庆在抗战全面爆发后成为国民党政府的副都，各地大银行、保险公司以及工商企业也陆续迁渝。这些西迁的企业希望能借助保险手段，获得经济上的补偿，以便安心发展后方生产。另外，国民政府出于战争需求，需要已经内迁的企业全力生产军需物资，并且要吸引更多的企业向大后方搬迁，因此政府必须出台保障办法安抚人心，稳定生产活动。这些是战时兵险的客观需求。迫于战争的现实需要，国民政府破除万难，开始办理战时兵险。可以说，战时兵险是创新之举，也是无奈之举。

(二)战时兵险的思想

1937年，为了鼓励出口、平衡国际收支，国民政府办理过战时运输兵

---

① 颜鹏飞,等.中国保险史志[M].上海：上海社会科学院出版社,1989：22.

险，然而时间并不长，一直为人们所忽略。直到全面抗战前期，一些学者才逐渐关注战时兵险领域，主要就战时兵险开展的必要性，战时兵险的运营机制，战时兵险的盈利问题等展开讨论。

第一，战时兵险的开展是否必要。罗北辰认为，战时运输兵险开展已有先例，而战时陆地兵险不能算作保险，而是一种赌博。① 因为战时陆地兵险的保险标的(陆地上的建筑物等)是静态的，只能任凭敌军毁灭而无法躲避风险，从而违反了可保风险偶然性的原则。另外，他还从保险范围、保险费率、保险金额三个方面论证了战时陆地兵险不宜开展的观点。而以倪纯庄为代表的学者，认为一旦时局动荡，情势紧急，应将保护人民财产和鼓励生产置于关键位置，因此为顺应时事，应该开展战时兵险。

第二，战时兵险的运营机制分为两种：公营和私营。公营即政府作为主体，指定一家国营机构全权办理战时兵险，私营即由商业保险公司单独或联合开办战时兵险业务。民国时期的战时兵险由政府出资，委托中央信托局保险处在全国开办保险，是典型的国营机制。到1940年，上海市保险业同业公会向国民党政府财政部提出，由民营保险公司代理陆地兵险，并承保"民营事业之兵险"，我国的战时兵险才有了私营机制的辅助。

第三，战时兵险在万难之下展开，学者们认为其实质是一种政策性保险，是出于国家需要而强力推行的保险，因此战时兵险不以盈利为目的。在实践过程中，虽有学者指出中央信托局曾因战时兵险业务获利近千万，但经查实，"虽然兵险基金未动用，但盈余并不大。孔祥熙在敌机轰炸重庆猖獗时期，曾令中央信托局逐天上报保费和赔款数字。当时拥有陆地兵险总保险金额三分之一的保户，集中在重庆，此外还有投保门市商品兵险的500户重庆商店"。②

---

① 罗北辰. 战时陆地兵险问题[J]. 新经济半月刊，1939，2(9)：219.
② 颜鹏飞，等. 中国保险史志[M]. 上海：上海社会科学院出版社，1989：375.

第三节　国民政府中后期的社会保险思想

全面抗日战争和内战的爆发，让国民政府加强了对社会保险事业的认识与投入，开始积极组建相关组织部门，如1938年4月，国民政府成立社会部，隶属中央执行委员会；1940年4月，国民政府社会部下设福利司，其职责之一是指导实施社会保险；1940年7月，国民政府将社会部改隶行政院，设置社会福利司，加强社会福利方面的工作；1941年12月5日，国民政府社会部修正并公布了《社会部各司分科规则》(共24条)，其中第17条规定，社会福利司有6科，由第6科掌管以下事务："(1)关于社会保险之规划事项；(2)关于社会保险之倡导实施事项；(3)关于社会保险机关之施置及监督事项；(4)关于社会保险金库之监督稽核事项；(5)关于社会保险工作人员之养成选用及考核奖励事项；(6)关于各国社会保险设施之调查研究事项；(7)关于推行社会保险与其他有关机关或团体之合作联系事项；(8)其他有关社会保险事项。"[①]1946年11月18日，国民政府行政院又颁布了《中央社会保险局筹备处组织章程》，并于1947年年初成立中央社会保险局筹备处，专门负责社会保险的筹备工作，其主要任务为：①社会保险业务方案实施章程拟定；②社会保险业务基金筹划准备；③社会保险会计制度预算编制及有关保险计算设计；④社会保险人事制度设计及工作人员甄选训练与登记；⑤社会保险机构组设，设筹备委员7~11人，其中1人为筹备主任，并设2人为顾问，由社会部聘国内外社会保险专家担任。

总体而言，这一时期，全国初步建立了社会保险管理体系，逐步走上了专司专科管理的道路，社会保险的主管机关，在中央为社会部，在省(市)为社会处(社会局)，在县(市)为县(市)政府。

同时，国民政府努力制定相关的社会保险条例，以保障国民生活、增

---

① 颜鹏飞, 等. 中国保险史志[M]. 上海：上海社会科学院出版社, 1989：386.

进社会福利为宗旨，将社会保险具体内容进一步向老废保险和失业保险延展。除此之外，社会部还通过培养相关人才和建立相关制度，以此促进社会保险的全面快速发展。这一时期，社会保险实践已开始出现，并在一定程度上反映出"中国的社会保障制度开始由传统的社会救助型向现代的社会保险、社会福利混合型过渡"。①

一、社会保险的基本特征

（一）关于社会保险的保障对象

当时大多数学者将社会保险的对象限制于一般劳动者。但是，有少数学者从实现全体社会成员福利的目的出发，认为其保障对象应进一步扩大化。余长河将社会保险定义为"政府或公共机关依据保险原则，以社会全体福利为前提，以保障劳动者及中下阶级人民生活为目的之一切设施的总称"。②李崇厚从生活水平的角度，将中下阶级人民也纳入社会保险的对象。他认为，社会保险较其他保险，具有四个特质："强制性、补助性、普遍性、预防性"。③关于社会保险被保险者的适用范围的划分，王雨桐、舒恬波比较支持"折中主义"的观点，即从事于特定种类的职业在一定收入额限度以下的劳动者为被保险者，他们认为："社会保险之适用范围……乃属社会之某一集团，此辈集团中人必须依仰社会保险之救助，苟无此救助，即难保经济生活之安全"。④

部分学者则主张全体国民都作为社会保险适用范围，如黄德鸿说："我国社会保险……而应该以社会全体的利益作为实施保险的对象，才不致使享受社会保险利益的人，仅限于社会上某一种人，或仅限于社会上某

---

① 朱汉国. 中国社会通史·民国卷[M]. 太原：山西教育出版社，1996：535.
② 余长河. 社会保险述要[J]. 金融知识，1944，3(6)：81.
③ 李崇厚. 社会保险发凡[J]. 社会工作通讯，1947，4(5)：10.
④ 王雨桐，舒恬波. 社会保险之构成要素（一）[J]. 保险界，1941，7(11)：14.

一阶级"。① 这种主张虽然实现了表面的公平,省却了自定义的麻烦,但是非常不现实,而且违背了社会保险的本质。王雨桐认为,依社会保险济贫的本质而论,其适用范围自当首推被雇佣者阶级,不论他们所属何种职业,"现时则凡不克以自己之责任为准备之一般国民,不论其为工人、农民、商人或其他无职业者,均可视作社会保险之对象也"。② 但是,杨培之明确指出,农夫、仆役、教士牧师、国外经商人员、航海人员和义务工作者不能参加劳工保险。③

可见,当时的学者已对社会保险有了深刻的理解与认识,对社会保险的保障范围已不再仅限于劳工阶层,已初具现代意义上的社会保险含义。

(二)社会保险的构成要素分析

社会保险作为保险的一种,也存在着保险事故、保险给付、保险基金来源、保险机关以及争议裁判机关等基本构成要素。学者王雨桐分别对五种构成要素进行了具体的阐述。

保险事故作为社会保险的构成要素之一,也是社会保险的主要保险内容,通常包括伤害、疾病、分娩、健康、养老、残疾、死亡以及失业等项。王雨桐提出:"故劳动者一旦遭遇不能劳动之情事时,可不论某项事故是否繁因于其本人之业务,而问题仅在决定何者属于伤害保险或何者属于疾病保险之领域耳。"④同理,若遇劳动者死亡,除给予津贴以及丧葬费外,对其孤儿寡妇也应有适当的补助。至于失业保险,是保证劳动力资源的再利用以及稳定社会经济的重要解决方法,与伤害、健康等保险有着同样的效用。以上各项保险事故,都是为实现劳动者经济生活安定所设定

---

① 黄德鸿. 推行社会保险应注意的几个问题[J]. 社会工作通讯,1944,1(8):15.
② 王雨桐. 社会保险浅说[J]. 保险界,1940,6(21):3.
③ 杨培之. 劳工保险概论[J]. 保险季刊,1937,1(3):71.
④ 王雨桐,舒恬波. 社会保险之构成要素(一)[J]. 保险界,1941,7(11):13.

的，也是举办社会保险的宗旨。

保险给付问题是社会保险的中心部分，给付越多，则被保险者所得到的利益越大。任何保险种类的保险给付的共通点之一就是为救济被保险者、挽回保险者损失而设定。王雨桐总结出了保险给付的共通点：①以最小经费获得最大效果，使经费之能率成为最大；②足以满足受益人经济之需要，但不为必要以上之给付；③使受益人无收受不当给付之余地等原则的限制。①

社会保险基金来源包括保险费及公共负担两部分。保险费是由劳动者及其雇主负担的一部分，公共负担是国家及其他公共团体对社会保险所负担的经费。这三者对于社会保险基金应负之比重因保险种类而有所不同。如伤害保险，其全部财源则由雇主单独负担，而对于疾病保险，劳动者负担比率应稍重一些。至于老废、失业保险需要大量保险基金额，国家应负担较大比重。

保险机关一般有国营和私营两种，两种组织机构各有所长，国营机构财力雄厚、制度统一，便于管理；而私营机构运作灵活、因地制宜，易于操作。关于保险机构的选择，王雨桐说："尤其在我国，社会保险尚未发达，产业机构未臻完备，而国家财政左支右绌之今日，此项事业不妨委托资力雄厚、规模较大之私营保险公司筹划措办，并由政府予以监督及赞助，借资促进社会保险之发展，而收救助贫困之功效。"②陈煜堃认为，社会保险应采取两种形式："其一是以地域为单位设立的保险单位，即某一区域内设立一个保险机构，另外一种是以事业为设立保险组织的单位，即在某一事业机构如加工厂、矿场等设立一个保险机构。"③

关于社会保险争议的裁判机构，不能委托一般民事诉讼，而须设立一个专门的裁判所。社会保险之争议，大部分是因劳资纠纷引起的，对于此类案件，需要酌情处理。在争议案中，劳资双方代表均须参加，并且需要

---

① 王雨桐，舒恬波. 社会保险之构成要素（二）[J]. 保险界，1941，7(12)：19.
② 王雨桐，舒恬波. 社会保险之构成要素（四）[J]. 保险界，1941，7(14)：18.
③ 陈煜堃. 社会保险概论[M]. 经纬社，1946：42.

详细取证，调查案情始末，给出公正判决。王雨桐指出："一切争议多由劳动者对保险机关取决不服而提出，故为裁判之独立公平计，实有成为独立机关之必要。"①

（三）社会保险的社会效用

关于社会保险对社会的效用，学者们主要从以下四个方面进行论述：

第一，促进社会的安定与团结。许昌龄认为，社会保险可使人们患难时相助、疾病时相扶持，"惟组织民众之方式虽多，而最切需者，必须把握社会之生存重心，使其乐而为之，方能团结巩固而有效，民生者社会生存历史之重心也。"②并且，在当时的社会形势下，国家久经强邻压迫，持久的战争导致民穷财尽。对于依靠工资收入维持生计的劳动者来说，一旦遭遇危险，其自身与家庭必定陷入苦难之中，导致社会不安，而社会保险可以减少社会贫困，减轻人们心中的恐慌。

第二，促进国民经济的发展。许昌龄认为社会保险具有很多优点，如可以聚集大量资金，而保险资金又具有利率低、期限长的特点，所以将其用于生产事业或地方事业投资，可以保障国民生活，促进国民经济长远发展。如，陈任指出，健康保险的最大意义是，健康保险成为强制的国家事业之后，发展到了最高的形式，而同时实现了健康保险最大的意义，贫富阶级相差太远，健康保险就是用富者的力量去救济贫穷者的疾病，以提高贫穷者的健康程度，也就是增加全体国家的力量。③

第三，强化行政功能。许昌龄谈到，社会立法，在于保障国民生活，均衡劳资利益，解除大众贫困，消除社会忧患。"应用科学方法如社会保险者预储防御损害之实力，妥谋善后之处理。夫然后方能发挥法律效率，以增强行政之功能也。"④

---

① 王雨桐，舒恬波. 社会保险之构成要素（四）[J]. 保险界，1941，7(14)：19.
② 许昌龄. 社会保险之功用[J]. 社会工作通讯，1944，6(1)：14.
③ 陈任. 中国国民健康保险问题[J]. 国论，1937，2(8)：1083-1092.
④ 许昌龄. 社会保险之功用[J]. 社会工作通讯，1944，6(1)：15.

第四，促进医疗事业的发展。实施健康保险等劳工保险制度，筹集劳动保险基金，可以保障医院等卫生机构的正常经营，有利于促进社会医疗卫生事业的发展。例如，德国首创劳工保险律，制度完善，虽在"一战"后德国百业凋敝、国势骤衰，但医药卫生事业并无衰败，皆归于此劳工保险制度。陈任也表示，实行健康保险可以促进医事上的改进，医生与病人之间的隔膜容易消除，且健康保险限定了正式的保险医生，非法医生无法害人，从而促进医疗卫生事业的合法化经营。①

二、关于社会保险运营方式的研究

(一)社会保险的实施方式

社会保险的实施方式有两种，即强制保险和自由保险。在当时学术界，既有推崇自由原则的，也有推崇强制性原则的，对于强制保险与自由保险之优劣，学者们对此各抒己见。潘公展、② 史太璞、③ 许昌龄等都认为强制保险具有优势，应该采用，其中许昌龄的观点最具有代表性，他认为"强制方式为社会保险的核心，不仅因为有独特功能可以扩充生活保障至一般需要民众，并且为更有许多其他的优越性，为任意保险所不及"。④ 主张自由保险的学者认为，强制保险拘束了个人自由，如史太璞表示，各国关于劳工保险盖采用强制主义，"我国初行劳工保险，自应参照各国现行制度，采取强制主义，但应斟酌个人之特殊情形与每年收入之多寡，就各种劳工保险之性质，分别规定何者应强其加入保险，何者得任意加入保险，何者不加入保险"，⑤ 而且"至主张任意保险者之重要理由，则谓强制保险拘束个人之自由"。⑥

---

① 陈任. 中国国民健康保险问题[J]. 国论，1937，2(8)：1083-1092.
② 潘公展. 试办劳工保险之建议[J]. 保险季刊，1937，1(3)：1.
③ 史太璞. 强制劳工保险与任意劳工保险[J]. 社会工作通讯，1947，4(7)：13.
④ 许昌龄. 社会保险几个基本问题[J]. 社会工作通讯，1947，4(7)：2.
⑤ 史太璞. 我国应如何实施劳工保险[J]. 社会建设月刊，1945，1(3)：27-29.
⑥ 史太璞. 强制劳工保险与任意劳工保险[J]. 社会工作通讯，1947，4(7)：13.

同时，杨培之详细讨论了开办劳工保险的方法，他主张厂方雇主承担起首要责任，即要提供一个安全的生产环境，完善各项生产设施，完备安全设备，定期对工人进行培训，以减少事故的发生。一旦工人在工作时间内发生意外事故，无法通过劳动获得报酬而使生活无法保障的，保险公司应当待伤害等候期过后，在赔偿标准范围内迅速赔付，切实履行保险契约。①

其中，关于健康保险的实施，陈育信提出，建立以医师或者医院为中心的保健会，吸纳会员参加保健会并且监督保险业务的施行。② 赵春第提出，要推进国民健康保险的实施，"惟有联合民众医师医院，树立一种强固的保健组织，如组织健康保障会或者保健社之类，取得经济合理的会费，征求民众加入，一方面集中医师医院的医疗设备，增加共同服务民众的机会"，不仅有利于解决医师医院的问题，而且可以促进社会的各种医疗事业建设，巩固医学事业发展的基础。赵春第还表示，"中国宗族观念深厚，如果一族之中，由族长或者年高望重者发起这种健康保险的组织，有利于健康保险的实施"。③

(二) 社会保险的费用分摊

关于社会保险的费用，大多数国家采取的是国家、雇主与被保险人三方面共同分担的办法，我国也有很多学者支持这一原则，并且我国在立法上也采取的是这一原则。《社会保险法原则草案》对保险费有明确规定："就被保险人之工资或报酬制定标准等级，划分若干级，由事业主及被保险人以适当比例分担，其无事业主之强制被保险人及任意被保险人之保险费由本人负担，并均由国家斟酌实际情形补助之"。④

许昌龄、陈煜堃都从被保险人、雇主和政府三方面分别阐述了他们应分担保险费用的原因，许昌龄认为社会保险的经费，"无论在任何情况下，

---

① 杨培之. 劳工保险概论[J]. 保险季刊, 1937, 1(3): 65-73.
② 陈育信. 健康保险[J]. 大众医学, 1949, 1(6): 177-179.
③ 赵春弟. 实施卫生事业倡导健康保险[J]. 申报月刊, 1943, 1(10): 111-113.
④ 社会部拟社会保险法原则草案研究报告[J]. 中华法学杂志, 1948, 7(5): 29.

也不让职工方面单独负责"。① 陈煜堃则认为"社会保险费用的分担,雇主与政府,应负担一定的比额,而被保险人所分担的费用则应减至最低的比率"。② 这些观点虽得到了学者们的大致认同,但仍有学者持不同的意见和主张。例如,黄泌良指出:"在民生主义的实现过程中,是先发达国家资本,抑制私人资本,因此,在国有与私人两种不同产业部门中,社会保险应有不同的规定",即前者保险费应全由雇主负担;后者的保险费由雇主和被保险人缴纳,以及政府的辅助,如此,可致使私人资本逐渐被国有产业吸收、取代而成为社会资本,进而实现民生主义的最终目标。③

杨培之还针对降低社会保险费用的分摊与具体责任提出了看法,他认为,劳工保险要得以普及,关键在于降低保费,使广大劳工能够负担得起保费。保险公司可以一方面组织人员对工业伤害进行分析,归纳各类工业伤害并研究预防方法,降低工业伤害发生的几率,另一方面可设立工业危险调查处,将收取的一部分保费用于调查各个工厂存在的隐患,督促其进行改进,从而减少事故的发生,提高工厂产量和产品质量,提高工人积极性。普及劳工保险,对于雇主而言可以减少经营开支,对于工人而言可以得到保障、安心生产。工业伤害发生以后,雇主一方应立即将伤者送医诊治,并将医师的诊治结果及时书面报告给保险公司,死亡于三天内上报,伤害于一周内上报,否则无权要求赔偿。对于劳工死亡的,保险公司应首先支付100元丧葬费,此后每星期向其遗孀支付其原先工资的30%,视具体情况而定,如果其改嫁则不再支付,如果死亡者有三个以上的未成年子女,则多付工资的10%。如果是意外致残疾的,每周依照其一年平均工资的60%而定,但不应超过15元,最低不得低于4元,发放总额最高不超过3000元,视残疾部位决定发放时间的长短。若受到了伤害但没有残疾的,每周发放金额同前,但发放总额则不得超过2000元,发放时间最多300星期,依受伤害的程度决定。保险公司应当尽快在两个月内进行赔偿,最迟

---

① 许昌龄. 社会保险几个基本问题[J]. 社会工作通讯, 1947, 4(7): 2.
② 陈煜堃. 论社会保险费用之分担[J]. 社会工作通讯, 1947, 4(12): 7-8.
③ 黄泌良. 社会保险及其制度[J]. 广东省银行季刊, 1943, 3(1): 12.

不能超过六个月。①

第四节　国民政府中后期的保险立法思想

一、关于《保险法》(1937)

随着中国民族保险业的不断发展，对保险法规的需要日益迫切。立法院以"我国保险法施行已久，亟待补充和修改完善"为由，于1935年召开会议，诚邀实业部代表、上海市保险业同业公会共同参与讨论，并聘请了保险法学专家王效文起草法案，由各代表阐述意见，书面呈请委员会，并进行了反复修改。此次修改要点主要侧重于保险权益问题，因为现行法规并无此项规定，最终于1937年1月11日公布了修正后的《保险法》。修正后的《保险法》新增了一章，共4章98条，与初订的《保险法》在内容上大体一致，分为通则、损失保险、人身保险、附则等，只是具体规定了保险体例、保险契约；列举了保险利益的范围；将"损害保险"更名为"损失保险"，并扩大了损失保险和人身保险的保险范围，对保险人作了有限责任之规定，增加了保险特约条款、再保险等内容。

修正后的保险法对"保险契约"作了具体的阐述：保险(契约)是当事人约定一方支付保险费给予另一方，则另一方对于不可预料或不可抗力所发生事故导致的损害以及赔偿责任予以承担的一种双方订立的约定。这种公正平等的立法契约精神无疑极大地维护了被保险者的合法权益，也是逐渐向现代法治观念演变的深刻体现。至于保险契约如何运用和规定，学者陈顾远提出："吾人知保险制度对于个人及社会方面之影响甚大，不善利用之，并足发生流弊。故保险契约之成立也，不特须具备一定之实质要件，如对于保险标的应有其保险利益，对于保险事故应有其正当范围皆是。即在形式方面亦须以具备一定方式为必要，与票据行为之成立，抵押权之设

---

① 杨培之. 劳工保险概论[J]. 保险季刊, 1937, 1(3): 65-73.

定,同此之谓要式行为,其契约之性质乃要式契约也……昔我商行为草案仿日本商法之例,于其第一百六十九条规定约'投保人得请求保险人交付证券',虽无保险单,其契约已因口头上之约定而成立,是为不要式之诺成契约,故学者以诺成契约称之。现今保险法认为保险契约之订立,已为口头上之要约与承诺,并为意思合致之表现,苟非依一定方式为之,其契约仍难成立,故以要式契约称之,此不过表示其非单纯之诺成契约而已。"[1]所以保险契约制度一直贯穿于保险立法的发展过程中,从开始的口头约定到后来的书面正式订立,同时也反映了保险立法不断进步、完善的发展历程。

为了更加完善保险法规,在立法原则上,移植了西方保险契约法中的保险利益和代位求偿原则。保险利益在旧法中虽曾被引用,但并未明确提出具体概念及适用范围,在新《保险法》中,这一原则得到重视并作为专门一节内容被罗列出来。根据《保险法》第七条规定:"要保人对于财产上之现有利益,或因财产上之现有利益而生之期待利益,有保险利益"以及"凡基于有效契约而生之利益,亦得为保险利益",可以看出,引入"保险利益"这一原则,主要在于其为保险契约成立的重要因素之一,是契约双方不可或缺的一个重要部分。保险利益是契约双方共同追求的目标,也是保险契约法生效的一个重要前提。但为了避免因利益而产生的矛盾和冲突,在制定保险法时,严格限制了保险利益的范围。同时为了保证意外发生时的赔偿公正合理,又引入了代位求偿原则,即保险人除了要支付被保险人在损害发生时的赔偿金额外,对于损害发生时第三人的损害赔偿请求,需要代被保险人行使赔偿请求权,但赔偿金额不能超过保险总金额。若第三人为被保险人的家属、雇用人等时,则不能行使代位权。这个原则进一步扩大了被保险人的利益,避免了第三人无力偿还时带给被保险人的损失,还给被保险人和保险人在理赔问题上提供了便捷的解决方法。

在保险险种分类名称上,日本商法中损害保险分为火灾和运送保险两

---

[1] 陈顾远.保险法概论[M].南京:正中书局,1946:83-84.

类，在 1908 年的《大清商律草案》中承袭了这一点。但 1929 年颁布的《保险法》中认为"运送保险"涵盖范围狭窄，便更名为包含范围更广的"责任保险"，同时将《大清商律草案》中仿照日本商法取名的"生命保险"也修改为"人身保险"，这可以直接涵盖伤害保险、人寿保险等更广的范畴。此外，在 1937 年修正并颁布的新《保险法》中又一次将"损害保险"改名为"损失保险"，也是经过多方探讨后，认为这个名称更适合一些。这几处名称的修订充分反映出南京国民政府时期，立法者的法律用语更加精确，立法思想较清末和北洋政府时期更上一层楼。

对于几经修改后的《保险法》，学者淡平认为仍不尽完善，"对于海上保险，今仍将其附属于海商法中，而不将之统一于保险法内，在我国昔时既无海上保险规定于海商法中之沿革上之理由，而今日又已废止商法法典之编订，将各种商事法规，均以单行法行之，则为谋法律应用之便利，自应将水灾保险同为一种财产保险之海上保险(即水险)规定于同一法中，方为妥当，学者对此，早有同论，今修正保险法，仍未将水火两险并列规定，亦为未尽善者也。"①但总的来说，修正后的《保险法》，无论从名称、体例还是内容上，均已逐渐接近现代保险法，这充分说明南京国民政府时期的保险立法思想正在走向成熟。

二、保险法规监督思想

1937 年 1 月 11 日，南京国民政府同时公布了《保险业法》《保险业法施行法》(计 19 条)。其中，《保险业法》要求施行严格的实体监管方式，其内容实质为"保险业监理法"，不仅规范和整顿了中国的保险行业，而且规定了保险公司实行分业经营，因此，中国保险公司人寿保险部于同年 5 月改组，成立了中国人寿保险公司。《保险业法施行法》的可操作性有所增加，其中第 16 条规定："实业部得设置保险监理局监督保险业事项"。但是，张素民指出，我国近年来虽有制定相关保险法规，但未完全实行，其最大

---

① 淡平. 修正保险法简评[J]. 法律评论，1937，14(15/16)：1-2.

的缺点就是没有一个常设的监理保险机关。他认为，我国虽没有必要在各省设保险厅，但应该由实业部设立"中央保险监理局"，监理全国的保险事业，如对保险公司营业方法(投资等)的检查、经理员执照的颁发、保费的规定等，以及研究和计划保险人才的培育。① 张素民还表示，中央保险监理局是一种行政机关，只认可政府监理保险，反对将一切保险事务交由政府经营，政府垄断应该行于人民所不能或不易办理的保险事务，如社会保险。② 此两法后被汪伪政府沿袭，经修订后，于1942年10月10日公布施行，同时，又制定了《保险监理局组织规章草案》，并成立了保险监理局，明确规定经营保险业，必须按规章领取营业执照，办理登记、缴纳保险金等手续后方能营业。

1943年12月25日，行政院公布实施《战时保险业管理办法》(计25条)，"对经营保险业务的条件作了比较全面和严格的规定，是国民政府加强保险业监管机制的重大创新"，③ 不仅明确了保险业的专业性质，即"以经营人身保险或损失保险之一种为限"(第2条)；而且规定了由财政部监管保险业市场准入事宜，如保险业章程、营业计划、保险契约之基本条款、计算保险费及其责任准备金的基础、资金及运用方法，等等，例如，在保险资金的运用限定方面，除了增加对生产事业的投资之外，还强调保险资金仅作为国家银行和国营信托机关储蓄存款。就保险资金投资比例而言，投资公债库券部分不得少于资金及责任准备金总额的1/4，以不动产为第一担保之放款和投资不动产合计不得超过资金及责任准备金总额的1/2，投资生产事业不得超过总额的1/4。同时，其中第16条和第18条还进一步明确了保险的监管方式：公示监管、现场检查。这些均表明战时国民政府加强了对保险资金运用的监管力度。为了具体执行《战时保险业管理办法》，国民政府将"管理办法"有关内容加以具体化，于1944年5月和6月分别公布了《战时保险业管理办法施行细则》(15条)和《保险业代理人经

---

① 张素民. 设立中央保险监理局之必要[J]. 太安丰保险界，1937, 3(16)：2-3.
② 张素民. 设立中央保险监理局之必要[J]. 太安丰保险界，1937, 3(16)：4.
③ 吴静，曾代伟. 战时保险法制改革与实践研究[J]. 保险研究，2016(1)：126.

纪人公证人登记领证办法》。

关于保险业监管的重要性，许昌龄在《战后中国保险事业方案》中指出："运用政治职能，设立全国保险事业之监理机关，务求保险机能均衡发展及保险技术之循序渐进，俾中国保险事业流畅通行。"①陈顾远也提出："保险事业之委诸民营者，即非由国家予以严厉监督不可。盖在放任主义之下，保险业之组织必难健全，既不足以达保险之功效，并或予经营者以诈欺机会，致令弊端百出，除损害或牺牲当事者之正当权益外，对于国家之安宁，社会之福利，亦极不利焉。保险事业法之制定，即所以规定民营保险事业者之资格，事业经营上之限制，并其他种种监督方法耳，是故保险事业法在法规之类别上，乃处于保险行政之地位，与所谓交易所法、银行法之性质正相类似。"②

三、社会保险立法思想

（一）《社会保险法原则》立法思想

1941年4月，国民党政府社会部召集社会行政计划委员会讨论社会保险法原则，拟将其作为起草社会保险法的基础。4月3日，社会部召开了全国合作会议，其中通过了涉及保险的四大提案之一——《请筹办中国社会保险合作局以利民生案》，该案指出：由国库拨款伍佰万元作为社会保险基金，办理社会保险，并设置中国社会保险局，在各省市县分别设立分局或代办处。并在随之召开的社会行政计划委员会上初拟了《社会保险法原则草案》提纲，包括保险宗旨、保险种类、被保险人之范围、保险给付、保险机构、保险法规等内容，以作起草社会保险法之根据。7月，社会部组织成立了社会法临时起草委员会，并公布了《社会法临时起草委员会简章》，将"起草社会保险法草案"列为该委员会的首项任务。随后，社会法

---

① 颜鹏飞，等. 中国保险史志[M]. 上海：上海社会科学院出版社，1989：404.
② 陈顾远. 保险法概论[M]. 南京：正中书局，1946：6.

临时起草委员会主要从健康保险和伤害保险两个方面开始着手起草社会保险法草案的工作，主要是因为《劳动保险草案》(1929年)以及《强制劳工保险法草案》(1932年)对伤害保险与疾病保险都作了详细的规定，有较好的立法基础。

1947年10月31日，由社会部拟定的《社会保险法原则草案》几经修改后，由国民政府国务会议通过，更名为《社会保险法原则》。该法案是南京国民政府时期社会保险领域最具权威的法规，也是指导国民政府进行社会保险立法的基本准则。它从保险种类、保险对象、保险费率、保险给付、保险法规等方面对社会保险作出了详细的规定，具体内容如下：

(1)保险种类：①健康保险，包括一般疾病、负伤、死亡及生育保险；②伤害保险，包括业务方面的疾病、负伤及死亡保险；③老年遗族保险；④失业保险。

(2)保险对象：①伤害保险，以工矿、交通、运输、建筑等业及易生职业伤害事业职工为主；②健康保险，以有正当职业而每年收入在一定金额以下的国民为主；③老年遗族及失业保险，以健康保险投保对象为主。

(3)保险费率：依照被保险人薪资厘定。伤害保险费由事业主负担，其他各业保险费由事业主及被保险人按适当比例分别规定；其无事业主的强制被保险人及任意被保险人的保险费，由本人负担，并均由政府酌予补助。

(4)保险给付：分为伤害、健康、老年及遗族、失业四种给付。伤害保险包括伤病、残废、死亡三项给付及家庭补助，健康保险包括伤病、残废、死亡、生育四项给付及家庭补助，老年遗族保险及失业保险包括老年遗族给付及失业给付。

(5)保险法规：先制定社会保险法原则，根据原则，按社会保险种类，分别制定单行法。①

---

① 岳宗福，聂家华. 国民政府社会保险立法述论[J]. 山东农业大学学报(社会科学版)，2004(4)：70-71.

(二)健康保险立法思想

1941年,史国衡在调查大后方中心城市昆明国营工厂中劳工生活状况时,对昆明资源委员会某个大型工厂(简称"昆厂")的健康保险制度进行了详细介绍。对于劳工健康的保障,昆厂与临近的工厂联合开办理医务室,设有医师和看护,主要负责工厂卫生检查与疾病预防,包括劳工体格检查、防疫注射等,并对职工进行急救训练,在工厂内配备急救箱,以备工人临时发生疾病或伤害时的紧急救治,对于生病的职工进行治疗,包括对女工接生送诊,必要时送工人到厂外医院救治。对于保健金,昆厂曾于1940年出台了保健金章程,规定每次发给劳工工资时,按照个人所得工资的5%作为保健金,另有厂方每年拨款1000元作为辅助费。工人经过医生证明准请病假,可获得原定工资70%的保健金。昆厂的保健金制度实际上是一种疾病保险,平时由各人名下扣下5%的工资作为保险费,工人患病时医药费在3角以下的免收治疗费,请准病假还可以获得70%的工资。昆厂规定职工进厂时按照其薪资的3%~5%认定储蓄金数,每月月底由本厂从其所得薪资中扣下,代向国家银行储存,同时规定,工厂的陪存办法,凡所得在百元以下的劳工工厂陪存100%,在200元以下的劳工,工厂陪存90%,储蓄期限为五年,除非中途离场等特殊情况,期满时所有自储和陪存悉归工人所有。①

1941年12月20日,中国国民党五届九中全会上,赖琏等13位委员提请议案《举办健康保险案》。各位委员认为在抗战的环境中,健康保险好处颇多,它可以使一般民众与社会救济得到调节;增加物质生产;增进公共卫生设施,减少人口死亡;安定社会;吸收保险现金,经营事业,使民众多获利益,并提议:①由政府明令实行健康保险制度,并令有关部门负责办理;②各行政机关及国营事业机关员工,一律举行团体健康保险,以资倡导;③各教育机关教职员,由教育部通令遵照教职员养老金及抚恤金

---

① 史国衡. 昆厂劳工[M]. 北京:商务印书馆,1947:100-102.

条例，发给养老金或抚恤金；④健康保险现金，可以经营公共卫生事业或其他相当事业，使民众多获利益。① 在这一议案的推动下，1942年10月，社会部社会法起草委员会起草完成了《健康保险法》（共8章138条），内容包括通则、被保险人、保险社、保险给付、保险费及政府补助费、诉愿及诉讼、罚则、附则等项目。其内容包括疾病保险、负伤保险、生育保险及死亡保险四种，并拟订了说明书，这是中国第一部内容完整的健康保险法。

1943年6月27日，国民党政府社会部开始举办公务员健康保险，并颁布了《陪都公务员健康保险法》。其主要规定是："保险费用由被保险人及公务机关各付1/2，且保险费以薪金额乘保险费率计算，而保险付给则以薪额加各项津贴总数计算。公务员为强制被保险人，陪都各机关之公务人员一律被保险，保险给付分为伤病给付、生育给付、死亡给付以及家属给付四种。"②1944年初，社会部完成了《伤害保险法草案》的起草工作，并呈行政院转立法院进行审核。这些准备工作的完成为社会保险法案的奠定了良好的基础。1946年，《劳工政策纲领》指出："厉行伤害赔偿与死亡抚恤，并尽先创办疾病保险及伤害保险，逐渐推行其他各种社会保险"。③

(三) 盐工保险立法思想

政府虽然拟定了一系列有关社会保险的法规，但鉴于当时的实际情况，这些法规无法在全国全面实施。社会部经过研究，决定选择四川作为试验地，待试办较有成效再扩大实施。四川是盐产地，川北一带盐工生活十分艰苦，急需救济。社会部选定其北部一带的各盐场，创办盐工保险社，以盐工为保险对象。川北产盐区被划分为10个，盐工约10万。因盐工住宿分散、产盐区零散，盐工保险采取由近及远的方法。川北盐工保险是在国民政府社会部指导下，参照国外社会保障方式及当时的实际需

---

① 姜春燕. 南京国民政府社会福利政策研究[D]. 山东师范大学，2006.
② 颜鹏飞，等. 中国保险史志[M]. 上海：上海社会科学院出版社，1989：405.
③ 社会部. 四大社会政策纲领及其实施办法[M]. 社会部，1946：15-27.

要，由盐务署具体主办，社会部于1943年颁布了《川北区各盐工保险暂行办法》，其中规定："由政府指导盐工及灶户（盐工之雇主），在各场组织盐工保险社，经管保险业务。保险社之理事会、监事会，由盐工及灶户各推选同数之代表，共同组织之，理事长则由所属之盐场公署厂长兼任，由川北盐务管理局辅导进行，并由社会部派员就地监督指导。保险社为教济（救济）盐工而设，不得以营利为目的。保险社之基金由盐务机关在公益费项下拨充，另设基金监理委员会监理之。"①先在四川三台县成立盐工保险社，待筹办就绪、基础巩固后，再向其他盐场推广。至于保险范围，暂以丧葬与养老保险两种为主，而以伤病保险附之。这两种保险收效稳定后，再增办其他保险。随着四川盐工保险的成功实践，绵阳、简阳、西充、射洪、河边、南阆、乐至、盐亭、蓬溪9个县的盐场也纷纷设立盐工保险社。这样连同三台县，总共设立10个盐工保险社，参加保险的盐工增至5万余人。② 川北盐工保险的保险种类有疾病、伤害、死亡、养老、婚娶和家属丧葬6种，保险费很低，由盐场和工人共同承担，被保险盐工每人每月缴纳保费16元。保费给付以实际报酬为标准计算。保险社的基金由盐务机关在公益费下拨充，另设基金管理委员会负责管理。

1945年，国民政府社会部又公布了《修正川北区各盐场盐工保险办法》，规定实行强制保险："凡在盐场工作之直接盐工，年龄在16岁以上，经场署登记者，均应一律加入保险。"保险种类为"负伤、疾病、婚娶、养老、死亡及家属丧葬六种"。保险费用为盐工标准工资月额平均数乘以2%的保险费率，由盐工和灶户"以适当比例分担"，保险给付以现金为主，包括负伤给付、婚娶津贴、养老金、死亡给付、行政事务费等项目。1943年开办之初，每月业务费为2500元，后因物价高涨，不敷支付，自5月起，增为每月5000元。截至该年6月，计有盐工5171

---

① 秦孝仪. 革命文献（第100辑）[M]. 台北："中央"冶文物供应社，1984：341.

② 陈国钧. 社会政策与社会立法[M]. 台北：三民书局，1984：324.

人加入保险社,每人每月缴纳保险费 16 元,该社共收保险费 82736 元。1943 年 1—6 月,共有被保险人 6 人死亡,赔偿保险给付共 17280 元。① 后来,随着其他九个县都成立了盐工保险社,川北盐区的十县境内全部实行了社会保险,保险人数及保险收入呈现逐年增加的趋势。到 1948 年 11 月底,参加保险社之盐工总数已达 40718 人,保险费收入总额 814360 元。②

在实行川北盐工保险的 5 年间,有的盐场老板因官方限价难获利润,常常采取停工的办法避免损失,导致盐工失业、中断保险;而盐工出于生活所迫,有时会转行或要求停办保险。与此同时,也不断有新的盐工加入。受盐工流动的影响,参加保险的盐工数目始终在 4 万左右,没有大的突破。1949 年年初,主管盐工保险的社会部中央社会保险局筹备处奉令裁并疏散,川北盐工保险活动随之中断。川北盐工保险的实施是国民政府第一次正式办理社会保险,不仅对于安定盐工生活起到一定作用,而且对于近代社会保险事业的发展具有示范作用。

(四)社会保险制度之实施原则

1944 年,社会部拟订了《社会保险方案草案》,开篇就阐明了举办社会保险的目的:"本国社会保险之推行,一本近代社会立法之精神,由行政机关、业务机构、人民团体三方面通力合作,造成事理,分明脉络,贯通有计划有组织有系统的联立体制,使公平画一的条理,调剂社会经济的盈虚,以促成民生主义之实现,而达到'均无贫,和无寡,安无倾之目的。"③这部草案把社会保险分为健康、伤害、老废和失业保险四种,并明确规定其宗旨为保障国民生活、增进社会福利。除此之外,该方案对社会

---

① 秦孝仪. 革命文献(第 100 辑)[M]. 台北:"中央"冶文物供应社,1984:342.
② 秦孝仪. 革命文献(第 100 辑)[M]. 台北:"中央"冶文物供应社,1984:493.
③ 陈煜. 社会保险概论[M]. 南京:经纬社,1946:43.

保险的业务原则、财务管理、管理机构都作了明确的规定。它将社会保险分为伤害、疾病、生育、残废、养老、死亡、孤孀、失业八种，并规定"各种保险得就其功用上命以积极方面之名称，以适合国人之精神需要（如疾病保险可称为健康保险）"。被保险人范围则包括"凡因职业而受雇佣之人"的所有服务劳动者，包括体力与非体力职工，或劳力与劳心者，或为自己工作者，收入不足以使其留有伤、老、病、死、失业等费用者。被保险人投保方式分为强制与任意两种，以强制为主，任意为辅，或者两者兼而合之，只要是能获得好的成效，不管哪种方式都可以采用。保险费用由被保险人与雇主平均分摊，被保险人梯级标准工资乘以保险费率计算应缴纳保险费。该草案既借鉴了之前历次社会保险立法的成功经验和失败教训，扩大了被保险人的范围，把公务人员、教职人员等纳入被保险人的范围，不再仅仅局限于劳工保险，使之成为真正意义上的国民保险。这是抗战期间国民政府对社会保险的一次比较全面的规划，已基本接近现代社会保险的范畴。

1945年5月，中国国民党第六次全国代表大会第十五次会议通过了《战后社会安全初步实施纲领》，其中对于社会保险，将其暂分为伤害、老废死亡、疾病生育、失业四种，并具体规定了筹办社会保险的实施方针："（一）社会部会同有关机关，积极筹办社会保险，应分期分区域实施，第一期应办社会保险为职业伤害、老年、残废、死亡、疾病、生育及失业，应先以产业职工为主，公教人员次之，待成效显著后，再次第推广普及于国民全体。（二）初期创办社会保险，谋奠定保障社会安全的始基，采用强制政策。凡合被保险人规定者，应强制其加入，凡规定缴纳保险费者，应一律强制其缴费，但关于制定保险费率及保险给付，务求合理公允。关于预防保险事故的发生，所有安全及福利设施，尤应同时举办。（三）经常社会保险的实施，应力求贯彻下列原则：（1）政府认定社会保险为全体国民福利，保障社会永久安全的措施，应由中央主持办理，并力谋其业务的扩展与充实；（2）社会保险的一切经费，应由中央切实保障，并依法管理使用；（3）执行社会保险业务的人员，应受专业训练，具有专业精神与服务道德。"①同时也规定:"社会保险之保险费,除伤害保险应由雇主负担外,均由被保险人与产主分担,政府得酌量津贴;社会保险给付,应按被保险人据以纳费之梯级标准报酬为计算标准。"②会后,国民政府积极筹备社会保险法实施前的准备工作。

1946年12月25日,国民政府宣布实施的《中华民国宪法》第155条规定:"国家为谋社会福利,应实施社会保险制度"。③ 1948年5月12日,全国保险公会联合会代表在国民党国民代表大会上提出了两项议案:一是举办社会保险,二是制定和颁发寿险条例以替代抚恤制度。具体如下:①制定并颁发社会保险法、公教及军警人员寿险条例;②分期举办社会保险,先办理健康保险及伤害保险,再办老年保险及失业保险;③社会部下设社会保险局,负责社会保险行政管理,其业务委托中央信托局办理;④由政府指定国营寿险机关办理寿险事宜;⑤废除抚恤条例,将抚恤费用移充保费,并通告全国各级公教及军警人员一律投保。④

第五节　国民政府中后期的保险思想特点

一、保险理论紧密联系时势

在战乱形势下,学者们对战时兵险的保险原理、效用、经营方式进行了深刻的分析。战时兵险紧紧围绕战争的实际需要,不以盈利为目的,是一种政策性保险,是思想与实践进行紧密结合的表现。此外,尽管保险法规对人寿保险资金的运营作了相关规定,但学者认为,战时状态非同往常,可以特殊化,并基于欧战期间德国的保险业投资经营,结合我国当前

---

① 社会保险方案草案[Z]. 第11,39,40条.
② 社会部1948年6月至11月施政成果报告[Z]. 中国第二历史档案馆藏社会部档案,十一/6501.
③ 徐辰. 宪制道路与中国命运——中国近代宪法文献选编(1840—1949)(下)[M]. 北京:中央编译出版社,2017:370.
④ 颜鹏飞,等. 中国保险史志[M]. 上海:上海社会科学院出版社,1989:461.

第五节 国民政府中后期的保险思想特点

战时形势，提出了人寿保险业资金战时投资策略，具有很强的现实意义。

二、注重对保险业务开展的分析

1937—1949年，是全面抗日战争和内战时期，是我国民族保险业发展的低落时期，战时社会混乱，人员伤亡惨重，新业务难以开展，为了应对战时困难，学者注重对业务扩展中注意事项的分析，并探讨了培育保险经理员、保险宣传等的重要性，以及社会保险实施方式。同时，简易人寿保险是对日本简易寿险的效仿，但学者仍结合国情，探讨该险种在中国经营可能面临的问题，并根据邮局的分布特点等，决定由其负责业务的开展。

三、凸显保险的爱国情怀

再保险思想的研究一直包含在水火险之内，直到太平洋战争爆发，国内财产保险分保后台中断，人们才意识到再保险对财产保险的重要作用。再保险思想的发展，有利于华商保险同业的联合，以及水火险业务的相互合作，有助于联手抵御外商保险对再保险市场的控制。因此，再保险思想彰显了保险制度"合作互助"的精神。同时，学者们强调对外国保险业加强监督，在保险法中予以相应的规定，建立保险监督机构，等等，减少或避免相关利益流入外国。可以说，这些思想、主张都带有强烈的爱国色彩。

四、保险制度日渐完善

自清末保险立法活动开始展开，中国从未停止向已有成功先例的西方保险制度学习和借鉴的步伐，但在"西学东渐"中，南京国民政府已逐渐从"被动取经"向"主动创新"的模式发展，对中国民族保险业立法的制定逐渐有了一个较为清晰、全局的把握，不再盲目跟风和模仿。1937年修订后的《保险法》，对保险契约、保险险种名称、保险体例等内容上的规定逐渐完善，是与现代保险法最为接近的并且适合当时中国国情的保险法规。1942年拟定的《社会保险法原则草案》，是第一部有关社会保险较正规的法令草案，吸取了历年社会保险立法的重要成果。它将社会保险的保险对象扩大至全体国民，成为真正意义上的国民保险。其内容已经接近现代社会保险的概念。1947年，对《社会保险法原则草案》进行修改，将其定名为《社会保险原则》，作为社会保险的原则出台。这是南京国民政府对社会保险多年的总结与完善，也是国民政府正式通过的唯一一部有关社会保险的法规，它确定了社会保险的立法模式，也是各项社会保险立法的最高依据。

结　语

一、近代中国人寿保险思想述评

近代中国，人寿民族保险业的思想与实践是相互作用的。从积极方面考察，民国时期的人寿保险思想对人寿保险业发展的正效用主要表现在以下三点。其一，人寿保险思想在传播保险知识、提高人们的保险意识等方面具有极大地推动作用。现代意义的保险制度在近代中国始终是一件新生事物，西方的保险制度设计和保险理念与近代中国的经济状况相去甚远，因而必然要经历一个中国化的过程。同时，向广大民众传播保险知识是十分必要的，它是近代保险业发展的思想基础。学者们对人寿保险的基本原理的介绍，提高了人们的保险意识，从而促进了民族保险业的发展。其二，人寿保险思想对民族保险业的实践起了积极的指导作用。学者们通过介绍西方人寿的运营方式、设计保险模式、创设符合当时国情的简易人寿保险等，直接指导了现代保险业在近代中国的发展。其三，人寿保险思想具有鲜明的反西方经济侵略的特点。中国的保险市场是在西方列强不断地侵略下被动开放的，西方列强在近代中国的保险业中一直处于强势地位，外国保险公司从中国获取了巨大的利润，特别是寿险公司保险资金的巨大运用能力。因此，从近代中国第一家华商保险公司开办时起，学者们始终秉承着收外洋之利的目的来推动民族保险业的发展。

但是，近代中国人寿保险业的发展并不顺利，真正有效发展的时间很短，而且各险种的开发更多的是模仿西方的制度设计，从而在人寿保险思想的发展上必然会反映出这个时代的特点。主要表现为：其一，人寿保险思想基本是对西方保险思想的移植。如，人们对于人寿保险的认识主要来自于对西方国家的人寿保险发展情况的分析，当时出版的相关保险书籍主要是翻译的国外著作，缺乏理论创新性。其二，保险思想指导保险实践的作用有限。由于经济发展水平、战争、人们保险意识等因素的制约，学者们设计的各种制度、方案、法规，大多是纸上谈兵，未能得到有效贯彻。

总之，近代中国人寿保险思想在学习和借鉴西方资本主义国家的保险思想基础上，为当时保险事业的发展作出了巨大的贡献。然而，理论与实践的脱节，也使人寿保险事业发展过程中出现的诸多问题得不到有效的解决，这可以说是近代中国人寿保险思想的最大局限。

二、近代中国财产保险思想述评

近代中国财产保险业经历了平稳发展—快速扩张—衰退的过程，其很大程度上受到了战争的影响。然而，保险界对财产保险的理论研究从未停止，特别是在水火险、再保险、农业合作保险、战时兵险等领域的研究尤为突出，认识不仅正确，且全面、深入，具有鲜明的时代特色和原创性。从思想演变的过程来看，财产保险的思想与实践是相互促进的。不同的险种，不同的阶段，思想与实践的发展程度有所不同。

水险最早传入中国，因此水险相关的思想较多。然而由于水险涵盖的风险太多，且危险发生的情况复杂，学者们缺乏实际经验，多选择以研究保险单为途径，发展水险思想。因此，水险领域的思想落后于实践的发展。火灾保险思想相对于其他险种，研究人数众多且深入。进入国民党政府时期，城市化和工商业的快速推进，激发了对火灾保险的需求。另外，火灾保险的标的物随处可见，防火意识的普遍，使得火灾保险积累了一定的群众基础。因此，学者们热烈地探讨了火灾保险的方方面面，全面分析了火灾保险的可保风险，提出了火灾损失估计的科学方法，意识到为避免道德风险，应大力推行足值保险。这与如今的火灾保险理论相差无几，因此火险领域的思想先进，对实践具有较强的指导意义。其他财产保险（如农业保险、战时兵险等)思想,已体现一定的创新性和原生性。中国农村合作制度一直都有,借由合作社发展农业保险,保障农业劳动者的财产和人身安全,合情合理,带有明显的中国特色,无疑是保险思想西学东渐的最好体现。战乱环境下,对学者们对战时兵险的保险原理、效用、经营方式进行了深刻的分析,更是添加了时代的印记,是对现实需要的紧密结合。

同时,外商保险公司一直占据话语权,各水火公会通过制定费率、裁定纠纷等成为保险市场的总裁判,华商保险公司在夹缝中生存。为了更好地指导华商财险公司的经营,学者们讨论了相关保险契约责任、火灾危险种类、保费计算等方面的注意事项。然而,西方水火险公司和组织不仅忙于对外扩张,输出保险理论和保险人才,而且也进行了水火险的理论创新,例如提出了存款保险制度等新型保险,对水火险风险控制、水火险保险责任范围也提出了新的想法。因此,相比之下,近代中国水火险思想发展程度严重落后于同时期的西方各国。

三、近代中国保险立法思想述评

近代中国的保险立法思想很大程度上都是移植西方的保险立法经验和保险制度的结果,它经历了一个由被动学习到主动接受的过程。在这个过程中,立法实践能否与中国国情相结合,是立法是否有效的关键。清末时,政府企图用"中学为体、西学为用"的移植模式来构建中国的保险法规,但事与愿违,颁布了多项保险法规均以失败而告终,其原因在于西方先进的立法思想与清末保守的陈规、落后的经济水平并不相容,以致有水土不服之憾。虽然到了北洋政府和南京国民政府时期,国家在制定保险法规时,也会根据国情的需要以及民族保险业的发展状况有所调整和重新修订,虽不再盲目照搬西方国家保险成例,但移植、借鉴他国的保险立法原则和思想的做法依然存在。尽管如此,不断修订的保险法规仍然无法与日新月异的保险行业发展相匹配。长此以往,保险立法思想远远超前于立法实践,从而与实践脱节,这也是近代中国政府颁布的数部保险法规未能施行的根本原因。

近代中国始终处于内忧外患的社会环境下，政局动荡，民主缺失，而且中国自古形成的生、老、病、死各由天命的思想仍然盛行。因此也制约了保险业的推广。对于社会保险思想的传播并没有深入人心，尤其在工伤保险方面，这一状况更是明显。在伤害保险法实施的过程中，并没有得到严格贯彻，许多工厂并没有按照法规严格执行。在实行伤害保险过程中，有的工厂按照法规规定执行，包括免费医疗、病假工资、残疾津贴、死亡抚恤等，而有的厂矿则视法规如无物，根本不予执行。政府不仅不对此采取任何的强制措施或作出相应惩罚，而且对于资本家的要求不断地妥协、退让，使得伤害保险法的实施更为困难。

尽管如此，近代中国的保险立法思想已逐渐成熟、完善，立法水平已经有了质的飞跃和提高，逐步构建了现代保险法的基本框架，在一定程度上冲击了国民落后的保守思想，提高了人民的风险防范意识，加快了中国向文明法治的现代社会的转型。

有效的保险立法实践活动离不开科学的保险立法思想的指导，从清末到民国，立法实践不断发展、进步的重要原因在于保险立法思想的成熟、完善。保险立法思想的不断发展，既拓宽了保险法的研究领域；又因其所带来的先进文明之风推动了社会经济观念的变革，对社会经济发展起到了积极的引导作用。正如学者陈稼轩评价劳工立法之意义，提出："劳工立法者，泯，劳资斗争，调和人民经济，消减社会隐患之立法也，其法以保护劳工为主要目的，故亦称劳工保护法，先进诸国当集合专门学者及政治家竭思殚虑以求斯项立法之完备，诚以劳工问题之解决与否，胥视劳动立法之优劣以为衡，一方既着重于劳工生活之安全，他方复利于国内产业之发展，是必本于理，成于势，而后假公力以为制裁，斯可以推行盛利也。"①

总的来说，近代中国的保险立法思想是一个不断发展的过程，对立法

---

① 陈稼轩. 劳工立法之社会保险问题[J]. 保险季刊, 1936, 1(2): 60-65.

实践的指导意义是显而易见的。但先进的立法思想必须在合乎国情、合乎认知水平的条件下，才能是科学的立法思想，也才可能制定出有效的保险业法规。尽管受诸多因素的影响，近代中国的保险立法在实践上存在很多弊端，实施效果不尽人意。但是，在学习和借鉴西方国家保险思想基础上，近代中国所制定的部分保险法规，为近代中国民族保险业的发展起到了积极的促进作用，它所取得的成绩，是值得肯定的。

四、近代中国社会保险思想述评

近代中国的社会保险业，经历了从北洋政府时期的萌芽到国民政府时期的初步发展过程。纵观整个阶段的社会保险业，其制度体系和具体实践仍处于幼年时期。虽然社会保险的实践发展总是滞后于思想，但是学者们对于社会保险的理论研究从未停止，并且这在很大程度上促进了社会保险的实践，这主要表现在：第一，社会保险思想的传播提高了人们的社会保险意识，劳动者开始通过寻求新的方式维护自己的权益。学者们通过大量文章和著作向国人介绍国外的社会保险及国内开展社会保险的必要，这在很大程度上为劳动者寻求保护提供了新的路径。第二，社会保险思想对于社会保险实践起到了积极的推动作用，使得中国社会保障由传统向现代模式转型。学者们通过研究社会保险的内涵、实施方式、经营主体和费用分担等问题，总结出一套符合近代中国国情的社会保险经营模式。这不仅使南京国民政府在社会保险立法方面逐渐进步，而且使得社会保险的实施真正得到落实。社会保险由民间的互助保险发展到政府推行的盐工保险，可以说是中国社会保障制度的一步较大的跨越，开始从消极救济转变为积极保障，这对于现代社会保险的实践提供了可贵的经验。

但是，社会保险毕竟处于幼年时期，发展并不顺利，思想对于实践的指导也具有一定局限性，主要表现在以下几点：

第一，保险制度的不完善。学者们在对社会保险的种类研究方面，更多的是侧重对伤害保险和健康保险的研究，而对老废保险和失业保险并不重视。而南京国民政府在社会保险立法方面，也是更多地偏重这两个险种。关于社会保险的责任主体，学者大多主张由国家和劳动者个人共同承担，在社会保险制度的制定上，也体现了这一点。例如，《劳动法典草案》（1929年起草）规定，伤害保险费由雇主承担、疾病保险费由雇主和雇员共同负担。《强制劳工保险法草案》（1932年起草）则规定，由被保险人每月分别从工资中缴纳1%、2%的伤害保险费与疾病保险费；业主则每月分别承担4%、3%。《重庆工厂员工团体寿险办法》（1942年）要求"保险费由工厂与其员工各担负一半"。《川北区各盐工保险暂行办法》（1943年颁发）规定：保险费由工人及盐场共同负担；经修正后的《川北区各盐场盐工保险暂行办法》（1946年1月1日起开始施行）规定：保险费率为被保险盐工标准工资月额的2%，由事业主与盐工各半负担。《社会保险法原则》（1947年制定）更是明文规定，要根据雇员的薪酬情况厘定保险费率，如，除由事业主承担全部伤害保险费之外，其他保险费均按适当比例由雇主与雇员共同缴纳；雇员还须完全负担"无事业主强制被保险人及任意被保险人保险费"。20世纪30年代以前，劳工阶层的工资往往难以勉强维持其家庭基本生活需要；30年代以后，名义工资下降，加之物价高涨，工人生活更加艰难。可想而知，劳工保险没有达到"治本"之策。

第二，社会保险的受益面窄。社会保险的受益对象应该是全体劳动者，这样才能真正起到稳定社会的作用。学者们在研究社会保险时，也更多的是从劳工的角度出发。而在社会保险实践方面，如当时制定的《工厂法》，对于诸如公务员或农村劳动者，基本排除在外，或虽拟定草案，但并没有真正推行。《强制劳工保险法草案》（1932年起草）表明，适用《工厂法》与《矿场法》的工厂、矿场，其雇员均列于强制伤害、疾病保险的被保险人范围内；经主管制定后，从事危险、有碍卫生工作的雇员，也可属于被保险人范围内，但不满1月之临时雇用人及年薪超过1200元之职员不在保险范围之内。《社会保险法原则》（1947年制定）则对不同保险种类规定了不同的对象，予以区别对待，如：伤害保险，以工矿、交通、运输、建筑等行业，以及容易发生职业伤害的职工为主；健康保险，以有正当职业而每年有一定数额收入的国民为主。

第三，实施效果不佳。社会保险是经济社会发展的产物，经济发展是其不可或缺的基础。除了国民政府前期(1928—1936)有一个较为稳定的经济环境，其余时期都处于内忧外患之中，社会保险制度缺乏有利的实施条件，所以最终只能纸上谈兵、流于形式了。例如，1929年，广东省农工厅编纂了《劳动法典草案》，其中有关"劳工保险"的规定并没有得到实施；1932年，实业部草拟了《强制劳工保险法草案》，在送立法院时因抗日战争爆发，最终未能定案；1937年，国民政府规定了《国家应实行劳工保险制度》，也因抗日战争未能实行。而且，抗日战争胜利后，国民政府发动内战，且受通货膨胀等因素影响，试行的盐工保险也未能得到继续推行。1948年1月，国民党颁布了关于退休养老待遇的规定，但"由于旧中国工业的畸形发展，帝国主义列强和官僚买办在中国开设的厂矿对有关法令采取抵制的态度。民族资本主义由于经济上的软弱，亦很难真正实施政府的法令，这些规定实际上形同虚设"。①

受诸多因素的影响，近代中国社会保险政策及实践都存在很多弊端，效果不尽如人意。但其社会保险思想在学习和借鉴西方国家保险思想基础上，对近代中国社会保险事业的发展产生了重大影响。它所取得的成绩，是值得肯定的。

---

① 孙光德，董克用. 社会保障概论[M]. 北京：中国人民大学出版社，2012：19.

参 考 文 献

一、著作类

[1][美]费正清. 剑桥中华民国史[M]. 杨品泉, 孙开远, 黄沫, 译. 北京: 中国社会科学出版社, 1993.

[2][美]郝延平. 十九世纪的中国买办: 东西间桥梁[M]. 李荣昌, 沈祖炜, 杜恂诚, 译. 上海: 上海社会科学院出版社, 1988.

[3]爱汉者, 等. 东西洋考每月统记传[M]. 北京: 中华书局, 1997.

[4]曾康霖, 刘锡良, 缪明杨. 百年中国金融思想学说史[M]. 北京: 中国金融出版社, 2011.

[5]陈朝先. 中国古代与近代保险思想史论纲(内部发行)[M]. 2000.

[6]陈绍闻. 中国古代经济文选[M]. 上海: 上海人民出版社, 1989.

[7]陈掖神. 保险业[M]. 南京: 商务印书馆, 1934.

[8]陈煜堃. 社会保险概论[M]. 南京: 经纬社, 1946.

[9]邓云特. 中国救荒史[M]. 北京: 三联书店, 1961.

[10]杜恂诚. 民族资本主义与旧中国政府(1840—1937)[M]. 上海: 上海社会科学院出版社, 1991.

[11]段开龄. 二十世纪中国保险之发展[M]. 北京: 新华出版社, 1997.

[12]格林堡. 鸦片战争前中英通商史[M]. 康成, 译. 北京: 商务印书馆, 1961.

[13]顾廷龙，戴逸. 李鸿章全集[M]. 合肥：安徽教育出版社，2008.

[14]郭实腊. 贸易通志[M]. 新加坡坚夏书院，1840.

[15]胡寄窗. 中国经济思想史[M]. 上海：上海人民出版社，1962.

[16]黄时鉴. 黄时鉴文集[M]. 上海：中西书局，2011.

[17]黄溢平，虞宝棠. 北洋政府时期经济[M]. 上海：上海社会科学院出版社，1995.

[18]交通铁道部交通史编纂委员会. 交通史航政编（第1册）[M]. 交通铁道部交通史编纂委员会出版，1931.

[19][挪]卡尔·H. 博尔奇. 保险经济学[M]. 北京：商务印书馆，1999.

[20]柯象峰. 中国贫穷问题[M]. 南京：正中书局，1935.

[21]李葆森. 劳动保险法ABC[M]. 上海：ABC丛书社，1931.

[22]李剑华. 劳动问题与劳动法[M]. 上海：上海法学编译社，1934.

[23]李琼. 民国时期社会保险理论与实践研究[M]. 北京：社会科学文献出版社，2014.

[24]李文海. 民国时期社会调查丛编：社会保障卷[M]. 福州：福建教育出版社，2004.

[25]郦纯. 洪仁玕[M]. 上海：上海人民出版社，1957.

[26]林良桐. 社会保险[M]. 重庆：正中书局，1944.

[27]刘明逵. 中国工人阶级历史状况[M]. 北京：中共中央党校出版社，1985.

[28]刘志强，赵凤莲. 徐润年谱长编[M]. 北京：北京师范大学出版社，2011.

[29]陆仰渊，方庆秋. 民国社会经济史[M]. 北京：中国经济出版社，1991.

[30]骆传华. 今日中国劳工问题[M]. 上海：上海青年协会书局，1933.

[31]马伯煌. 中国近代经济思想史[M]. 上海：上海社会科学院出版

社,1988.

[32] 马俊超. 中国劳工运动史[M]. 北京:商务印书馆,1942.

[33] 彭莲棠. 中国农业化合作之研究[M]. 北京:中华书局,1948.

[34] 秦孝仪. 革命文献(第96辑)[M]. 北京:中央文物供应社,1984.

[35] 璩鑫圭,唐良炎. 学制演变[M]. 上海:上海教育出版社,1991.

[36] 全国经济会秘书处. 全国经济会议专刊[M]. 北京:商务印书馆,1928.

[37] 上海法学编译社. 六法全书[M]. 上海会文堂新记书局,1941.

[38] 沈春雷. 人寿保险学概论[M]. 中外出版社,1934.

[39] 沈春雷. 中国保险年鉴[M]. 中国保险年鉴社,1936.

[40] 沈春雷. 中国保险年鉴[M]. 中华人寿保险协进社,1935.

[41] 沈健. 保险中介[M]. 上海:上海财经大学出版社,2001.

[42] 沈云龙. 近代中国史料丛刊续篇(第9辑)[M]. 台北:文海出版社,1982.

[43] 宋国华. 保险大辞典[M]. 沈阳:辽宁人民出版社,1989.

[44] 谭伟东. 中西经济思想比较[M]. 北京:高等教育出版社,2015.

[45] 汪丁丁. 经济学思想史进阶讲义[M]. 上海:上海人民出版社,2015.

[46] 汪敬虞. 唐廷枢研究[M]. 北京:中国社会科学出版社,1983.

[47] 王德庠. 保险学概论[M]. 重庆:重庆出版社,1984.

[48] 王清彬. 第一次中国劳动年鉴[M]. 北平社会调查部,1928.

[49] 王韬. 弢园文录外编[M]. 近代文献丛刊,2002.

[50] 王韬,李雪涛. 漫游随录[M]. 北京:社会科学文献出版社,2007.

[51] 王韬. 弢园老民自传[M]. 南京:江苏人民出版社,1999.

[52] 王效文. 保险学[M]. 上海:商务印书馆,1925.

[53] 卫仰霞. 中国社会保险学[M]. 北京:中国经济出版社,1994.

[54]魏源. 海国图志[M]. 李巨澜, 评注. 郑州: 中州古籍出版社, 1992.

[55]吴申元, 魏原杰. 中国保险百科全书[M]. 北京: 中国发展出版社, 1992.

[56]吴申元, 郑韫瑜. 中国保险史话[M]. 北京: 经济管理出版社, 1993.

[57]吴耀麟. 社会保险之理论与实际[M]. 北京: 大东书局, 1932.

[58]潘光哲. 晚清士人的西学阅读史(1833—1898)[M]. 北京: 凤凰出版社, 2019.

[59]夏东元. 郑观应全集[M]. 上海: 中华书局出版社, 2013.

[60]熊月之. 稀见上海史志资料丛书[M]. 上海: 上海书店出版社, 2012.

[61]徐润. 徐愚斋自叙年谱[M]. 梁文生, 校注. 南昌: 江西人民出版社, 2012.

[62]徐中约. 中国近代史[M]. 北京: 世界图书出版公司, 2008.

[63]严清华. 中国经济思想史论[M]. 香港: 前进出版社, 2004.

[64]颜鹏飞, 等. 中国保险史志[M]. 北京: 中国金融出版社, 1998.

[65]叶世昌. 近代中国经济思想史[M]. 上海: 上海人民出版社, 1998.

[66]叶世昌. 中国经济史学论集[M]. 北京: 商务印书馆, 2008.

[67][英]约翰·濮兰德. 李鸿章传[M]. 张启耀, 译. 天津: 天津人民出版社, 2008.

[68]张德粹. 农业合作[M]. 北京: 商务印书馆, 1944.

[69]张法尧. 社会保险要义[M]. 华通书局, 1931.

[70]张连红. 民国名人传记丛书——民国财经巨擘百人传[M]. 南京: 南京出版社, 2013.

[71]张明林. 李鸿章全集[M]. 北京: 西苑出版社, 2011.

[72]张旭升, 等. 社会保险[M]. 上海: 复旦大学出版社, 2007.

[73]赵兰亮. 近代上海保险市场研究(1843—1937)[M]. 上海：复旦大学出版社，2003.

[74]赵兰亮. 近代上海市保险业同业公会述略——以结构功能为中心[M]. 上海：上海社会科学院出版社，2004.

[75]赵树贵，曾丽雅. 陈炽集[M]. 上海：中华书局出版社，1997.

[76]郑功成. 社会保障学[M]. 北京：商务印书馆，2000.

[77]中国保险学会. 中国保险史[M]. 北京：中国金融出版社，1998.

[78]中华全国总工会中国职工运动史研究室. 中国历次全国劳动大会文献[M]. 北京：北京工人出版社，1957.

[79]周德英，中国保险学会，中国保险报. 中国保险业二百年(1805—2005)[M]. 北京：当代世界出版社，2005.

[80]周华孚，颜鹏飞，等. 中国保险法规暨章程大全(1865—1953)[M]. 上海：人民出版社，1992.

[81]赵守兵. 仰望百年 中国保险先驱四十人[M]. 北京：中国金融出版社，2014.

[82]朱邦兴，胡林阁. 上海产业与上海职工[M]. 上海：上海人民出版社，1939.

[83]朱汉国. 中国社会通史·民国卷[M]. 太原：山西教育出版社，1996.

[84]朱华雄，朱静. 民国时期社会保险思想研究[M]. 武汉：武汉大学出版社，2014.

[85]朱华雄. 民国时期保险思想研究[M]. 武汉：武汉大学出版社，2013.

[86]朱纪华. 档案里的金融春秋[M]. 上海：上海学林出版社，2012.

[87]邹进文. 近代中国经济学的发展：以留学生博士论文为中心的考察[M]. 北京：中国人民大学出版社，2016.

二、期刊论文类

[1]敖文蔚. 1927—1937年中国保险业发展艰难之原因[J]. 民国档

案，2002(2).

[2]蔡晓荣.陈炽的保险思想探略[J].江西社会科学，2001(6).

[3]陈国庆.民国时期的保险广告[J].金融博览，2017(4).

[4]陈晋文.现代视阈下的民国社会经济发展(1912—1936)[J].北京工商大学学报，2010，25(5).

[5]陈蓉，颜鹏飞.晚清洋商保险买办探讨[J].保险研究，2018(7).

[6]邓正兵，张珂论.论民国时期的人寿保险业[J].人文论谭，2011(00).

[7]董鹏.1927—1937年中国保险业快速发展原因探析[J].金融教学与研究，2001(2).

[8]桂琰.民国时期社会保险辨析[J].社会保障评论，2020(1).

[9]郭秀文.《东西洋考每月统计传》的宣传策略[J].华南师范大学学报，2006(4).

[10]郝伟.商业保险伦理思想初探[J].广西社会科学 2005(4).

[11]胡咏骐.中国保险业近况[J].保险月刊，1940，2(1).

[12]胡咏骐.上海市保险业同业公会之组织及其使命[J].太安丰保险界，1937，3(20).

[13]黄兴涛.谈"保险"——近代新名词源流漫考[J].文史知识，2000(4).

[14]贾秀堂.民国时期邮政简易人寿保险的开办[J].华东师范大学学报，2010(7).

[15]贾秀堂.南京国民政府邮政储金汇业局研究[J].华东师范大学学报，2008(9).

[16]贾秀堂.南京国民政府邮政简易人寿保险事业的开展[J].历史教学问题，2009(12).

[17]姜迎春.对南京国民政府初期劳工伤亡抚恤政策的考察[J].中国矿业大学学报(社会科学版)，2012(12).

[18]蒋伟国.略论民国时期的保险业[J].民国档案，1991(4).

参考文献

[19] 李琼. 民国时期社会保险思想的传统渊源[J]. 华中国学, 2013(00).

[20] 卢蓉舟, 吴建时. 火险赔款的估理[J]. 保险界, 1940, 6(11).

[21] 陆文龙. 徐润近代社会保险思想及其实践研究[J]. 科技世界, 2015(1).

[22] 罗艳. 近代保险的传入和中国民族保险业的产生[J]. 清史研究, 2005(4).

[23] 麻光炳. 西方近代保险思想在中国的传播及中国民族保险业的兴起[J]. 贵州大学学报, 2000(5).

[24] 谭文凤. 中国近代保险业述略[J]. 历史档案, 2001(2).

[25] 汤霞, 张婕妹. 上海海上保险中介业发展策略[J]. 水运管理, 2009(12).

[26] 唐金成. 唐廷枢：中国民族保险业之父[J]. 金融博览, 2012(20).

[27] 王宁军. 二十世纪保险回眸[J]. 中国保险, 2000(1).

[28] 王晚英, 池子华. 1980年以来中国近代保险史研究综述[J]. 上海师范大学学报, 2003(6).

[29] 王小晖, 李姝凡, 颜鹏飞. 民国时期汉口华洋保险同业公会考证[J]. 保险研究, 2017(9).

[30] 熊月之. 郭实腊《贸易通志》简论[J]. 史林, 2009(3).

[31] 补灾救患普行良法[J]. 遐迩贯珍, 1854(1).

[32] 颜鹏飞, 邵秋芬. 中西保险关系研究：英国海外火险委员会(FOCF)和中国近代保险业[J]. 财经理论与实践, 2000(1).

[33] 颜鹏飞. 我国民族保险业溯源[J]. 江汉论坛, 1987(3).

[34] 阳甜. 民国时期保险刊物保险思想文献评述——以《(太安丰)保险界》为中心的考察[J]. 保险理论与实践, 2020(2).

[35] 杨锦銮. 近代民族保险业发展迟滞原因探论[J]. 湖北科技学院报, 2015, 35(3).

[36]杨锦銮.近代中国保险启蒙思想述论[J].湖北社会科学,2006(10).

[37]杨锦銮.扶持与约束——民国政府在民族保险业发展中的双重角色扮演[J].广东社会科学,2017(3).

[38]杨锦銮.民国时期国民保险教育的开展——以20世纪30年代的上海为中心[J].华南师范大学学报(社会科学版),2015(6).

[39]于印辉.中国古代保险思想探源[J].上海保险,1996(3).

[40]余长河.社会保险述要[J].金融知识1944,3(6).

[41]袁稚聪.农业保险简述[J].中农月刊1942(3).

[42]张明昕.保险讲座:日本寿险业务概况[J].人寿季刊,1935(9).

[43]朱华雄,孔捷.民国时期(1912—1949)保险思想研究——基于民族保险业的考察[J].经济学动态,2011(11).

[44]朱华雄,李俊.民国时期金融思想发展中的三大流派和三大主题[J].贵州财经学院学报,2007(1).

[45]朱华雄,饶丹雪,刘念念.民国时期(1912—1949)人寿保险思想概述[J].经济学动态,2013(5).

[46]朱华雄,王芸.国民政府时期农业保险合作思想与实践[J].经济思想史评论,2007(2).

[47]中国科学院近代史研究所近代史编辑组.北洋要人私产之大略统计[J].近代史资料,1962(4).

[48]S. S. Huebner. Insurance in China[J]. The Annals of American Academy of Political of Social Science,1930.

三、学位论文类

[1]林君杰.民国时期农业保险问题研究[D].赣州:赣南师范大学,2018.

[2]刘秀红.南京国民政府时期劳工社会保障制度研究(1927—1937)[D].扬州:扬州大学,2013.

[3]罗鑫.民国时期民族保险业述略[D].长春:吉林大学,2007.

[4]王洪涛.成长与迟滞:近代中国华商保险业发展历程的历史考察(1865—1945)[D].厦门:厦门大学,2006.

[5]岳宗福.理念的嬗变制度的初创——近代中国社会保障立法研究(1912—1949)[D].杭州:浙江大学,2005.

[6]赵佳麟.论海上货物保险之保险利益[D].大连:大连海事大学,2003.

[7]郑皓月.民国时期川盐水运保险制度研究[D].成都:西南财经大学,2018.

[8]周文蕾.近代中国第一个保险学博士:邓贤的人寿保险思想[D].武汉:中南财经政法大学,2018.

四、报纸类

[1]姚庆海,朱华雄,阳甜.探寻中国近现代保险思想脉络[N].中国保险报,2017-07-21.

[2]郁赐.人寿保险之传奇[N].申报,1922-10-10.

附录一

近代中国西方保险思想之"东渐"探究[①]

朱华雄　阳　甜

一、引言

保险作为一种"舶来品",与银行、证券一起被喻为我国金融行业的"三驾马车",是中国社会保障体系的重要组成部分。早在中国古代,就已内生出基于仁政主旨、稳定社会主旨、或民间人身互保主旨的保险思想与实践,然而,至18世纪末19世纪初,这种原始的保险形态,由于缺乏现代保险产生和发展的客观条件——工商业文明、市场经济运行机制及其契约制度,无法向早期现代化保险发生质的转化,从而逐渐衰落。这客观决定了中国现代意义上的保险思想,只能伴随着西方工商文明的扩张而导入中国,并在中国生根发芽。

关于西方保险在中国的传播问题,国内一些学者做过开创性研究,但他们的研究时段集中于晚清时期,研究重点在于分析各个人物传承西方保险思想的内容。例如,麻光炳、杨锦銮、翟海涛与何英等学者,认为有识之士(如魏源、洪仁玕、郑观应、王韬、陈炽等)通过对西方保险知识的

---

① 本文曾发表于《天津师范大学学报》(社会科学版)2020年第6期。

"吸收""消化",形成自己的保险观点,从而共同创立了中国近代的保险理论,对当时国人起到了思想启蒙作用。其中,受资料限制,多名学者将西方保险思想在中国传播的起点误认为是魏源。而姚庆海、朱华雄梳理了18世纪30年代到19世纪30年代主要保险人士的基本保险思想与实践,大致厘清了1935年以前中国保险思想的发展概貌,但是该文对西方保险思想内容的考察比较零散、简略。①

可见,为全景式、正确客观地了解近代中国西方保险思想"东渐"全貌,及其对中国民族保险业发展的理论影响,有必要对近代中国西方保险思想传播路径的整体概况加以详细考察。因此,根据笔者所收集与整理的资料,本文将以传教士的推介、西方保险理论的翻译、中西保险交流、西方保险教育理念效法作为西方保险思想"东渐"路径,并以此为主线,以传教士创办的报纸、杂志,留学生们翻译的主要保险理论、中西保险思想交流、西方教育理念效法等为依托,概述西方保险思想"东渐"对近代中国民族保险业发展产生的指示作用。

二、传教士推介:初步接触西方保险思想

(一)在中国传播西方保险思想的第一人——郭士立

18世纪中叶后,随着工业革命席卷欧洲,为适应海外贸易扩张的需求,西方国家纷纷派遣传教士来华传教,试图打开中国大门。期间,马礼逊、米怜、麦都思、艾略儒等一批传教士来到中国,主要以创办杂志、报纸,开设翻译机构、教会学校等方式进行传教,同时也向中国介绍西方的自然科学与人文社会科学知识,其中西方经济学的"东渐"逐渐成为主要内容之一。而西方保险学作为西方经济学内容的一部分也被导入中国。

---

① 姚庆海,朱华雄,阳甜. 探寻中国近现代保险思想脉络[N]. 中国保险报,2017-07-21.

据现有史料考证，德国籍传教士郭士立①于1833年6月在广州创立的中文近代刊物——《东西洋考每月统记传》，是将西方保险思想传入中国的最早记载。② 郭士立出版该刊物，是"鉴于中国人仍然妄自尊大，故步自封，视异族为'蛮夷'"，期望通过展示西方文明，让"中国人认识到洋人不是'蛮夷'，并且知有不足，愿向西方学习"，其目的则是维护洋人的利益。③ 因此，该杂志的主要任务已偏离了基督教教义，而旨在介绍西方文化。《东西洋考每月统记传》一共有两处对西方保险制度的介绍。

第一处是在1837年3月刊登的一则新闻中，④ 郭士立借助英吉利京都六月火灾新闻，简短介绍了西方的保险组织，阐明了保险的含义与意义，初步介绍了现代意义上财产保险中的水险与火险。第二处是在1838年8月刊的《贸易》一文中，郭士立先用一段话道出了保险的本质：保险源于风险，因为风险无处不在，寿算长短、祸福有不确定性，所以要用保险来规避凶灾。后通过曾相公与洋商对话引出并介绍了西洋用来避免损失而成立的"保举会"（即保险公司），同时以船货保险为例概述了保举会的运作流程，阐明保举会以"大数法则"平摊风险，会在保险过程中要求出票以立凭据，即保险单，起到预防保险欺诈行为的作用。他还介绍了西方保险的三种类型，即"保举火之会""保举命之会"和"保举年之会"，也就是现代意义上的火灾保险、人寿保险、储蓄型保险。

1840年，郭士立在办报、周游列国的经验基础上，与他人合作写成

---

① 郭士立(1803—1851)，又译为郭实腊、郭实猎等，笔名爱汉者、善德者、善德。他出生于普鲁士，于1831—1833年对中国沿海各地进行了3次考察，表示要为"摧毁横隔在中外人民之间的城墙"而工作。郭士立精通多种语言，曾用德文、英文、日文、中文等写下80余本著作，根据笔者所查资料，确定郭士立是目前有史可考的传入西方保险思想的第一人，而非许多资料所言的魏源。

② 该刊为月刊，1837年迁往新加坡，次年停刊，共38期。其编纂者分两个时段，1833年6月到1835年6月，由郭士立编纂；1837年1月到1838年9月，在新加坡出版，由中国益智会编纂。该刊物内容涉及宗教、地理、历史、农业、贸易等领域，在中国报刊史、新闻史和出版史占有重要地位。

③ 爱汉者，等. 东西洋考每月统记传[M]. 北京：中华书局，1997：12.

④ 爱汉者，等. 东西洋考每月统记传[M]. 北京：中华书局，1997：216-217.

附录一

《贸易通志》(共五卷，约3万字)一书，该书是近代早期较为详细地向中国介绍西方商业制度、贸易情况的著作。其中第四卷中的"担保会"专文详细介绍了西方的保险制度。① 郭士立先说明了成立担保会即保险公司的初衷，并按保险标的的不同将担保会分为海担保会、火担保会和命担保会，分别进行了详细介绍。此外，在《贸易通志》第五卷"保护"中，郭士立提到了担保会保险契约中的责任免除条款，这是基于战争附加险在当时还未普及的情形下推出的。

在鸦片战争爆发的前夕，《东西洋考每月统记传》《贸易通志》的出现，如同黄时鉴先生所指出，"它的一个重要的客观效果却是为中国人打开了一扇了解西方的窗口"，② 直接影响着魏源、梁廷枏等中国近代早期的有识之士，让他们了解到保险在保障人身财产安全乃至国家商业贸易中的作用，从而结合中国国情，对保险提出更加深刻的理解。

据考证，魏源的《海国图志》(一百卷本)共引用了100多种中外著述，其中引用郭士立的《东西洋每月统纪传》共28处，引用《贸易通志》共14处，其中第八十三卷《夷情备采·贸易通志》中的保险内容，与郭士立的《贸易通志》大体或几乎完全相同，尤其是关于西方保险公司、水险、火险、人寿保险和保险契约中免除责任的论述，有传承郭士立西方保险思想的印迹。③《海国图志》用简短的文字准确概括了西方保险思想，既表明魏源受传教士的影响，已对西方保险内容有一定的了解，又能让国内民众容易接受并正确、全新地认识保险，向西洋学习重商之法，达到师夷之技以制夷的目的。张之洞称其为"知西政之开始"。④

此外，据熊月之先生考证，梁廷枏的《兰仑偶说》是在其《英吉利国记》(1845年)的基础上扩充而成，而《英吉利国记》内容有取材于鸦片战争前

---

① 熊月之. 郭实腊《贸易通志》简论[J]. 史林，2009(3)：62-67.
② 黄时鉴. 黄时鉴文集(第3卷)[M]. 上海：中西书局，2011：308.
③ 魏源. 海国图志[M]. 郑州：中州古籍出版社，1999：28；爱汉者，等. 东西洋考每月统记传[M]. 北京：中华书局，1997：28.
④ 魏源. 海国图志[M]. 郑州：中州古籍出版社，1999：63.

西人(如郭士立)编译的各种书刊①，在其《兰仑偶说·卷三》中，同样提及了"银票""银馆""挽银"和"担保会"，以及保险契约中的一项免除责任等内容，并对投保流程提出了更为先进的观点。

可以说，郭士立的《东西洋考每月统记传》《贸易通志》在近代中国西方保险思想"东渐"史上扮演了不同寻常的角色，间接推动了鸦片战争后西方保险思想在中国的传播。

(二)首次向国人介绍人寿保险中的生命周期理论——《遐迩贯珍》

1842年以后，除广州外，香港、厦门、福州、宁波、上海也相继开埠，通商口岸的传教活动也逐渐合法化，原本以澳门、南洋为基地办报的传教士纷纷转移至中国本土发展。例如，传教士办的《遐迩贯珍》《六合丛谈》《万国公报》和《中西闻见录》等在经济学的西学东渐方面颇具成效。其中，《遐迩贯珍》是由英华书院和马礼逊教育会于1853年8月在香港创刊，于1856年5月停刊，共33号，先后由英国传教士麦都思(W. H. Meclhurs)、奚礼尔(C. B. Hiuier)、理雅各(James Legge)担任主编，是鸦片战争以后出版的第一份具有影响力的中文报刊，也是香港地区的第一份中文报刊。

《遐迩贯珍》的内容以时事新闻为主，附带反映当时事件的新闻报道和评论，且大量刊登了介绍西方经济制度的文章，其中就包括西方保险制度。该刊于1854年第一号刊登的《补灾救患普行良法》，② 详细地介绍了保险制度的原理。它首先说明了保险的必要性，后介绍了保险分摊风险的原

---

① 《英吉利国记》的内容来源大致有两个，一是取材于鸦片战争前西人编译的各种书刊，如郭士立的《东西洋考每月统记传》等；二是林则徐组织编译的《四洲志》中有关英国的记述，参阅李栋：《鸦片战争前后英美法知识在中国的输入与影响》，中国政法大学出版社2013年版，第184页。此外，据"中研院"近代史研究所研究员潘光哲通过著述征引比对考证梁廷枏确有阅读《东西洋考每月统记传》一书(参见潘光哲. 晚清士人的西学阅读史(1833—1898)[M]. 江苏：凤凰出版社，2019：400-401)。

② 补灾救患普行良法[J]. 遐迩贯珍，1854(1)：1-5.

则，提及了英、美国均习惯于对所保船只，在其出海前，根据船只已使用年限、危险系数等进行估值，并要求对各种灾祸(回禄、沉没、盗劫等)采取稳妥措施，并表示该方法在英国实行后取得了良好的效果，灾害事件逐日减少，如若能在欧洲推行，必将受益无穷。

《补灾救患普行良法》一文不仅更加具体、深入地介绍了保险起源、种类等西方保险制度，且提到了对保险标的物采取防范措施，以减少危害的发生。同时，该文在介绍英国人寿保险制度时，通过举例，详细推算了当时英国保险费率与英国生命周期的关系，这是第一次将人寿保险中的生命周期理论介绍到中国。《遐迩贯珍》是用中文方式向亚洲乃至世界传授西洋文化、进行文明启蒙读物，具有划时代的价值。它不仅受到美国旧金山的《东涯新录》援引，而且得到过中国知识界，如王韬的效力和投稿。此外，洪仁玕①受其影响，在《资政新编》中提出了自办保险业、银行业等现代化的经济改革主张，促使中国人对于西方保险由保险理论转为对保险实践的探讨。

综上所述，传教士在其创办的报刊、杂志，传播的西方经济学知识，受到近代中国有识之士的青睐，又反过来促进了西方保险思想的传播，使其在与中国传统社会的融合、发展中，推动着近代民族保险业向前发展。

三、翻译：系统认识西方保险理论

甲午战争以后，着眼于改良社会制度，学习西方社会制度和治国理念，达到救亡图存的目的，学界兴起了西方社会科学著作翻译的高潮。包括经济学在内的大量社科类书籍被翻译成中文，特别是新文化运动以后，

---

① 与洪仁玕接触较多的传教士有20余人，其中对洪仁玕影响较大的有七八人，前期以韩山文为主，后期以理雅各居多。麦都思和理雅各主编的《遐迩贯珍》，内容涉及面广泛，包括地理知识、货物价目广告，以及有关太平天国战争的消息(据记载，《遐迩贯珍》所载有关太平天国史料共6件)等，该报刊中的国际知识给了洪仁玕莫大的启迪(参见：姜秉正. 中国早期现代化的蓝图[M]. 西安：西北大学出版社，1993：32-34)。

我国学者翻译和著述了大量西方经济学著作。这些西方经济学著作中就有对西方保险知识的介绍，如《经济通论》(日本持地六三郎著，顾学成译)第三章第二节，叙述了经济生活互济作用，即个人倚靠社会同胞而经营生活，如有阻碍，就会蒙受伤害；说明了保险有如行政立法之保护个人能力、维护社会平和的功效，能大大增强个人经济能力。

随着西方经济学译著在中国的传播，保险界的有识之士为提倡研究保险学术理论，也开始主动地翻译西方保险理论专著(见表1)，并自己著书立说，研究和应用西方保险思想，保险学著作逐渐增多，为近代中国保险业的发展作出了突出贡献。例如，1925年，王效文以欧美保险学书籍中的材料为依据，编撰出版了我国第一本保险学专著《保险学》，此书出版后在保险界引起很大的反响，从初版到1947年再版的22年间，共印刷11次，且成为新学制高级商业学校的教科书，其受欢迎程度和影响力可想而知。① 随后，在西方保险理论的指导下，张伯箴《保险学ABC》②(1929)、魏文翰《海上保险法要论》③(1933)、沈雷春《人寿保险学概论》(1934)、王效文《火灾保险》(1935)等著作相继问世。

此外，保险界还积极鼓励学界研究并著译西方保险方面的论文投登国内著名刊物。由于早期国内无专门的保险刊物，相关论文则主要刊登在杂志上，如《青年进步》(1917年第7期)、《东方杂志》(1918年第15卷第2期)刊载了哈丁(Harding. J)撰写的《人寿保险事业之新发展与长生会》的译文，阐述美国大商人雷哈罗氏(Mr. Horod A. Ley)创办长生会(The Life Extention Institute)的目的及意义。随着20世纪30年代国内专业保险学术组

---

① 该书在"凡例"中表示："本书根据，多为外籍"。
② 张伯箴于1925—1927年留学于莫斯科中山大学。该书"例言"中表示："本书所取材料，十九由外籍摘译而来"。
③ 该书"序"中表示"久欲搜集欧美各国关于海上保险之法律习惯，编译成书，以作保险业及被保险人之参考"；"自序"中表示"依英国海上保险之法律习惯，以Keate著之'海上保险法'为宗，而以Arnould所著'海上保险法'巨著为辅，并译出英国1906年海上保险法及参考我国海上保险法而成此书"。《海上保险法要论》是我国海上保险法领域的第一部专门著作。

织的成立,各种保险学术刊物的创办,西方保险思想相关的译文逐渐增多。这些保险期刊,或设立"译乘""译述"专栏,或直接转载外文保险论文,或介绍西方保险文化。据不完全统计,这些保险学术期刊内共有232篇论文以西方保险为选题,占比23.27%(见表2)。被评为中国民族保险业奠基人之一的胡咏骐,曾于1940年表示,这些保险刊物"悉系研究保险学理之刊物,陈义崇高",为"保险业关于文化方面之努力";① 关可贵对于翻译类栏目曾向读者声明:"对于取材和引证难免有一部分是根据美国的现成材料,这种情形似乎不合我国从业员的应用,不过原则上也足供我们参考之目的。"② 可见,西方保险理论受到保险界的十分关注与重视。

表1 1949年前西方保险理论译著一览表

图书名称	作　者	出版时间
《农业保险论》	[日]吉井东一/撰,山本宪/译	1900年
《人寿保险学》	[美]汉白纳(S. S. Huebner)/著,徐兆荪/译	1925年
《人寿保险招徕学》	[美]费孟福(Mansfield Freeman)/著,郭佩贤/译	1933年
《人寿保险社会学》	[美]伍慈(Edward A. Woods)/著,郭佩贤、陈克勤/译	1934年
《保险学概论》	[日]柴官六/著,管怀琮/译	1934年
《人寿保险经济学》	[美]汉白纳/著,陈克勤/译	1934年
《德国牲畜保险会章程》	黄公安/译	1936年
《寿险基金及其投资》	贝式(F. W. Paish)、许兹华(G. L. Schwartz)/著,周宸明/译	1936年
《农业保险之机能与组织》	[日]小平权一/著,殷公武/译	1937年

① 胡咏骐.中国保险业近况[J].保险月刊,1940(1):4.
② 关可贵.创设保险教育栏前言[J].保险月刊,1940(9):203.

表 2　近代中国保险刊物介绍西方保险思想文献统计表

报刊名称	文献数	西方保险思想文献数	占比(%)
《保险与储蓄》	40	4	10.00%
《寿险季刊》《寿险界》	84	31	36.90%
《人寿》	138	28	20.29%
《太安丰保险界》《保险界》	499	141	28.26%
《保险季刊》	43	4	9.30%
《保联》《保险月刊》	160	19	11.88%
《保险知识》	33	5	15.15%

说明：表中的文献数仅考察突出保险思想的专著、论坛、研究、译述、调查、统计等方面的文章；而西方保险思想文献数，仅包含以西方国家保险为主题，以及对外文文献的直译或译述的文献，但不包含文章内容中有介绍西方保险思想部分的文献。

这些西方保险理论，内容翔实，并附以各种实例，而我国尚缺乏如此专门书籍和文章，故多被翻译为中文，并根据中国实情、内容轻重给予增减。它们或充当课堂教材，或供国内学者研究、借鉴等，如《保险学概论》为社会科学小丛书之一；《人寿保险学》[①]为大学课本，《寿险基金及其投资》为商学小丛书之一；《财产保险学》为大学教材。它们让近代中国人较早地系统接触与了解西方的保险文化，并将西方保险理论的"东渐"推向了一个新的阶段，不仅让中国人认识到中国保险事业与欧美各国保险业发展的差距，而且拓宽了中国保险理论知识范围，对提高中国人的保险意识起了积极推动作用，对中国民族保险业的发展提供了理论借鉴与指导作用。

四、中西交流：深化西方保险理论

除了译书和著书之外，报馆、杂志社、新式学堂等机构的推动，以及华商保险公司在数量和质量方面的提升，为传播西学创造了新的形式，如

[①] 1929年，北京大学图书部增添美国大学教科书《人寿保险学》(汉白纳著，徐兆荪译)一书，并保存至今。

邀请国外经济学家到中国讲学(以美国宾夕法尼亚大学沃顿商学院保险学教授汉白纳为主要代表)、派代表和研究生(以邓贤、张明昕等人为主要代表)赴国外考察与学习等(见表3)。

表3 1912—1949年中国出国攻读保险专业的部分留学生情况

姓　名	毕业学校	专业、学位	毕业年份
陶声汉	美国宾夕法尼亚大学	保险学，硕士	1924年
张德舆	美国宾夕法尼亚大学	人寿保险学，硕士	不详
邓贤	美国宾夕法尼亚大学	保险学，博士	1928年
胡咏骐	美国哥伦比亚大学	人寿保险学，硕士	1929年
张明昕	美国宾夕法尼亚大学	人寿保险学，硕士	不详
郭雨东	日本国立东京商科大学	人寿保险学，硕士	1936年

说明：吴世经(Shih. Jin Wu)、卓牟来(Morlegh Cho)也获得美国宾夕法尼亚大学硕士学位。他们虽不是专攻保险学，但其硕士论文均是研究保险理论。此外，1924年，陈思度获美国宾夕法尼亚大学人寿保险精算学博士学位，为我国第一位获"精算师"称号的人。

1927年8月，汉白纳①受中国第一家民族人寿保险公司——中国华安合群保寿公司的邀请，来华访问，做了题为"生命价值的科学管理"的公开演讲，引起了中国寿险界的关注。例如，李权时听取演讲后，对汉白纳教

---

① 汉白纳(Solomon Stephen Huebner)，也译作汉伯纳、许本纳，是在美国宾夕法尼亚大学沃顿商学院保险学名誉教授，美国人寿保险商学院名誉院长，美国财产和责任保险协会理事会(现在被称为美国特许财产意外保险协会)名誉主席。他开创了人的"生命价值"的概念，成为计算保险价值和需求的标准方法。他在保险领域确立了专业化的目标，创立了第一个大学级保险学科目，并主持沃顿商学院保险部，为该领域的成人教育事业作出了巨大贡献，被著称为"保险教育之父"。其他主要著作有：《财产保险学》(1911)、《人寿保险学》(1915)、《海上保险》(1920)、《人寿保险经济学》(1927)、《人寿保险作为投资》(1933)等。

授关于"经济之价值只有两种,一种为财产价值,一种为生命价值"的观点,颇为感触,从而批评极端的资本主义重财产而轻劳力(即生命)的做法,赞誉孙中山的民生主义。① 汉白纳在华访问后,根据考察所得,撰写报告,称赞中国华安合群保寿公司的成就,分析了中国的人寿保险业受到限制的原因,并建议推进保险教育。汉白纳还于1930年撰写 Insurance in China 一文,探讨中国保险事业,包括人寿保险、水火险和意外伤害保险。② 1934年2月,美国寿险学院院长克拉克、教务长汉白纳联名来函,聘请华安合群保寿公司总经理吕岳泉为中国寿险咨议。③

深受汉白纳教授的影响,邓贤④在美国宾夕法尼亚大学沃顿商学院攻读保险学博士学位期间,开始关注中国的保险问题。1928年,邓贤在其博士毕业论文《中国的人寿保险:阻碍其发展因素的研究》(Life Insurance In China: A Study of the factors hindering Its Development)中,结合中国实情,从当时中国经济、家庭、教育等角度出发,运用保险学理论,研究当时中国人寿保险的发展问题,并对其原因进行探析,以求达到经世致用的目的。该篇博士论文引起了外国学者的关注,并得到高度评价。1930年,德国学者额尔德(F. Otte)肯定了邓贤从不同角度分析得出的人寿保险在中国发展受阻的因素,并确定了因为中国缺乏资本而当时外商保险公司更愿意给欧洲人办理保险的事实。额尔德还补充到,缺乏保险立法也是一个问题,他希望能够实现立法的一致性,使得大部分中国人以及在中国租界的外国人、外商保险公司能得到同等对待。⑤

---

① 李权时. 听了许本纳博士演说感言[J]. 商业杂志,1927(10):1-2.
② S. S. Huebner. Insurance in China [J]. The Annals of American Academy of Political of Social Science,1930(12):105-108.
③ 美寿险学院聘吕岳泉君任咨议[J]. 寿险界,1934(2):63.
④ 邓贤(Dung Yien),1926年毕业于美国宾夕法尼亚大学保险学专业(硕士论文为《愤怒的损失及其预防》"Ire Losses & Their Prevention"),1928年获得宾夕法尼亚大学博士学位,是近代中国第一位保险学博士。
⑤ F. Otte. Life Insurance in China, A Study of the Factors Hindering Its Development by Yien Men Dung[J]. Journal of Institutional and Theoretical Economics,1930(1):202.

张明昕①在美国宾夕法尼亚大学专攻保险学期间,也得汉白纳教授"之深熏,深获个中微旨",他根据汉白纳教授、伍慈(E. A. Woods)先生的保险学说完成人寿保险推广方法的英文论文,汉白纳教授认为有独到之处,兹由其译成华文,"可做寿险经理员之指南"。② 1934年9月,邮政储金汇业总局保险处股长张明昕奉交通部命令,远赴日本考查简易人寿保险制度等。回国后,他撰写《日本寿险业务概况》《考察日本简易寿险报告》《简易寿险与社会保险》等报告和著作,向国人介绍了日本简易人寿保险(小额人寿保险)的发展概况,包括其意义、组织、特点和方法等,他认为,日本情形与中国相近,其所用方法均可为中国效仿;并附录简易人寿保险法、日本简易寿险法等法规4种。1935年5月,《简易人寿保险法》颁布后,邮政储金汇业总局正式开办简易人寿保险业务,因其保额小、保费低,受到中下层群众的欢迎而得到较快发展,使我国的寿险事业达到一个新的高度。

此外,为推进中国民族保险事业的发展,鼓励学者们出国研习保险学,保险公司和保险团体组织做了很大努力。例如,1935年11月,早年留学美国哥伦比亚大学、时任上海市保险业同业公会主席的胡咏骐,以公会名义,致电中英庚款委员会表明,欧美保险事业日渐发达、日新月异,而我国近年来虽有赴海外学习保险专科者,但尚不够支配,为我国保险前途,请求在选派留学生名额内酌定2名专学保险学。1936年,中国保险学会呈请教育部并函中英庚子赔款董事会、清华大学"嗣后每届考送国外留学生时,酌予支配保险学名额,与其他各学科并重,以便储育国家保险人才"。③ 中国保险学会还在力所能及之内鼓励会员留学研习保险,例如,该

---

① 张明昕(1901—1979),清华大学毕业后,前往美国宾夕法尼亚大学攻读硕士学位,师从汉白纳(S. S. Huebner)教授研究人寿保险学。留学回国后,1935年,被选为中国保险学会常务理事;1936年,主编《保险季刊》;1941年,创办新丰产物保险公司并任总经理;1952年,任公私合营新丰保险公司财务处处长。

② 张明昕. 人寿保险推广方法[J]. 寿险界,1935(1):40.

③ 中国保险学会一年来工作报告:(四)呈请教育部并函中英庚款会清华大学派遣国外保险留学生[J]. 保险季刊,1936(1):86-87.

会会员中有留美之黄凯禄研究社会保险，向景云研究农业保险，孙浩然研究寿险精算学；留英之丁廷桀、留日之李莫强研究财产保险。①

中西保险理论的交流，拓展了西方保险理论在中国传播的深度。这些交流、考察与学习者，在关注国际保险业务发展新方向、新技术的同时，以中国为样本，研究中国保险业的发展缺陷与不足之处，并为中国民族保险业的进一步发展提出了建议与意见。

五、教育理念效法：普及保险知识

近代中国民族保险业历经半个世纪的发展，虽取得了较大的进步，但相比欧美国家，仍较落后。当时保险界许多人士一致认为，不可忽视的一个原因是国人对保险认知的缺乏，而唯有推行国民保险教育，才能解决这一问题。

晚清时期，维新派开展了一场思想启蒙运动，提倡"广设学堂，提倡西学"，其主要表现之一就是教育改革。因日本曾与中国一样闭关自守，通过明治维新而走上近代化道路，国人则把其成功归因于教育。于是，国内掀起了大规模的学习日本教育的高潮。② 自此，中国教育开始转型。转型的过程中，各类大学堂、大学校、商科学校等，都效法西方教育理念，逐渐设置保险学的必修课，在教科书中增加有关保险知识的内容等。

1902年"壬寅学制"、1904年"癸卯学制"、1912—1913年"壬子癸丑学制"均以日本学制为蓝本，清政府颁布了《钦定大学堂章程》《奏定大学堂章程》等文件，其中《钦定京师大学堂章程》规定设"理财学"等11项课程，且"理财学"于第三年开设银行、保险、统计学，并要求该课程"用译出课

---

① 中国保险学会一年来工作报告：（七）本会鼓励留学生研习保险[J]. 保险季刊，1936(1)：89.

② "其维新以来教育之制度，几经考查、试验、改修以至今日，其间始事之经营，逐年之进步，成事可稽，历然在目，实足为我先路之导，欧美诸国未有如此若合符节者也"；"今日欲立学校宜取法于日本"（参见：朱有瓛. 中国近代学制史料[M]. 上海：华东师范大学出版社，1987：35-36）。

本书，由中教习及日本教习讲授"。① 该文件虽未能得到实行，但这是迄今所见中国保险教育兴起的最早记载。《奏定大学堂章程》规定京师大学堂在商科大学下设保险学门，该学门将"保险业要义"课程定为主课，且表示该科目"所用书籍，外国均有专书，宜择译善本讲授"②。1913年1月12日，民国政府教育部公布的《大学规程》要求大学按照《大学令》设商科等7个学科，其中商科分为保险学、银行学等7门，保险学门科目则含有"保险通论""损害保险""生命保险"等26门课程。③ 1915年后，受新文化运动以及大批留美归国学生的影响，"教育潮流，颇有倾向美国制度之趋势"。1922年11月，政府颁布了效仿美国学制的"壬戌学制"，大学校仍设商科等数科或单科。

在效法西方教育学制的过程中，因保险学科新建，国内尚无专人胜任该教学任务，学堂一般聘请外籍讲师或者拟定具有留学经验的毕业生进行保险教学。正如1908年两江总督端方在《江督批准商业学堂合并办法》中所表示的："惟银行、保险、关税三科学理深邃，非延聘一东洋著名高等商业讲师，不能胜任愉快。即以拟聘作正教员之留学日本高等商业毕业生三人为之翻译，应几相得益彰。"④此外，1919—1920年，北京大学经济学系本科课程设有一门"保险学"，主讲教师为马寅初（留学美国，先后获耶鲁大学、哥伦比亚大学博士学位）。1919—1924年，复旦商科逐渐开设了保险货运课程、保险学选读课程，并在商科下设保险学系，该商科保险课程的师资主要来自美国哥伦比亚大学及伊利诺伊州立大学：1921年后，复旦大学先后聘请李松涛（哥伦比亚大学硕士）、欧蔼诺（哥伦比亚大学硕士、美籍教员）、欧莱（Maude Oyler，哥伦比亚大学经济硕士）讲授保险法等课程。1929年，李权时（留学美国，先后获芝加哥大学经济学硕士学位和哥伦比亚大学财政学博士学位，在当时中国保险学术界颇具影响）接任主持

---

① 璩鑫圭，唐良炎. 学制演变[M]. 上海：上海教育出版社，1991：241.
② 璩鑫圭，唐良炎. 学制演变[M]. 上海：上海教育出版社，1991：382.
③ 璩鑫圭，唐良炎. 学制演变[M]. 上海：上海教育出版社，1991：698.
④ 江督批准商业学堂合并办法[N]. 申报，1908-08-17.

复旦商学院，并讲授保险课程；陈熹(哥伦比亚大学硕士)、周茂藩(美国伊利诺伊州立大学商学硕士)均有教授保险学课程。大夏大学(今华东师范大学前身)创办第二年，就计划在商科教育中增设保险学课程，主要师资有：潘序伦(哈佛大学企业管理硕士和哥伦比亚大学政治经济学博士，中国保险公估业的奠基人)、李权时、吴倚沧(留学美国，入伊利诺伊州立大学学习经济)。可见，各大学校师资海外资历之雄厚、与保险关系之密切。

  为推进保险学识，让保险知识深入民间，改变过去我国保险教育局限于高等教育学府的面貌，保险界也主张借鉴国外先进经验，联合政府和社会各方面的力量，共同推进保险教育的发展。如1935年7月，宁绍人寿公司致函上海市保险业同业公会，恳请公会邀约邮政局简易寿险部，共同呈请教育部，"将保险一课援照日本先例，编入我国小学教科书内"；1936年，中国保险学会理事长宋汉章、上海市保险同业公会主席胡咏骐联名向教育部递交呈文，吁请国民政府"参照日本办法"，于小学教科书内加入保险科目，且均附上"日本文部省发行的高等小学读本卷二第十课保险"译文，以供决策参阅。同时表明，考诸欧美各国大学及专门学校，政治经济法律商学各系学生均有将保险学设为选修课程，将保险学定为必修课程的也为数不少，故国内各大学及专门学校可"踵效欧美成法，将保险学一科定位必修课程"。不久，他们就收到武昌中华大学、上海沪江大学、广东法科学院等函复，或称已照办，或谓拟将设立保险专科。[①] 为了解决保险业广大职工业务学习的需要，1937年10月，上海市保险业同业公会在其《组织及其使命》中表示，设立保险业流动图书馆，备置中外各种保险书籍杂志；要在"本会应邀译各国现有之各种保险单，以作借镜，并翻译各种合用保险书籍，使不谙外国文字者，均得研讨新颖之保险学识"。[②] 1940年，关可贵认为"保险事业与保险教育也很大的联系性"，他对此反思："欧美各国保险事业可谓极度的发达了，可是他们对于保险教

[①] 中国保险学会. 中国保险史(上篇)[M]. 北京：中国金融出版社，1998：112.
[②] 胡咏骐. 上海市保险业同业公会之组织及其使命[J]. 太安丰保险界，1937(20)：3.

育仍然是不遗余力地去推动。我国的保险事业比诸各先进国家，已经是相当的落后，而对于保险教育的工夫，也是贫乏的可以"，① 我国应从速推动保险教育。

为改变近代中国民族保险业发展落后的状况，让保险知识、观念在民众中得到拓展，在业界的领导下，在多种渠道争取政府、教育界、知识界等的协同努力下，效法西方先进保险教育理念，在各大中小学加入保险课程，编纂保险课本；1946年，国立上海商学院（今上海财经大学）在国内首创保险系，更是将中国保险学科教育推向一个新阶段。保险教育的推进，为近代中国民族保险业的进一步发展扫除了障碍、廓清了道路。

六、结语

传教士以传教的名义向中国介绍西方的民情民风，虽然他们介绍的西方保险概况是零碎的，是感性认识层面的知识推介，但它使得西方保险知识能被率先睁眼看世界的中国知识分子，如魏源、梁廷枏、洪仁玕等人充分吸收，并向国人传播，为中国民族保险业的创设和发展打下了思想基础。

民国以后，国人逐渐认识到民众保险意识的薄弱，深刻体会到中国保险理论知识的欠缺，保险知识书籍的贫乏，民众对保险毫无兴趣，对保险的意义与效用缺乏了解，导致中国保险事业的发展令人担忧。一方面，郭佩弦等人依据大量的西方保险译著进行保险理论研究；保险学术刊物刊载或翻译西方保险论文，从而弥补了此缺陷。这种传播方式不仅在理论上更系统、更全面，而且对当时研究中国保险问题的学者产生了直接影响。另一方面，为深化保险理论，业界鼓励邀请国外保险学专家来中国讲学，学习西方先进的保险理论知识；或派代表、研究生出国考察学习，分析对比中西保险业差距，探究中国民族保险业落后之因素，为中国保险业的发展提供了理论基础和参考借鉴。与此同时，在教育改革中，援照西方教育理

---

① 张明昕. 人寿保险推广方法[J]. 寿险界，1935(1)：202.

念，注重保险教育，在教科书中加入保险题材或增加保险课程等，向一般民众普及保险学识。

上述分析表明，西方保险思想是通过多种路径、渐进式地向中国传播的，它是世界工业文明不断东扩的产物，也是后发型国家对先发型国家文明的回应。它的传播推动了中国保险基础理论的延伸、补充、拓展与整合，也对近代中国保险实践的发展起了重要的指向作用。

附录二

民国时期保险刊物保险思想文献评述[①]
——以《(太安丰)保险界》为中心的考察

一、引言

民国时期，中国民族保险业历经70余年的发展，取得了较大的进步，成立了大大小小的保险公司。据统计，截至1935年，全国保险公司总公司共48家，其中国营2家，民营46家；专营人身保险者13家，专营财产保险者30家，兼营人身财产者5家。[②] 但相比欧美国家保险业，中国保险业仍较落后。许多进步人士急于探究原因，并寻求解决办法，他们在组建华商保险公司、保险组织团体的同时，创办保险刊物，一方面推动企业、组织的发展；另一方面向社会传播保险知识，推动国民保险意识的提升。

近年来，对民国时期保险思想的研究成果逐渐增多，主要是对某一领域或某一专题的研究，如《民国时期保险思想研究》(朱华雄，2013)；朱华雄、饶丹雪、刘念念的《民国时期(1912—1949)人寿保险思想概述》(2013)、朱华雄、孔捷的《民国时期(1912—1949)保险思想研究——基于

[①] 本文曾发表于《保险理论与实践》2020年第2期。
[②] 中国保险年鉴编辑所. 保险年鉴1936[M]. 中华人寿保险协进社，1936：2、4.

民族保险业的考察》(2011)。对保险期刊方面的研究，如马学斌的《吕岳泉与中国最早的华商保险企业刊物》(2015)、《民国时期的保险企业报刊》(2016)；李丹青的《20世纪30—40年代保险业期刊视野下的上海保险业》(2014)，是对特定保险刊物或从史学角度对近代保险业加以介绍、分析。虽然他们运用了保险刊物上面的史料，但这些史料大多是零散、单一的。从思想史角度来说，学术界尚无以民国时期保险刊物整体内容为考察对象的研究成果。此外，据现存资料考查，民国时期的保险刊物仅有9种，相比民国时期的534种经济期刊，① 保险刊物并不普遍，从而更显珍贵。② 这些保险刊物承载着大量保险思想，"对了解民国保险事业的发展状况，具有'解剖麻雀'的功能"，③ 是中国近代保险思想史不可或缺的一部分。因此，梳理和分析民国时期保险刊物文献，有利于完善民国时期保险思想内容，有助于更为深刻地认识民国时期保险思想的特点及其理论贡献，厘清民国时期民族保险业发展的脉络。

二、民国时期保险报刊发展概况

1910年春，永年人寿保卫金公司于上海创办《获卫报》，以宣传人寿保险业务。"这是据目前可见的文献，在中国出现的第一份保险企业报"。④ 1912年6月，为建立中国人自己的保寿公司，吕岳泉开始创办华安合群保寿股份有限公司，鉴于国人并不熟知寿险功用与意义，吕岳泉又于1917年1月开始编印《华安杂志》，旨在向国人宣传人寿保险，阐述人寿保险对保障个人、家庭幸福的好处。这是中国华商保险企业的第一份保险刊物，不

---

① 严清华、李詹. 民国时期经济期刊的经济思想文献述评[J]. 经济学动态，2012(7)：153.
② "在保险事业发达的国家，定期保险刊物，真是汗牛充栋……在保险事业方在萌芽的我国，关于一般的保险刊物已是凤毛麟角，而关于专一部门的保险刊物，暂时似乎更谈不到。"参见发刊词[J]. 保险月刊，1940，2(1)：2.
③ 马学斌. 民国时期的保险企业报刊[J]. 上海保险，2016(1)：64.
④ 马学斌. 吕岳泉与中国最早的华商保险企业刊物[J]. 上海保险，2015(8)：58.

定期发行，其初创刊时名为《华安》，自第 3 期始更名为《华安杂志》，并 1926 年停刊。1933 年 6 月，华安合群保寿股份有限公司创办新的《华安》月刊，目的是成为国内外的数万保户与社会上热心于寿险事业的人士"互通消息和发表意见的机关"。该刊虽与《华安杂志》为同一家保险公司出版发行，均有宣传人寿保险的目的，但其编辑形式、内容已发生变化，属于社会科学综合性刊物，于 1935 年 1 月停刊。

1924 年 7 月，保险与储蓄旬刊社于上海创办《保险与储蓄》旬刊，以"阐明保险与储蓄学理；调查保险与储蓄之事业"，"使保险与储蓄二业，日臻发达"为主旨。该刊于次年 3 月后停刊。

至 1933 年，华商保险公司仍时常受到外商保险公司的压迫，且国人还普遍对人寿保险的价值漠然不知。为改变这种状况，时任上海宁绍人寿保险公司总经理胡咏骐指出"务使社会人士对此有透彻之认识而自动投保"，他于 4 月 10 日创办《人寿》季刊，旨在"宣扬寿险之真意，并唤起国人认识寿险为人生之需要"；"报告公司之状况，联络保户之谊愫"；"同人砥砺攻错之借镜，俾可入手一篇，作业务之遵绳，作文字之消遣"。[①] 该刊的研究中心是寿险学理，这是中国最早出版发行的专门研究保险相关问题的定期刊物，也是早期专门研究寿险理论的刊物之一。据现有资料，该刊于第 34 期（1941 年 12 月）后停刊。

同一时期，时任美商友邦人寿保险公司营业总监的张似旭，感叹寿险事业进展缓慢，而发起成立中华人寿保险协进社，并于 1933 年 4 月出版《寿险季刊》，以"宣扬寿险原理，发展中国寿险事业"。该刊自第 2 卷第 1 期（1934 年 4 月）改名为《寿险界》，且于第 3 卷第 2 期（1935 年 6 月 1 日）后停刊。

1935 年 5 月 10 日，国民政府颁布《简易人寿保险法》。一年后，因该项业务不景气，同时为了改变各经办人员对简易寿险的章程、办事手续不熟悉的现状，以及探讨实际过程中出现的问题等，1937 年 1 月，上海邮政

---

① 胡咏骐. 发刊词[J]. 人寿季刊，1933（创刊号）：1.

储蓄汇业局保险处创刊《简易人寿保险》，刊期暂不详。1937年抗日战争全面爆发后，上海邮政储金汇业局西迁重庆，于1941年3月创办《储汇服务》月刊，偶尔会介绍简易寿险相关内容，但以邮电经济内容为主，不属于专门的保险刊物。

1935年10月10日，上海太平、安平、丰盛保险公司总经理处，为"研讨保险原理，改进实务之计"，创办《太安丰保险界》半月刊，并强调该刊之使命为"研究保险学理，宣扬保险利益，推进保险事业"。① 1939年1月1日，该公司总经理协理王伯衡表示："扩充篇幅，增加材料"、"改为中国全体保险业所有，发扬而光大之"，② 而更刊名为《保险界》，该刊于1942年第8卷第2期后停刊，时值太平洋战争爆发。

同年，一批中国保险从业者与研究者建立中国保险学会，"以昌明保险学术，改造现实的环境，而建立国家之永久的经济基础"，这是中国第一家保险学术机构。1936年9月，《保险季刊》作为中国保险学会会刊于上海创立，"以研究保险学理，推进保险事业为主旨"。③ 1937年因抗日战争的爆发，该刊仅发行3期后随会务活动的停止而停刊。

继《保险季刊》之后，1938年11月1日，上海市保险业业余联谊会创办《保联》月刊，为该会会刊，宗旨为"联络感情，交换知识，调剂业余生活，促进保险业之发展"。1940年1月15日第2卷第1期，《保联》更名为《保险月刊》，变宗旨为："普及保险知识；发扬保险学理；研究保险问题；报道保险消息；从事保险服务；促进保险事业"，成为保险学术性保险刊物。④ 该刊继续发行至第3卷第8期（1941年8月）后停刊。

1948年，上海保险知识社于广州创办《保险知识》周刊，它是中国保险业当时唯一的定期刊物，主要刊登保险界消息，以介绍保险公司和保险知

---

① 周作民. 发刊词[J]. 太安丰保险界，1935，1(1)：1；郭佩弦. 本刊之使命[J]. 太安丰保险界，1935，1(1)：3-4.
② 王伯衡. 保险界之新使命[J]. 保险界，1939，5(1)：1.
③ 宋汉章. 保险季刊创刊词[J]. 保险季刊，1936，1(1)：1.
④ "由于人力物力和其它条件的限制，过去的《保联》是学术和文艺综合刊物". 发刊词[J]. 保险月刊，1940，2(1)：2.

识方面的文章为主。

表1 民国时期保险期刊基本情况汇总表

报刊名称	刊行日期	出版社
《华安(杂志)》《华安》月刊	1917—1926，1933—1935	华安合群保寿股份有限公司
《保险与储蓄》	1924—1925	保险与储蓄旬刊社
《寿险季刊》《寿险界》	1933—1935	中华人寿保险协进社
《人寿》	1933—1941	宁绍人寿保险公司
《太安丰保险界》《保险界》	1935—1942	太平安平丰盛保险公司总经处
《保险季刊》	1936—1937	中国保险学会
《简易人寿保险》	1937—？	邮政储蓄汇业局
《保联》《保险月刊》	1938—1941	上海市保险业业余联谊会出版委员会
《保险知识》	1948—？	上海保险知识社

三、《(太安丰)保险界》的选取说明

因部分报刊原始资料无从考证，或其掺杂太多与保险无关内容，为保证统计结果的严谨性与可靠性，因此，本文选取《(太安丰)保险界》作为考察对象，以此来探讨民国时期保险期刊所载文献及其所体现的保险思想概况。选取理由如下。

首先，刊行时间的长期性与连续性。在动荡不安、充满变革的民国时期，刊物发行时间的长短，既表明了企业创办刊物的决心，也说明了该刊物满足市场需求。由表1可知，《(太安丰)保险界》刊行时间为1935—1942年间，属上述9大类期刊中最长。而该时间正处于抗日战争阶段，在国乱民危的环境下，连续发刊长达7年，可见创办者们的决心以及对中国民族保险业发展的高度重视，从而更具有时代价值与现实意义。

其次，报刊的影响力。一个有影响力的期刊肯定会受到当时学者们的

公认和推崇，其创办的单位、编辑、主要作者应该当时均在保险界具有一定的知名度。《(太安丰)保险界》期刊的作者多达96位，图1对其中28位主要撰稿人的文献数量进行了统计。可知，他们或是保险学术界的精英，是对中国近代保险学进行研究的主力军，如王效文、郭佩弦、郭雨东等；或是多年的保险从业者，具有丰富的保险理论知识和从业经验，如王海帆、薛巩初等。

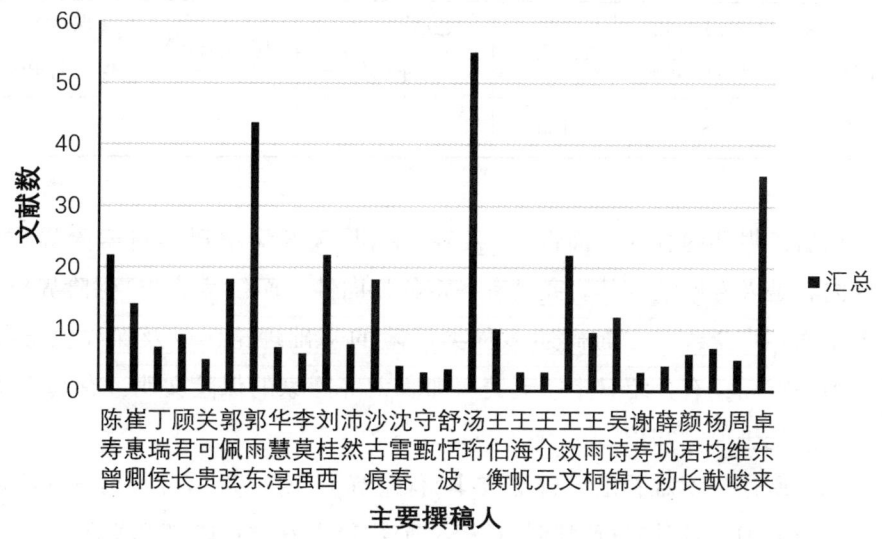

图1 《(太安丰)保险界》期刊主要撰稿人及其文献数量分布①

再次，报刊的专业性。作为一种保险报刊，其文章篇幅必是保险相关内容占较大份额，且其文章内容在保险专业性上具有一定的学术价值。统计时，不考虑刊物中的保险消息、新闻、情报、业务报告、通讯、判例、附录等，而主要考察突出保险思想的专著、论坛、研究、译述、调查、统计等方面的文章。同时，为了保障统计结果的有效性、公正性，本文对期

---

① 注：对于多人合作撰写的文献，按比例进行统计文献数量。例如，1941年第7卷第8期的"社会保险之目的及效果"一文的撰稿人为王雨桐、舒恬波，在统计时，各按0.5篇计算。

刊中连续刊载的文章仅算作 1 篇完整文献,例如,《寿险季刊》1934 年第 2 卷第 1 期、第 2 期对"人寿保险的效用"进行了分节连续刊载;《保险月刊》1940 年第 2 卷第 4 期、第 5 期、第 6 期与第 7 期对"平安险与水渍险"分节连续刊载。因此,针对此类分篇连载的文献,在计算文献数量时,均仅算作 1 篇内容完整的文献。保险思想文献统计结果如表 2 所示:

表 2　主要保险期刊保险思想文献统计① 　　　　　单位:篇

《保险与储蓄》	《寿险季刊》《寿险界》	《人寿》	《太安丰保险界》《保险界》	《保险季刊》	《保联》《保险月刊》
40	84	138	499	43	160

最后,报刊内容的全面性。《人寿》季刊、《寿险季刊》与《寿险界》的主要内容是人寿保险,其研究具有一定的指向性。而《(太安丰)保险界》的内容全面、广泛,一方面概述多种类保险的基础理论,以及保险实务技术;另一方面,有介绍日本、英美、加拿大等国家的保险文明,有利于学习西方的先进保险知识。

综上所述,不难看出,《(太安丰)保险界》(共 8 卷,合计 151 期)具有一定的影响力,且其发行时间最长,文献数量占 6 类保险期刊文献总数的 51.8%,而且没有明显的偏向性研究,因而很大程度上能够反映出民国时期保险期刊保险思想发展概况。

四、对《(太安丰)保险界》保险思想文献的统计分析

对文献中关键词的词频统计,一定程度上能反映出某一研究领域的研

---

① 注:上文所述的《华安杂志》,其内容以经营活动、文艺作品为主,保寿知识的内容较少;《华安》月刊属于社会科学综合性刊物,在其每期目录中基本上看不到"保险"相关字眼,仅能从字里行间感受到对保险服务的宣传,且以推销华安合群保寿股份有限公司及其主打产品为主。而《简易人寿保险》《保险知识》刊期均不详,目前分别仅找到 1937 年第 1 卷第 1 期、1949 年第 2 卷 1~17 期合订本,内容不全。故对此 3 类期刊保险思想文献数不加以统计。

究热点,有助于把握该研究领域的发展状态、最新观点,以及未来趋势。由于本文所考察的保险期刊中的文献并无关键词,故借鉴目前保险学科的一般分类方法,同时参照《保险界》1941第7卷第1期中对第6卷各期分类总目录的分类方法,并结合《(太安丰)保险界》期刊中的文献题目所载信息,对上述六种民国时期保险期刊所载文献的热点问题进行了归纳。本文将热点归纳为:保费;保险法;保险估理;保险机构;保险监督;保险教育;保险经营与管理;保险赔款;保险契约;保险数理基础;保险条款;保险统计;保险效用与意义;保险营销;保险中介人;保险组织;兵险;海上保险(水灾保险);火灾保险;简易人寿保险;健康保险;意外险;再保险;责任保险、信用与保证保险;汽车保险;人寿保险;社会保险;中国保险业;地方保险;外国保险业;世界保险;英美保险;日本保险;其他国家保险;其他保险学理;税收;水火;其他。一般情况下,一篇文献会存在多个关键词,且在词频统计中,每篇文献的多个关键词都会被计入在内,因此,本文也遵循此原则,对各期刊文献中涉及的所有热点采取有几个就计算几次的做法。例如:《保险季刊》第1卷第2期中的文章《劳工立法之社会保险问题》,存在"保险法"与"社会保险"两个热点。

表3 《(太安丰)保险界》保险思想文献热点一览　　　单位:次、%

热点	出现频次	所占比例	热点	出现频次	所占比例
保费	10	1.27	健康保险	8	1.02
保险法	28	3.55	其他保险学理	42	5.33
保险估理	11	1.52	汽车保险	10	1.27
保险机构	5	0.63	人寿保险	119	15.10
保险监督	4	0.51	社会保险	11	1.40
保险教育	7	0.89	意外险	17	2.16
保险经营与管理	31	3.93	再保险	18	2.28
保险赔款	17	2.16	责任保险、信用与保证保险	13	1.65

续表

热点	出现频次	所占比例	热点	出现频次	所占比例
保险契约	51	6.47	中国保险业	12	1.52
保险数理基础	2	0.25	地方保险	9	1.14
保险条款	14	1.78	外国保险业	1	0.13
保险统计	12	1.40	英美保险	60	7.61
保险效用与意义	24	3.05	日本保险	9	1.14
保险营销	13	1.65	世界保险	11	1.40
保险中介人	34	4.31	其他国家保险	16	2.03
保险组织	20	2.54	水火	11	1.40
兵险	7	0.89	税收	5	0.63
海上保险(水灾保险)	42	5.33	信托	5	0.63
火灾保险	66	8.38	其他	12	1.52
简易人寿保险	1	0.13			

从表3可以看出，《(太安丰)保险界》期刊文献中研究最多的是人寿保险，其次是火灾保险，接着是英美保险，一定程度上反映出了当时中国民族保险业的状态与特征。

1931年9月18日，日本全面侵华战争开始，人们流离失所，伤亡不断，国内经济每况愈下，人民生活贫困，民族保险业的外部环境极其恶劣。同时，日本侵略者将以人寿保险为主的保险业务大量侵入中国的保险市场，致使中国的民族人寿保险业受到排挤和打击而难于开展，接近停滞状态。火险业务也大多被外商侵占，民族火险业发展也是十分缓慢，据1937年国民政府对上海保险市场的调查显示："火险业一百七十家，华商仅二十四家，余均外商"。① 而在华外商保险业中，英美势力最强，且欧美保险业也十分发达，为挽回利权，应对战时的困难，保险界、知识界加大

---

① 陈郁. 二十六年赴沪调查保险业报告[R]. 上海市档案馆藏档，档号 Q364-1-32.

了对人寿保险、火灾保险的研究与了解，同时为学习发达国家先进的保险思想，也时刻关注与研究英美保险。此外，为了让国人更加明白保险原理，他们也十分注意对保险契约、海上保险(水灾保险)、保险中介人、保险经营与管理、保险法、保险效用与意义、保险组织、其他保险学理等理论与实务的研究。

五、《(太安丰)保险界》保险思想文献总体特征

综观《(太安丰)保险界》期刊的保险思想，可以大概了解其保险思想文献的特点：

一是偏重对保险理论、学理的研究。"近数十年来，我国保险事业虽较进步，但犹未能发展至理想中程度"，究其原因，投保人、被保险人、一般保险从业员对于保险原理、保险效用等均不甚了解；一般人传统观念深，缺乏科学知识等等，使"我国保险事业难以发展"。① 因此，保险界、学术界一致认为，有必要授予民众、保险从业人员保险学、保险法学以及保险方面的各项知识，同时通过保险刊物，"以阐扬保险学术"；进行保险宣导，让保险知识遍及社会各阶层，让普通群众脑海中有保险观念，了解保险原理及功效。因此，该保险刊物偏重于对保险基础知识的研究，用于普及民众保险知识和指导实践。1939年，更名后的《保险界》，虽有专设"实务研究"一栏，但该栏目每期最多有2篇文献，且大部分属于连续刊载的文献，同时因缺乏实践经验，学者们探讨的大部分是对保险契约、条款中一切文字、辞句、语法、成语等的研究，其理论部分仍占主导。

二是注重对西方国家保险理论的介绍。《(太安丰)保险界》期刊中保险思想文献共499篇，其中译文或译述类的文章共106篇，占比21.24%，且不包含其他文章内容中提及的西方保险知识。从19世纪60年代开始，中国展开了向西方学习的洋务运动，同时，出国留学、学习外文、中外交流等活动也逐渐兴起。为提倡研究保险学术理论，保险界纷纷感叹西方保险

---

① 沙古痕. 保险事业之推展宜利用教育制度之实施[J]. 保险界，1939，5(23)：1.

事业之发达:"社会保险,为今日最通行之劳工救济设施,先进各国,皆已普遍";"英国规模最大之金融组织,除银行以外,首推保险事业";"美国人寿保险事业极为发达",等等,从而积极鼓励学界研究并翻译西方保险理论。① 至 20 世纪 30 年代,随着国内专业保险学术组织、保险学术刊物的创办,西方保险思想相关的译文逐渐增多,特别是对英美保险的介绍。此外,学者们翻译西方保险理论的同时,注意结合中国实际情形而对其加以调整,使其更适宜中国。例如,1940 年第 6 卷第 11 期的《火险赔款的估理》一文表示:"我国关于火灾赔款估理之适用书籍向极鲜少,致办理火险赔款者遇有疑难问题,辄感解决之不易","将 Prentiss B. Reed 之 Adjustment of Fire Losses 一书译成中文,按该书系专述美国办法,对于我国情形难免有不合之处,译者为求适用我国起见,随虑将我国之习惯办法插入,以便参酌比较"。②

三是密切联系于时代需要。在 20 世纪 30 年代,工人们的劳动条件仍十分恶劣,国民政府制定的劳动法规,形同虚设,致使劳工问题愈发严峻。为了提出适合中国国情的社会保险制度以及措施,学者们对社会保险的概念、分类、目的与效果等内容进行了研究。如《劳工抚恤金保险》(1939 年第 5 卷第 13 期)、《社会保险浅说》(1940 年第 6 卷第 21 期)。1937 年 7 月 7 日,抗日战争全面爆发后,国民政府迁都重庆,为了在转移物质资源过程中减少损失,国民政府委托中央信托局办理战时兵险。为让民众了解兵险,并积极投保,学者们对战时兵险的原理、效用等进行分析,并介绍西方国家的兵险情况。如《海上兵险论》(1937 年第 3 卷第 17 期至第 20 期);《兵险契约之罢工暴动民众骚乱条款》(1937 年第 3 卷第 21 期);《关于最近公布之英国国营兵灾保险办法》(1939 年第 5 卷第 16 期);《日本海上兵险过去演进之情形之最近之办法》(1940 年第 6 卷第 1 期)等。

---

① 汤珩. 俄国之社会保险事业[J]. 太安丰保险界,1937,3(7):14;华慧淳. 近年英国保险事业之发展[J]. 太安丰保险界,1936,2(19):19;刘桂西. 美国之寿险事业[J]. 太安丰保险界,1936,2(17):14.

② 卢蓉舟,吴建时. 火险赔款的估理[J]. 保险界,1940,6(11):7.

此外，1927—1936间，保险经纪人、公证人等保险中介人逐渐兴起并得到发展，为让保险业务沿着正确、合理的道路开展，学者们对规范保险中介人的行为与道德、物质估价、损失估计等问题进行研究。如《保险业法中关于公证人规定之商榷》(1937年第3卷第9期)、《火险代理人须知》(1938年第4卷第14~16期、第18期、第19期、第21期、第22期)。

六、结语

保险作为一种"舶来品"，在近代中国早期，是近乎完全基于西方保险理论而构建，为打破外商保险垄断局面，在富民强国、发展民族保险业的历程中，保险思想势必要经历不断深化认知、不断创新的中国化过程。因此，向广大民众传播保险知识、宣扬保险原理是十分必要的，这是近代民族保险业发展的基本前提。

民国时期，以《(太安丰)保险界》为代表的保险期刊，尽管受战争困扰，但经保险界、学术界同仁们的共同努力，研究、总结各类保险的原理、效用，保险经营与分保问题，保险损失估理方法、保险招徕方法等；分析西方发达国家保险业发展的成功经验，让国人学习借鉴的同时，反思中国民族保险业落后之因素，从而采取应对措施。不仅有利于一切民众和所有保险从业人员对保险的深刻理解，提升人们的保险意识观念，而且对民国时期民族保险业的发展起到重要的指导作用，推动国家经济建设，是民国时期的保险思想重要组成部分。正如宁绍人寿保险公司总经理、上海保险业同业公会主席胡咏骐表示："保险业关于文化方面之努力，前有中国保险学会，八一三后，中国保险学会以负责人离沪，工作暂告停顿，适我保险业同仁有业余联谊会之组织，对于学术方面，颇能致意。编印《保险月刊》，首揭'普及保险知识，发扬保险学理'为主旨，出版以还，行销至广；此外由公司单独出版者，有太平保险公司之《保险界》半月刊，宁绍人寿保险公司之《人寿季刊》，悉系研究保险学理之刊物，陈义崇高，非仅以公司为立场之宣传品也"。[①]

[①] 胡咏骐. 中国保险业近况[J]. 保险月刊, 1940, 2(1): 4.

参考文献：

[1] 陈国庆. 民国保险刊物的创刊词[N]. 中国保险报, 2019-01-25.

[2] 马学斌. 民国时期的保险企业报刊[J]. 上海保险, 2016(1).

[3] 李丹青. 20世纪30—40年代保险业期刊视野下的上海保险业[D]. 上海师范大学, 2014.

[4] 严清华、李詹. 民国时期经济期刊的经济思想文献述评[J].《经济学动态》, 2012(7).

[5] 严鹏飞, 李名炀, 等. 中国保险史志[M]. 上海：上海社会科学院出版社, 1989.

[6] 中国保险年鉴编辑所. 保险年鉴1936[M]. 中华人寿保险协进社, 1936.

[7] 中国保险学会,《中国保险史》编审委员会. 中国保险史[M]. 北京：中国金融出版社, 1998.

（原文发表于《保险理论与实践》, 2020年第02期）